"十二五"职业教育国家规划教材配套教材



# 审计案例分析

SHENJI ANLI FENXI

主　编　李　凌　徐爱菲
副主编　苏宗敏　黄嘉妮

中国财经出版传媒集团
中国财政经济出版社

**图书在版编目（CIP）数据**

审计案例分析 / 李凌，徐爱菲主编．—北京：中国财政经济出版社，2018.7

“十二五”职业教育国家规划教材配套教材

ISBN 978 - 7 - 5095 - 8302 - 9

Ⅰ.①审…　Ⅱ.①李…②徐…　Ⅲ.①审计 - 案例 - 高等职业教育 - 教材　Ⅳ.①F239

中国版本图书馆 CIP 数据核字（2018）第 124155 号

责任编辑：葛　新　　　　责任校对：徐艳丽

封面设计：孙俪铭

中国财政经济出版社出版

URL：http：//www.cfeph.cn

E - mail：cfeph @ cfeph.cn



社址：北京市海淀区阜成路甲 28 号　邮政编码：100142

营销中心电话：010 - 88191537　编辑部门电话：010 - 88190640

北京鑫海金澳胶印有限公司印刷　　　各地新华书店经销

787×1092 毫米　16 开　16.25 印张　370 000 字

2018 年 8 月第 1 版　2018 年 8 月北京第 1 次印刷

定价：45.00 元

ISBN 978 - 7 - 5095 - 8302 - 9

（图书出现印装问题，本社负责调换）

本社质量投诉电话：010 - 88190744

# 审计案例分析


**主　　编**　李　凌　徐爱菲

**副主编**　苏宗敏　黄嘉妮

**参编人员**　封业波　冯　婧　赵海鹰　廖　萍　吴　迅

欧阳欣卉　吕智娟　黄少容　黄　健　廖　敏

李　静　陈　琳　林　萍　周芳华　农敬萍

陈　勇　蒋金森

# 前 言

随着我国市场经济的不断发展，审计在社会经济发展中的地位越来越重要。很多高职高专院校对此开设了审计专业，但与高职高专教育配套的审计案例教材相对匮乏。对此，为了满足新形势下高职高专教育和成人教育审计教学的需要，我们组织具有丰富审计专业知识和教学经验的教师及注册会计师编写了这本教材。

“审计案例分析”作为审计专业的主干课程，属于一门较高层次的专业课，因此我们在编写中参考了大量社会审计案例实务和已公开出版的有关审计案例的书籍。本书可作为高职高专教育、成人高等教育教学用书，也可作为自学者的参考用书。本书的特点有三：

第一，减少理论知识，突出案例分析。本书尽量精简审计基本理论知识，抛开了繁冗的审计基础理论，遵循学习者的认知发展规律，重点介绍案例及其分析过程。

第二，以案例梳理来引导读者进行案例分析。案例分析是一个复杂的学科知识全覆盖的过程。为了使学习者能够抓住重点，提高分析和解决问题的能力，我们将工作过程作为起点，在进行案例梳理，条理清晰后再进行案例分析。使读者在案例中体验审计工作过程、明确案例中的问题。

第三，内容灵活实用。本书设有：知识储备与回顾、案例背景、案例内容及过程、案例梳理、案例分析等板块。考虑到读者的需求和可理解性，其中对于一些重点知识和审计方法进行了归纳和概括，形成了“工作反思与小结”。为了进一步巩固所学的知识，我们还围绕案例安排了“思考与讨论”内容。为了加强知识的融合，我们在每章课后安排了“课后提高训练”的内容，强调了内容的丰富性和多样性。

为了方便教学，本书配套有课件和电子资料，针对“思考与讨论”有相应的参考解释，有需要的读者可向主编索取（主编邮箱：Lifecola0159@ 126. com）。

本书共分八章。由广西国际商务职业技术学院李凌负责全书篇章架构，并统筹定稿，同时执笔第四章和第六章。其他各章的编写人员分别为广西国际商务职业技术学院徐爱菲负责编写第一章和第三章，苏宗敏负责编写第二章和第五章，黄嘉妮负责编写第七章和第八章，并聘请广西同瑞会计师事务所有限公司封业波副所长作为顾问对本书案例进行了专业指导，广西国际商务职业技术学院的其他教师也参与了编写和校对工作。

本书在编写过程中，参阅了大量的著作和文献，在此谨向各位作者表示诚挚的谢意！

由于我们的学术水平和能力有限，本书难免存在错误和疏漏之处，恳请各位读者批评指正。

编 者

2018 年 5 月

# 目 录

# 1 第一章 初步业务活动和总体审计策略案例分析

## 第一节 初步业务活动审计案例分析

### 知识储备与回顾

#### 一、初步业务活动性质

（一）初步业务活动的目的

注册会计师需要开展初步业务活动，以确定会计师事务所以下事项：①具备执行业务所需的独立性和能力；②不存在因管理层诚信问题而可能影响注册会计师保持该项业务的意愿的事项；③与被审计单位之间不存在对业务约定条款的误解。

（二）初步业务活动的内容

注册会计师在本期审计业务开始时应当开展下列初步业务活动：①针对保持客户关系和具体审计业务实施相应的质量控制程序；②评价遵守相关职业道德要求的情况；③就审计业务约定条款达成一致意见。针对保持客户关系和具体审计业务实施质量控制程序，并且根据实施相应程序的结果作出适当的决策是注册会计师控制审计风险的重要环节。

#### 二、审计程序

（1）了解公司性质。

（2）查阅前任注册会计师的审计工作底稿。

（3）了解内部控制。

（4）了解企业重要会计政策的选择与运用。

(5) 财务报表主要项目资料的搜集。

(6) 实地巡视被审计单位工程及管理现场以及盘点。

(7) 对重大相关事项的关注。

(8) 汇总调查中发现的主要问题。

(9) 其他重要问题记录。

(10) 评估重大错报风险。

(11) 确定公司的可审性和自身胜任性。

(12) 签订审计业务约定书。

## 三、审计要点

(1) 评价遵守相关职业道德要求的情况也是一项非常重要的初步业务活动。虽然保持客户关系及具体审计业务和评价职业道德的工作贯穿审计业务的全过程，但是这两项活动需要安排在其他审计工作之前，以确保注册会计师已具备执行业务所需要的独立性和专业胜任能力，且不存在因管理层诚信问题而影响注册会计师保持该项业务的意愿等情况。在连续审计的业务中，这些初步业务活动通常是在上期审计工作结束后不久或将要结束时就已经开始了。

(2) 在作出接受或保持客户关系及具体审计业务的决策后，注册会计师应当按照审计准则的规定，在审计业务开始前与被审计单位就审计业务约定条款达成一致意见，签订或修改审计业务约定书，以避免双方对审计业务的理解产生分歧。

(3) 承接鉴证业务的前提条件。其具体包括：

①财务报告编制基础。承接鉴证业务的条件之一是《中国注册会计师鉴证业务基本准则》中提及的标准适当，且能够为预期使用者获取。就审计准则而言，适用的财务报告编制基础为注册会计师提供了用以审计财务报表（包括公允反映，如相关）的标准。如果不存在可接受的财务报告编制基础，管理层就不具有编制财务报表的恰当基础，注册会计师也不具有对财务报表进行审计的适当标准。

②确定财务报告编制基础的可接受性。在确定编制财务报表所采用的财务报告编制基础的可接受性时，注册会计师需要考虑下列相关因素：第一，被审计单位的性质（例如，被审计单位是商业企业、公共部门实体还是非营利组织）；第二，财务报表的目的（例如，编制财务报表是用于满足广大财务报表使用者共同的财务信息需求，还是用于满足财务报表特定使用者的财务信息需求）；第三，财务报表的性质（例如，财务报表是整套财务报表还是单一财务报表）；第四，法律法规是否规定了适用的财务报告编制基础。按照某一财务报告编制基础编制，旨在满足广大财务报表使用者共同的财务信息需求的财务报表，称为通用目的财务报表。按照特殊目的编制基础编制的财务报表，称为特殊目的财务报表，旨在满足财务报表特定使用者的财务信息需求。对于特殊目的财务报表，预期财务报表使用者对财务信息的需求决定适用的财务报告编制基础。

③就管理层的责任达成一致意见。按照审计准则的规定执行审计工作的前提是管理层已认可并理解其承担的责任。审计准则并不超越法律法规对这些责任的规定。然而，独立审计的理念要求注册会计师不对财务报表的编制或被审计单位的相关内部控制承担责任，并要求注册会计师合理预期能够获取审计所需要的信息（在管理层能够提供或

获取的信息范围内)。因此，管理层认可并理解其责任，这一前提对执行独立审计工作是至关重要的。

第一，管理层的责任。按照适用的财务报告编制基础编制财务报表，并使其实现公允反映（如适用）；设计、执行和维护必要的内部控制，以使财务报表不存在由于舞弊或错误导致的重大错报；向注册会计师提供必要的工作条件，包括允许注册会计师接触与编制财务报表相关的所有信息（如记录、文件和其他事项），向注册会计师提供审计所需要的其他信息，允许注册会计师在获取审计证据时不受限制地接触其认为必要的内部人员和其他相关人员。

第二，对管理层责任的确认的形式。注册会计师应当要求管理层就其已履行的某些责任提供书面声明。因此，注册会计师需要获取针对管理层责任的书面声明、其他审计准则要求的书面声明，以及在必要时需要获取用于支持其他审计证据（用以支持财务报表或者一项或多项具体认定）的书面声明。注册会计师需要使管理层意识到这一点。如果管理层不认可其责任，或不同意提供书面声明，注册会计师将不能获取充分、适当的审计证据。在这种情况下，注册会计师承接此类审计业务是不恰当的，除非法律法规另有规定。如果法律法规要求承接此类审计业务，注册会计师可能需要向管理层解释这种情况的重要性及其对审计报告的影响。

## 案例与分析

### [案例1－1]

### 一、案例回放

（一）案例背景

MB股份有限公司（以下简称MB公司）委托ABC会计师事务所对其2017年的财务报表进行审计，ABC会计师事务所是拥有证券业审计资格的会计师事务所，现有员工100人，其中注册会计师60人，同时拥有工程师、律师等各行业专家资格者10人，属于中等规模的会计师事务所，客户来源较为稳定。会计师事务所在决定接受一项审计委托前，对委托企业的情况进行全面了解，以评价审计风险及确定可审性。

MB公司主营业务为机械电子设备的设计、研制、生产、修理、改装、租赁、销售、进出口业务。ABC会计师事务所首次接受MB公司的委托，接到委托后，考虑到MB公司是新客户，对其情况还不太了解，会计师事务所派出调查小组进入MB公司进行前期调查，以确定是否接受审计委托。

（二）案例内容及过程

调查小组首先拟订工作实施计划，并与MB公司管理当局取得联系，于次日进驻现场。调查小组根据审计准则的规定及被审计单位的具体情况开展了调查工作。

1. 了解公司性质

到达现场后，调查小组立即与MB公司各部门有关负责人进行座谈，了解公司的基本情况，在人员安排及各部门支持上予以确认，并将需被审单位填写的有关表格交付其填写。

MB公司是由ZG集团公司、AS集团公司、HT集团公司作为发起人，以发起设立方式成立的股份有限公司，于2007年2月18日登记注册，2009年11月10日，在上海证券交易所挂牌上市。MB公司注册资金为20 000万元，其中法人股为16 000万股，内部职工股为4 000万股。公司近年来股本扩张很快，截至2017年12月31日，总股本为90 000万股。股份公司下设3个全资子公司、4个控股子公司。

2. 查阅前任注册会计师的审计工作底稿

调查小组与MB公司协商，MB公司原则同意调阅以前年度审计档案，但由于与前任D会计师事务所沟通受阻，最终未能调阅前任注册会计师的审计档案。因此，调查小组无法通过与前任注册会计师的沟通来确定其调查工作的重点和主要风险领域。在此次调查中，审计人员严格按照销售与收款循环、购货与付款循环、生产与存货循环和筹资与投资循环对上市公司及其子公司的情况进行全面调查。

3. 了解内部控制

通过初步调查，调查小组了解到：

（1）MB公司的组织结构是完善的，董事会下设的专业委员会符合《中国上市公司治理准则》的规定。

（2）MB公司在实际生产经营中有一定的运作程序（尚未对其进行测试），但会计与财务方面的控制制度不完善，有些关键控制点没有规定与采取控制措施，如对货币资金的账账、账实、账单核对未作具体规定。

（3）MB公司管理层在处理违反公司行为守则及相关制度上，没能做到一视同仁，而是有的严格，有的宽松。

（4）股份公司会计核算分为三个核算单位，分立账簿、分别核算、各自纳税，股份公司报表即为三个单位的汇总报表。

（5）MB公司建立了管理层与治理层之间的沟通制度，但该制度较为抽象。

（6）MB公司授权、业绩评价、信息处理、实物控制和职责分离等相关控制活动整体上是完整的，但有些方面缺乏可操作性，如对于授权没有具体区分一般授权和特别授权，而是笼统规定了授权的基本程序和内容，这使得一些特定类别的交易或活动未能通过特别授权得到有效控制。

（7）MB公司设立了内部审计部门，内部审计部门对公司内部控制的设计与执行进行专门评价。

4. 了解企业重要会计政策的选择与运用

在对各业务循环的了解过程中，调查小组各相关人员关注了企业会计政策的选择与应用情况，并作出以下记录。

（1）坏账准备。公司的坏账损失采用直接转销法核算，不符合有关规定。如果按规定合理计提坏账准备，将会影响利润400万元~640万元。

（2）交易性金融资产。交易性金融资产应当按照该金融资产取得时的公允价值作为其初始入账金额。

（3）存货核算方法。存货包括在生产经营过程中为销售或耗用而储备的原材料、包装物、在产品、产成品等。存货按实际成本计价，发出原材料、产成品采用加权平均法。公司未提取存货跌价准备。

（4）持有至到期投资。持有至到期投资按实际成本核算，投资收益按公允价值核算。

（5）长期股权投资。对被投资单位实施控制的长期股权投资，对被投资单位不具有共同控制或重大影响并且在活跃市场中没有报价、公允价值不能可靠计量的长期股权投资，采取成本法核算；对被投资单位具有共同控制或重大影响的长期股权投资，采取权益法核算。公司未计提长期投资减值准备。

（6）固定资产及其折旧方法。固定资产按实际成本计价，采用直线法计提折旧。公司未计提固定资产减值准备。

（7）在建工程。在建工程按各项工程实际发生的支出核算，在建筑期内发生的借款利息支出和外汇折算差额计入工程成本。公司未计提在建工程减值准备。

（8）无形资产及长期待摊费用。无形资产按合同或协议规定的年限摊销，长期待摊费用按受益期摊销。公司未计提无形资产减值准备。

（9）销售收入的确认。

①产品销售。公司已将产品所有权上的主要风险和报酬转移给购货方，公司不再对该产品实施继续管理权和实际控制权，相关的收入已收到或取得了收款的证据，并且与该产品有关的成本能可靠地计量。当同时满足上述条件时，确认营业收入。

②设备改装工程收入。设备改装工程收入按完工进度确认收入。

5. 财务报表主要项目资料的搜集

调查小组对财务报表主要项目情况如应收账款、存货、固定资产、在建工程、长期借款、营业收入、营业成本、利润总额等进行搜集。

6. 实地巡视被审计单位工程及管理现场以及盘点

调查小组实地观察了MB公司的工程及管理现场，了解到MB公司正在进行的设备改装工程基本没有施工进度。此外，审计人员还对MB公司的重要资产进行了抽查盘点，发现工程物资的管理较为混乱，毁损缺失的情况严重。

7. 对重大相关事项的关注

（1）调查了解被审计单位管理当局的诚信正直及其经验能力。对被审计单位管理当局的正直及其经验能力的关注是评价委托业务审计风险的关键因素之一。调查小组发现：第一，MB公司自上市以来更换注册会计师一次；第二，原任财务总监由MB公司送到国外深造，自2011年2月起由新任财务总监接任，其他董事会成员未发生较大幅度变动；第三，MB公司有4 000万元用于炒期货，属于高风险投资。除此之外，未发现其他重大可疑及异常情况。

（2）对与行业环境有关因素的关注。一些与公司业务性质及行业环境有关的因素可能增加委托业务的审计风险，调查小组对经营周期；所在行业的固有风险；财务状况及盈利能力与同行业其他企业相比所处的水平；股东之间是否有纠纷，股权是否频繁转让；所涉及的重大诉讼案件；重大会计估计涉及的主观性、复杂性和不确定性是否超出了正常水平等方面进行了调查，没有发现异常。

（3）对与审计风险相关的其他重要事项的关注。一般来说，如果有迹象表明被审计单位面临严峻的财务困境，或在可预见的将来难以持续经营，或管理当局受到异常的外界压力，则委托业务的审计风险将增大，调查小组在调查过程中发现：第一，MB公司近年一直未分配股利，但目前资金运转尚无发生困难的明显迹象；第二，调查过程中发现MB公司与子公司、子公司与子公司、集团及其所属公司之间关联交易频繁，主要为资金调拨、贷款担保事项；第三，调查过程中发现MB公司对于收入成本的估算有明显不合理处；第四，盈利预测缺乏合理依据，显然难以实现。

8. 汇总调查中发现的主要问题

通过上述调查程序，审计人员将调查发现的与审计风险有关的主要问题汇总整理如下：

（1）设备改造工程收入的确认与成本的结转并没有严格按照完工进度核算，并且缺乏应有的工程进度报告。

（2）对于工程成本，经抽查相关凭证，其中记入应付账款、其他应付款的凭证均缺少应有的工程物资入库单等附件，查看工程现场，工程基本没有施工进度。因此，成本不实，相关收入不能确认。

（3）产品销售收入有待确定。由于MB公司的机械设备产品销售后需要较长时间的安装调试，而公司则在开具销售发票后即确认收入，不符合会计准则的要求。

9. 其他重要问题的记录

审计人员对在调查过程中发现的其他重要问题列示如下：

（1）股份公司与子公司、集团之间，子公司与子公司、公司之间，关联交易频繁，主要为资金调拨、贷款担保事项。

（2）其他应收款中有应收A证券公司3 000万元，A证券公司认为是股份公司对其投资人股款，股份公司不认同，双方未有任何协议。

（3）母公司报表为汇总报表，未对内部往来和内部交易进行抵销。

10. 评估重大错报风险

调查小组还了解到下列表明MB公司存在重大错报风险的事项和情况：

（1）重要客户发生流失。

（2）现有会计人员的胜任能力受到公司有些员工的质疑。

（3）安装了新的与财务报告有关的重大信息技术系统。

11. 确定MB公司的可审性和自身胜任性

审计人员将调查结果上报后，ABC会计师事务所对MB公司的可审性进行评估与确定，MB公司进行年报审计可接受的审计风险水平确定为5%，重大错报风险确定为30%。

通过以上量化分析，认为MB公司检查风险是ABC会计师事务所可以接受的，ABC会计师事务所仍具有较强的胜任能力，且初步商定的审计收费较为合理，于是，ABC会计师事务所决定接受MB公司的委托，并签订审计业务委托书。

12. 签订审计业务约定书

审计业务约定书是指会计师事务所决定承接审计业务后，与被审计单位签订的，用以记录和确认审计业务的委托与受托关系、审计目标和范围、双方的责任以及报告的格式等事项的书面协议。会计师事务所承接任何审计业务都应与被审计单位签订审计业务约定书。审计业务约定书的具体内容可能因被审计单位的不同而不同，但应当包括以下主要内容：

（1）财务报表审计的目标与范围。

（2）注册会计师的责任。

（3）管理层的责任。

（4）指出用于编制财务报表所适用的财务报告编制基础。

（5）提及注册会计师拟出具的审计报告的预期形式和内容，以及对在特定情况下出具的审计报告可能不同于预期形式和内容的说明。

ABC会计师事务所与MB股份有限公司于2017年12月1日经协商一致签订了审计业务约定书如下：

**审计业务约定**

甲方：ABC会计师事务所

乙方：MB股份有限公司

甲方委托乙方对甲方2017年度会计报表进行审计，经双方协商达成如下约定：

一、审计范围

乙方接受甲方委托，对甲方2017年12月31日的资产负债表、利润表、现金流量表进行审计。

二、甲方的义务

（1）为乙方审计工作及时提供所需的全部会计资料和其他资料。

（2）为乙方委派的审计人员提供必要的条件及合作，具体事项将在乙方所派人员于审计工作开始之前提供的清单中列明。

（3）按本约定书的规定，向乙方及时足额支付审计费用。

三、乙方的责任

乙方的责任是，按照独立审计准则的要求进行审计、出具审计报告，并对审计报告的真实性、合法性负责。

四、审计收费

按照经省物价局核准的《会计师事务所收费标准》，乙方应收本项业务的费用按乙方实际参加本项审计业务的工作人员级别以及所用的工作时间确定，预计收取人民币9万元，甲方应在本约定书签订后预付上述费用的50%，其余部分在乙方提交审计报告时一并付清。

如在审计过程中遇到重大问题，致使乙方实际花费审计工作时间有较大幅度增加，甲方应在了解实际情况后，酌情增加审计费用。

五、约定书的有效期间

本约定书自2017年12月6日起生效，并在全部约定事项完成之前有效。

六、约定事项的变更

由于出现不可预见的情况，影响审计工作的如期完成，或需提前出具审计报告等，由甲乙双方协商解决。

七、甲乙双方对其他事项的约定

甲方：ABC会计师事务所（盖章） 甲方代表：张敏（签字并盖章）

乙方：MB公司（盖章） 乙方代表：廖成（签字并盖章）

签约日期：2017年12月15日

## 二、案例梳理

（1）注册会计师在接受委托前应了解被审计单位的哪些基本情况？

（2）在审计实务中了解公司性质应该收集哪些信息？

（3）在对重大相关事项调查时要关注哪些可能会增加委托业务审计风险的因素？

（4）请根据审计人员确定的审计风险和重大错报风险计算可接受的检查风险。

（5）请找出以上审计业务约定书存在的主要问题，并修改此审计业务约定书。

## 三、案例分析

（1）注册会计师在接受委托前，应了解被审计单位的基础情况包括：①行业状况、法律环境与监管环境以及其他外部因素；②被审计单位的性质；③被审计单位对会计政策的选择和运用；④被审计单位的目标、战略以及相关经营风险；⑤被审计单位财务业绩的衡量和评价；⑥被审计单位的内部控制。

（2）在审计实务中了解公司性质应该收集的信息包括：所有权结构、治理结构、组织结构经营活动、投资活动、筹资活动。

（3）在对重大相关事项调查时，要关注可能会增加委托业务审计风险的因素包括：①参与非法活动；②经常更换银行、律师或注册会计师；③高级管理人员在生活上遇到重大困难；④具有冒险倾向，且经常参与高风险业务；⑤高级管理人员近期发生重大或非预期的变动；⑥缺乏经验能力。

（4）MB 公司进行年报审计可接受的审计风险水平确定为 5%，重大错报风险确定为 30%，则可接受的检查风险为 16.7%，即：检查风险 = 审计风险/重大错报风险 = 5%/30% = 16.7%。

（5）审计业务约定书存在的主要问题是：①甲方和乙方名称颠倒；②没有委托目的；③没有甲方的会计责任；④没有乙方的义务；⑤没有出具审计报告的时间要求；⑥没有审计报告的使用责任；⑦没有违约责任；⑧约定书的生效日期有误，应该为签约日期 12 月 15 日。⑨有文字表述上的错误，如标题应为“审计业务约定书”、“资产负债表、利润表、现金流量表”应为“资产负债表以及该年度利润表和现金流量表”等。

### 工作反思与小结

在前期调查中，注册会计师主要解决的问题有：一是了解被审计单位背景情况、组织机构、投资情况和经营情况，以确定审计范围；二是了解被审计单位的会计核算体系；三是初步了解被审计单位的内部控制，并在此基础上评价固有风险和控制风险，以制订初步的审计策略；四是对财务报表的主要项目进行分析；五是对重要事项进行细致调查并作相应记录；六是督促被审计单位提供完善的材料；七是确定是否尚存在遗留问题。注册会计师在对以上问题调查基础上，形成相应的审计工作底稿，由项目经理汇总情况，编制前期调查备忘。一般而言，前期调查备忘应包括以下内容：公司背景，主要业务循环的内部控制，会计制度和主要会计科目的核算方法，发现的主要问题及其对利润的影响程度，重点的审计领域及说明，审计风险的评估，主要问题的解决方法等。

## 四、思考与讨论

（1）本案例中，MB 公司更换了会计师事务所，ABC 会计师事务所是新任所，前所是 D 会计师事务所。现假设经客户同意后，审计人员已与前任注册会计师取得联系，他应该如何与前任审计人员进行沟通？

（2）在本案例中，所列举的是首次接受委托的情况，假设 MB 公司是 ABC 会计师事务所的老客户，那么此次持续接受委托时，应调查的主要内容有什么不同？

（3）审阅上年度审计工作底稿时应关注什么问题？

（4）发现前任注册会计师审计的会计报表可能存在重大错报时应如何处理？

（5）评估重大错报风险的程序有哪些？

# 第二节 总体审计策略案例分析

## 知识储备与回顾

### 一、总体审计策略性质

注册会计师应当为审计工作制定总体审计策略。总体审计策略用以确定审计范围、时间安排和方向，并指导具体审计计划的制定。

在制定总体审计策略时，应当考虑以下主要事项：

（1）审计范围。注册会计师应当确定审计业务的特征，包括采用的会计准则和相关会计制度、特定行业的报告要求、审计单位组成部分的分布等，以界定审计范围。

（2）报告目标、时间安排及所需沟通。总体审计策略的制订应当包括明确审计业务的报告目标，以及计划审计的时间安排和所需沟通的性质，包括提交审计报告的时间要求，预期与管理层和治理层沟通的重要日期等。

（3）审计方向。总体审计策略的制订应当包括考虑影响审计业务的重要因素，以确定项目组工作方向，包括确定适当的重要性水平，初步识别可能存在较高的重大错报风险的领域，初步识别重要的组成部分和账户余额，评价是否需要针对内部控制的有效性获取审计证据，识别被审计单位、所处行业、财务报告要求及其他相关方面最近发生的重大变化等。

### 二、审计目标

（1）确定审计范围。

（2）确定报告目标、时间安排及所需沟通。

（3）确定审计方向。

## 三、审计程序

（1）审阅财务报表，进行总体分析。

（2）重要财务指标分析。

（3）根据审阅及财务指标计算结果进行分析判断，识别重要项目及账户。

（4）形成总体审计策略。

## 四、审计要点

### （一）审计范围

在确定审计范围时，需要考虑下列具体事项：

（1）编制拟审计的财务信息所依据的财务报告编制基础，包括是否需要将财务信息调整至按照其他财务报告编制基础编制。

（2）特定行业的报告要求，如某些行业监管机构要求提交的报告。

（3）预期审计工作涵盖的范围，包括应涵盖的组成部分的数量及所在地点。

（4）母公司和集团组成部分之间存在的控制关系的性质，以确定如何编制合并财务报表。

（5）由组成部分注册会计师审计组成部分的范围。

（6）拟审计的经营分部的性质，包括是否需要具备专门知识。

（7）外币折算，包括外币交易的会计处理、外币财务报表的折算和相关信息的披露。

（8）除为合并目的执行的审计工作之外，对个别财务报表进行法定审计的需求。

（9）内部审计工作的可获得性及注册会计师拟信赖内部审计工作的程度。

（10）被审计单位使用服务机构的情况，及注册会计师如何取得有关服务机构内部控制设计和运行有效性的证据。

（11）对利用在以前审计工作中获取的审计证据（如获取的与风险评估程序和控制测试相关的审计证据）的预期。

（12）信息技术对审计程序的影响，包括数据的可获得性和对使用计算机辅助审计技术的预期。

（13）协调审计工作与中期财务信息审阅的预期涵盖范围和时间安排，以及中期审阅所获取的信息对审计工作的影响。

（14）与被审计单位人员的时间协调和相关数据的可获得性。

### （二）报告目标、时间安排及所需沟通的性质

为计划报告目标、时间安排和所需沟通，需要考虑下列事项：

（1）被审计单位对外报告的时间表，包括中间阶段和最终阶段。

（2）与管理层和治理层举行会谈，讨论审计工作的性质、时间安排和范围。

（3）与管理层和治理层讨论注册会计师拟出具的报告的类型和时间安排以及沟通的其他事项（口头或书面沟通），包括审计报告、管理建议书和向治理层通报的其他事项。

（4）与管理层讨论预期就整个审计业务中对审计工作的进展进行的沟通。

（5）与组成部分注册会计师沟通拟出具的报告的类型和时间安排，以及与组成部分审计相关的其他事项。

（6）项目组成员之间沟通的预期性质和时间安排，包括项目组会议的性质和时间安排，以及复核已执行工作的时间安排。

（7）预期是否需要和第三方进行其他沟通，包括与审计相关的法定或约定的报告责任。

### （三）审计方向

在确定审计方向时，注册会计师需要考虑下列事项：

（1）为计划目的确定重要性。

（2）为组成部分确定重要性且与组成部分的注册会计师沟通。

（3）在审计过程中重新考虑重要性。

（4）识别重要的组成部分和账户余额。

（5）重大错报风险较高的审计领域。

（6）评估的财务报表层次的重大错报风险对指导、监督及复核的影响。

（7）项目组人员的选择（在必要时包括项目质量控制复核人员）和工作分工，包括向重大错报风险较高的审计领域分派具备适当经验的人员。

（8）项目预算，包括考虑为重大错报风险可能较高的审计领域分配适当的工作时间。

（9）如何向项目组成员强调在收集和评价审计证据过程中保持职业怀疑的必要性。

（10）以往审计中对内部控制运行有效性进行评价的结果，包括所识别的控制缺陷的性质及应对措施。

（11）管理层重视设计和实施健全的内部控制的相关证据，包括这些内部控制得以适当记录的证据。

（12）业务交易量规模，以及出于审计效率的考虑确定是否依赖内部控制。

（13）对内部控制重要性的重视程度。

（14）影响被审计单位经营的重大发展变化，包括信息技术和业务流程的变化，关键管理人员变化，以及收购、兼并和分立。

（15）重大的行业发展情况，如行业法规变化和新的报告规定。

（16）会计准则及会计制度的变化。

（17）其他重大变化，如影响被审计单位的法律环境的变化。

### （四）审计资源

注册会计师应当在总体审计策略中清楚地说明审计资源的规划和调配，包括确定执行审计业务所必需的审计资源的性质、时间安排和范围。

（1）向具体审计领域调配的资源，包括向高风险领域分派有适当经验的项目组成员，就复杂的问题利用专家工作等。

（2）向具体审计领域分配资源的多少，包括分派到重要地点进行存货监盘的项目组成员的人数，在集团审计中复核组成部分注册会计师工作的范围，向高风险领域分配的审计时间预算等。

(3) 何时调配这些资源，包括是在期中审计阶段还是在关键的截止日期调配资源等。

(4) 如何管理、指导、监督这些资源，包括预期何时召开项目组预备会和总结会，预期项目合伙人和经理如何进行复核，是否需要实施项目质量控制复核等。

## 案例与分析

[案例1-2]

### 一、案例回放

(一) 案例背景

ABC会计师事务所接受TP公司的委托，审计TP公司2017年度的财务报表。ABC会计师事务所已在前期调查中取得了该公司的相关重要资料。现审计小组需要对所获取的信息进行分析比较，以助于拟定总体审计策略。

(二) 案例内容及过程

审计人员在取得相关数据的基础上，对TP公司的财务报表项目进行趋势分析性测试，在此基础上形成总体审计策略。

(1) 审阅财务报表，进行初步直观的总体分析。审计人员把2017年的主要数据与上年的相关数据进行对比，从总体上进行分析，编制趋势分析表如表1-1、表1-2所示。

表1-1　纵向趋势分析表（绝对指标分析性复核）　单位：万元

| 会计报表项目 | 2016年已审数 | 2017年未审数 | 2017年比2016年增长 金额 | 2017年比2016年增长 % |
|---|---|---|---|---|
| | ① | ② | ③=②-① | ④=③/① |
| 营业收入 | 37 000 | 28 000 | -9 000 | -24.3 |
| 营业成本 | 29 000 | 21 000 | -8 000 | -27.6 |
| 营业利润 | 8 000 | 7 000 | -1 000 | -12.5 |
| 利润总额 | 300 | -1 100 | -1 400 | -466.7 |
| 净利润 | 225 | -1 100 | -1 325 | -588.9 |
| 存货 | 20 000 | 15 000 | -5 000 | -25.0 |
| 应收账款 | 18 000 | 20 000 | 2 000 | 11.1 |
| 速动资产 | 19 000 | 21 000 | 2 000 | 10.5 |
| 固定资产 | 50 000 | 51 000 | 1 000 | 2.0 |
| 在建工程 | 1 000 | 500 | -500 | -50.0 |
| 负债总额 | 62 000 | 63 000 | 1 000 | 1.6 |
| 净资产 | 15 500 | 15 000 | -500 | -3.2 |

表 1－2　　比率趋势分析表（相对指标分析性复核）

| 比率指标 | 计算公式 | 2016 年 | 2017 年 | 增减数 |
|---|---|---|---|---|
| | | ① | ② | ③＝②－① |
| 偿债能力比率 | | | | |
| 1. 流动比率 | 流动资产/流动负债 | 1.02 | 1.05 | 3% |
| 2. 速动比率 | 速动资产/流动负债 | 0.5 | 0.6 | 10% |
| 财务杠杆比率 | | | | 0% |
| 1. 负债比率 | 负债总额/资产总额 | 0.72 | 0.77 | 5% |
| 2. 资本对负债比率 | 资本额/负债总额 | 0.21 | 0.22 | 1% |
| 3. 利息保障系数 | （税前利润＋利息支出）/利息支出 | 1.2 | 0.7 | －50% |
| 营运能力比率 | | | | |
| 1. 存货周转率 | 销售成本/平均存货 | 1.4 | 1.02 | －38% |
| 2. 应收账款周转率 | 销售收入/平均应收账款 | 1.78 | 1.3 | －48% |
| 3. 总资产周转率 | 销售收入净额/总资产 | 0.5 | 0.3 | －20% |
| 获利能力比率 | | | | |
| 销售利润率 | 利润总额/营业收入 | 0.007 | －0.03 | －4% |

（2）根据确定的指标和要求，完成选定的有关数据的计算。审计人员认为有必要再对一些重要指标进行比较，以确认这些指标的变动是否合理，是否与在前期调查中所掌握的企业经营状况的变化情况一致。

（3）根据审阅及计算结果进行分析判断，确定重要账户，完成分析性测试备忘录。审计人员在编制的趋势分析性测试工作底稿的基础上，对以上各表分析中得出的主要结论进行汇总，形成分析性测试结果。

（4）考虑分析性结果对审计总体工作计划的影响，并在此基础上形成总体审计策略。审计项目负责人通过以上分析，初步确定了审计重点，并结合对 TP 公司基本情况和内控制度的了解编制总体审计策略如下：

**总体审计策略**

| | |
|---|---|
| 被审计单位：TP 公司 | 索引号：BE |
| 项目：总体审计策略 | 财务报表截止日/期间：2017 年 12 月 31 日 |
| 编制人：＿＿＿＿ | 复核人：＿＿＿＿ |
| 编制日期：2018 年 1 月 27 日 | 复核日期：2018 年 2 月 2 日 |

一、审计范围

| 报告要求 | |
|---|---|
| 适用的会计准则和相关会计制度 | 《企业会计准则》 |
| 适用的审计准则 | 《中国注册会计师审计准则》 |
| 审计地点 | 到被审计单位进行审计 |

二、审计业务时间安排

（一）对外报告时间安排

2018 年 2 月 27 日。

（二）执行审计时间安排

| 执行审计时间安排 | 时　间 |
|---|---|
| 监盘 | 2017 年 12 月 31 日 |
| 控制测试 | 2018 年 2 月 2 日 ~6 日 |
| 实质性程序 | 2018 年 2 月 7 日 ~23 日 |
| 编写审计报告 | 2018 年 2 月 24 日 ~25 日 |

（三）沟通的时间安排

| 所需沟通 | 时　间 |
|---|---|
| 与管理层及治理层的会议 | 2018 年 2 月 1 日、2 月 7 日、2 月 18 日 |
| 项目组会议（包括预备会和总结会） | 2018 年 1 月 31 日前期会、2 月 26 日总结会 |
| 与专家或有关人士的沟通 | 2018 年 2 月 15 日 |
| 与前任注册会计师沟通 | 2018 年 2 月 1 日 |

三、重要性

| 确定的重要性水平依据 | 确　定 |
|---|---|
| 按照《中国注册会计师审计准则第 1221 号——重要性》确定 | 采用总收入法：<br>用前 3 年平均营业收入 45 020 作为基数计算重要性水平为：255.1 万元（45 020 ×0.5%），用 2017 年的营业收入作为重要性水平为：140 万元（28 000 ×0.5%）。综合 TP 公司的审计风险，TP 公司报表总体重要性水平可初步评价为 120 万元 |

四、人员安排

（一）项目组主要成员的责任

| 职　位 | 姓　名 | 主要责任 |
|---|---|---|
| 项目负责人 | 王一 | 负责项目的全面工作 |
| 项目经理负责 | 周智 | 负责项目的日常管理和内部协调 |
| 注册会计师 | 陈同，江山 | 负责审计的具体实施工作 |
| 会计师 | 黄勇，何器，陈东 | 协助注册会计师完成审计取证工作 |
| 审计助理人员 | 徐云，黎丽，唐文，潘华 | 协助注册会计师完成审计取证工作 |

（二）与项目质量控制复核人员的沟通

复核的范围：计划审计工作情况，审计证据的充分性与适当性，审计结论的恰当性，审计档案的建立情况。

| 沟通内容 | 负责沟通的项目组成员 | 计划沟通时间 |
|---|---|---|
| 风险评估、对审计计划的讨论 | 黄勇 | 2018 年 2 月 1 日 |
| 对财务报表的复核 | 黄勇 | 2018 年 2 月 21 日 |
| 对审计工作底稿的复核 | 何器 | 2018 年 2 月 23 日 |
| 对审计报告的复核 | 何器 | 2018 年 2 月 26 日 |

五、对专家或有关人士工作的利用

（一）对内部审计工作的利用

| 主要报表项目 | 拟利用的内部审计工作 | 索引号 |
|---|---|---|
| 存货 | 内部审计部门对各仓库的存货每半年至少盘点一次。在中期审计时，项目组已经对内部审计部门盘点步骤进行观察，其结果满意，因此项目组将审阅其年底的盘点结果，并缩小存货监盘的范围 | |
| 内部控制制度测试 | 内部审计部门对被审计单位内部控制制度的有效性、合理性与健全性定期进行测试与评价，项目组在控制测试过程中，可利用相关工作底稿，参考测试与评价结论 | |

（二）对专家工作的利用

| 主要会计科目 | 专家名称 | 主要职责及工作范围 | 利用专家工作的原因 | 工作底稿索引号 |
|---|---|---|---|---|
| 在建工程 | 中标咨询公司技术专家贺凡工程师 | 测定在建工程的发生额 | 由于所涉及工程进度标准的技术限制，需由专门技术人员测定其发生额 | |

## 二、案例梳理

（1）如何根据纵向趋势分析表进行分析？

（2）如何根据比率趋势分析表进行分析？

（3）本案例根据分析结果确定的重点审计领域有哪些？

（4）如果注册会计师在分析其财务指标时，发现企业的应收账款周转率波动较大，这意味着被审计单位可能存在哪些情况？

（5）总体审计策略包括的要素有哪些？如何确定总体审计策略？

## 三、案例分析

（1）根据本案例的纵向趋势分析表计算结果分析如下：

①营业收入、营业成本同比分别减少 24.3%、27.6%，致使营业利润也减少了 12.5%，说明本年销售状况不好，审计应关注销售和利润的变动。

②利润总额、净利润同比分别减少 466.7%、588.9%，审计应关注利润构成各组成部分情况。

③存货同比减少了 25%，同营业收入减少相比，不合理，审计时要关注有无隐瞒收入的情况。

④应收账款同比增加，同营业收入减少相比，不合理，应关注应收账款是否包括不属于货物交易债权的事项。

⑤在建工程减少 50%，同固定资产增加 2% 相比不合理。

（2）根据本案例的比率趋势分析表计算结果分析如下：

①利息保障系数减少了 50%，经分析，主要是亏损所致，审计应关注影响亏损的因素。

②应收账款周转率减少了48%，原因：销售收入同比有较大幅度减少、平均应收账款余额有较大幅度增加，审计要关注其变动对企业经营的影响。

③关注存货、应收账款变动对企业经营影响。

（3）通过执行分析性复核程序，注册会计师可根据分析结果，确定审计重点领域。本案例确定的重点审计领域有：①营业收入、营业成本项目；②影响利润总额的其他业务利润、费用、营业外收入、支出项目；③应收账款项目；④存货项目；⑤在建工程项目。

（4）应收账款周转率的波动可能意味着企业存在以下情况：①经营环境发生变动；②年末销售额突然增减；③顾客总体发生变动；④产品结构发生变动；⑤信用政策或其运用发生变化；⑥销售收入的总体发生变动。

（5）总体审计策略的制定应当包括：①确定审计业务的特征，包括采用的会计准则和相关会计制度、特定行业的报告要求以及被审计单位组成部分的分布等，以界定审计范围；②明确审计业务的报告目标，以计划审计的时间安排和所需沟通的性质，包括提交审计报告的时间要求，预期与管理层和治理层沟通的重要日期等；③考虑影响审计业务的重要因素，以确定项目组工作方向，包括确定适当的重要性水平，初步识别可能存在较高的重大错报风险的领域，初步识别重要的组成部分和账户余额，评价是否需要针对内部控制的有效性获取审计证据，识别被审计单位、所处行业、财务报告要求及其他相关方面最近发生的重大变化等。

**工作反思与小结**

总体审计策略的制订通常包括：确定审计业务的特征，以界定审计范围；明确审计业务的报告目标，以计划审计的时间安排和所需沟通的性质；考虑影响审计业务的重要因素，以确定项目组工作方向。在制订总体审计策略时，注册会计师还应考虑初步业务活动的结果，以及为被审计单位提供其他服务时所获得的经验。

## 四、思考与讨论

总体审计策略制定中应如何运用分析程序？

## 课后提高训练

**案例一：**

美林股份有限公司（以下简称美林公司）是20×1年6月12日在深圳交易所上市的一家上市公司，其主营业务为城建环保工程。该公司20×4年度主要承包了污水处理工程。诚信会计师事务所首次接受美林公司的委托，审计该公司20×4年度的会计报表。该公司以前年度的年报一直由信利会计师事务所审计，因负责该项目审计的注册会计师已经离开该事务所出国进修，公司董事会决定自20×4年开始由信誉较好的诚信会计师事务所来进行审计。诚信会计师事务所接到委托后，考虑到美林公司是新客户，对该公司的情况不太了解，现选派注册会计师王越担任美林公司前期调查的外勤主管，带领审计人员李辰、季小明、余锋等立即进入该公司进行前期调查，以确定是否授受委托。

讨论：

请说明诚信会计师事务所的做法是否正确？诚信会计师事务所要接受委托应该做哪些工作？

**案例二：**

××股份有限公司委托ABC会计师事务所对其会计报表进行审计，双方签订了审计业务约定书。

要求：

（1）指出下述审计业务约定书中存在的问题。

（2）重新起草审计业务约定书。

**审计业务约定书**

甲方：××股份有限公司

乙方：ABC会计师事务所

甲方委托乙方进行2017年财务报表审计，经双方协商达成以下约定：

一、审计范围及委托目的

乙方接受甲方委托，对甲方2017年12月31日的资产负债表以及该年度的利润表和现金流量表进行审计。乙方将根据中国注册会计师独立审计准则，对甲方内部控制制度进行研究和评价，对会计记录进行必要的抽查，并在乙方认为需要时实施其他必要的审计程序，在此基础上，对上述财务报表的合法性、公允性发表审计意见。

二、甲方的责任与义务

（1）为乙方审计工作及时提供所需的全部资料和其他有关资料。

（2）为委派乙方的审计人员提供必要的条件及合作，具体事项将在乙方所派人员于审计工作开始之前提供的清单中列明。

（3）按本约定书的规定，向乙方及时足额地支付审计费用。

三、乙方的责任

按照独立审计准则的要求进行审计，出具审计报告，保证审计报告的真实性、合法性。

四、审计收费

按《××收费规定》，乙方应收本项业务具体费用，以及所花费的工作时间确定，预计收取人民币××万元，甲方应在本约定书签订后预付上述费用的××%，其余部分在乙方提交审计报告时一并付清。如在审计过程中遇到重大问题，致使乙方实际花费审计工作时间有较大幅度的增加，甲方应在了解实际情况后，酌情增加审计费用。

五、约定书的有效期间

本约定书一式两份，甲乙双方各执一份。

本约定书自2018年1月10日期生效，并在全部约定事项完成之前有效。

六、约定事项的变更

由于出现不可预见的情况，影响审计工作的如期完成，或需提前出具审计报告，甲乙双方可要求变更约定事项，但应及时通知对方，由双方协商解决。

七、甲乙双方对其他事项的约定

甲方：××股份有限公司　　　　　　　　乙方：ABC 会计师事务所

代表：（签章）　　　　　　　　　　　　代表：（签章）

**案例三：**

2017 年 12 月 16 日某会计师事务所主任会计师孟某和助理审计人员侯某应江华公司的邀请，前往该公司洽谈业务。注册会计师孟某及助理侯某对江华公司委托审计的目的、审计业务的性质、审计收费、审计范围是否受到限制、审计的程度是否能够顺利进行、江华公司提供的文件、协助的事项等方面进行了初步了解之后，双方当即签订了审计业务约定书。

要求：

请回答注册会计师孟某与江华公司立即签约是否正确？为什么？

**案例四：**

华兴公司是一家商贸类上市公司，20×8 年更换会计师事务所，现拟委托公信会计师事务所审计 20×7 年度会计报表。公信会计师事务所委派注册会计师李实与华兴公司洽谈业务。李实首先从上市公司指定披露信息的报刊中收集了一些关于华兴公司的信息，了解到华兴公司主营百货文化用品、五金交电、油墨及印刷器材、家具、食品、针纺织品、日用杂品、烟酒等。该公司自 20×0 年上市以来，业务迅速扩张，股价也不断攀升。李实向华兴公司索要了该公司 20×5～20×7 年各年的会计报表，及其前任会计师的审计报告，了解到华兴公司 20×6 年和 20×7 年分别实现主营业务收入 34.82 亿元和 70.46 亿元，同比增长 152.69% 和 102.35%，同时，总资产也分别增长了 178.25% 和 60.43%，但利润率从 20×6 年开始出现明显的下降，由 20×6 年的 2% 下降到 20×7 年 0.69%，远远低于商贸类上市公司的平均水平 3.77%。另外，20×7 年公司利润总额中 40% 为投资收益，据李实询问华兴公司相关人员得知，华兴公司利用银行承兑汇票（承兑期长达 3～6 个月）进行账款结算，因从回笼货款到支付货款之间有 3 个月的时间差，故华兴公司利用时间差委托华南证券进行短期套利。当李实询问华兴公司更换会计师事务所的理由时，华兴公司说明仅仅是由于公司董事会不满意前任注册会计师的工作效率。

思考：

公信会计师事务所是否应该接受华兴公司的审计委托？理由何在？

**案例五：**

表 1－3 反映某百货业上市公司及同期行业平均的财务指标数据，试分析这组数据，以确定重点审计领域。

表 1-3　某百货公司及同行业主要财务比率指标

| 指标项目 | 20×6 年 | 20×6 年行业平均 | 20×7 年 | 20×7 年行业平均 |
| --- | --- | --- | --- | --- |
| 速动比率 | 0.240 | 0.388 | 0.346 | 0.465 |
| 流动比率 | 0.924 | 1.115 | 1.094 | 1.160 |
| 利息保障倍数 | 15.616 | 12.385 | 8.052 | 11.850 |
| 资产负债率 | 48.800% | 54.733% | 52.750% | 53.864% |
| 投资报酬率 | 7.010% | 3.828% | 2.080% | 3.884% |
| 主营业务毛利率 | 25.590% | 15.877% | 13.460% | 16.114% |
| 净资产收益率 | 10.620% | 5.453% | 3.070% | 5.486% |
| 应收账款周转率 | 15.711 | 10.789 | 11.200 | 14.117 |
| 存货周转率 | 3.335 | 7.430 | 3.946 | 8.056 |

**案例六：**

甲公司从事小型机电产品的生产和销售，主要原材料均在国内采购，产品主要出口到美国。现由 A 注册会计师负责对甲公司 20×8 年度财务报表进行审计。

资料一：A 注册会计师在审计工作底稿中记录了所了解的甲公司情况及其环境，部分内容摘录如下：

①甲公司产品以美元定价，人民币对美元汇率由 20×8 年初的 7.3:1 升值至 20×8 年 6 月的 6.8:1，之后基本保持稳定。甲公司产品销售价格自 20×7 年初至 20×8 年 9 月基本稳定。20×8 年 10 月起，受金融危机影响，甲公司的出口订单数量和销售收入均出现较大幅度减少，20×8 年第 4 季度与前 3 个季度相比，主要产品平均销售价格下降了约 7%，但甲公司 20×8 年未审财务报表显示其依然完成了 65 000 万元营业收入和 7 300 万元毛利的经营目标。20×7 年初至 20×8 年 8 月，甲公司主要原材料采购价格基本稳定。20×8 年 9 月至 10 月，主要原材料价格平均下跌了约 5%。

②甲公司预计主要原材料价格在 20×8 年底前很可能止跌回升，因此在 20×8 年 9 月至 10 月进行大量采购，以满足 20×9 年 2 月底前的生产需求。但 20×8 年 10 月之后，相关原材料市场价格实际上继续下跌。

③20×8 年 7 月，由于发生重大施工安全事故，甲公司于 20×8 年 1 月开工建设的 X 生产线被有关部门勒令停建整顿。20×8 年末，有关部门同意甲公司重新开工，但受宏观经济影响，X 生产线拟生产产品的市场前景不佳，甲公司董事会决定暂不启动 X 生产线的建设，并于 20×8 年末按期向银行归还了 1 年期、年利率为 7% 的 1 000 万元专项借款。

④20×8 年 12 月，甲公司决定淘汰一批账面价值为 98 万元的旧检验设备，并与受让方签订了不可撤销的转让协议，转让价格为 15 万元。20×9 年 1 月，甲公司向受让方移交该批检验设备，并收讫转让款。

⑤甲公司在 20×7 年末以每股 12 元购入 100 万股乙公司股票，购入时并没有明确的持有意图。20×8 年末，乙公司因期货交易发生巨额亏损而濒临破产，股价出现大幅下跌，由年初的每股 12 元跌至年末的每股 2 元。

⑥根据甲公司与丙银行签订的贷款框架协议，丙银行自20×8年1月至20×9年1月向甲公司提供累计金额不超过20 000万元的流动资金贷款额度。20×9年1月，丙银行终止与甲公司的贷款协议。甲公司正在寻求维持日常经营活动所需资金来源，但尚未取得实质性进展。

资料二：A注册会计师在审计工作底稿中记录了所获取的甲公司财务数据，部分内容摘录如表1-4、表1-5、表1-6所示。

**表1-4** 单位：万元

| 项　目 | 20×8年（未审数） | 20×7年（已审数） |
|---|---|---|
| 营业收入 | 65 030 | 55 320 |
| 营业成本 | 57 720 | 48 180 |
| 资产减值损失 | | |
| 其中：应收账款 | 220 | 190 |
| 存货 | 673 | 657 |
| 固定资产 | 65 | 54 |
| 合计 | 958 | 901 |

**表1-5** 单位：万元

| 项　目 | 20×8年12月31日（未审数） | 20×7年12月31日（已审数） |
|---|---|---|
| 存货账面余额 | 15 752 | 6 073 |
| 减：存货跌价准备 | 600 | 530 |
| 存货账面价值 | 15 152 | 5 543 |
| 可供出售金融资产 | | |
| 乙公司股票公允价值 | 200 | 1 200 |
| 可供出售金融资产账面价值 | 200 | 1 200 |

**表1-6** 单位：万元

| 项　目 | 20×8年初数（已审数） | 本年增加（未审数） | 本年减少（未审数） | 20×8年末数（未审数） |
|---|---|---|---|---|
| 在建工程——X生产线 | 0 | 962 | 0 | 962 |
| 减：在建工程减值准备 | 0 | | 0 | 0 |
| 在建工程账面价值 | 0 | 962 | 0 | 962 |
| 其中：利息资本化 | 0 | 70 | 0 | 70 |
| 固定资产原价 | | | | |

要求：

针对资料一第①项至第⑥项内容，结合资料二财务数据，假定不考虑其他条件，逐项判断资料一所列事项是否可能表明存在重大错报风险。如果认为存在，简要说明理由，分别说明该风险属于财务报表层次还是认定层次。如果认为属于认定层次，指出相关事项主要与哪些账户（仅限于营业收入、营业成本、资产减值损失、存货、可供出售金融资产、在建工程、固定资产、累计折旧和资本公积）的哪些认定相关。

# 2 第二章 货币资金审计业务案例分析

## 第一节 货币资金业务基本认知

### 一、货币资金的主要业务活动

货币资金是企业资产的重要组成部分，是企业资产中流动性最强的一种资产。任何企业进行生产经营活动都必须拥有一定数额的货币资金，持有货币资金是企业生产经营活动的基本条件，可能关乎企业的命脉。货币资金主要来源于资本的投入和营业收入，主要用于资产的取得和费用的结付。总的来说，只有保持健康、正的现金流，企业才能够继续生存；如果出现现金流逆转迹象，产生了不健康的、负的现金流，长此以往，企业将会陷入财务困境，并导致对企业的持续经营能力产生疑虑。

根据货币资金存放地点及用途的不同，货币资金分为库存现金、银行存款及其他货币资金。

### 二、货币资金的主要凭证与账户

#### （一）典型的货币资金所涉及的主要凭证

货币资金审计涉及的凭证主要有：①现金盘点表；②银行对账单；③银行存款余额调节表；④有关科目的记账凭证；⑤有关会计账簿。

#### （二）货币资金主要涉及的会计记录

货币资金与各交易循环均直接相关，它们之间的相互关系如图 2－1 所示。

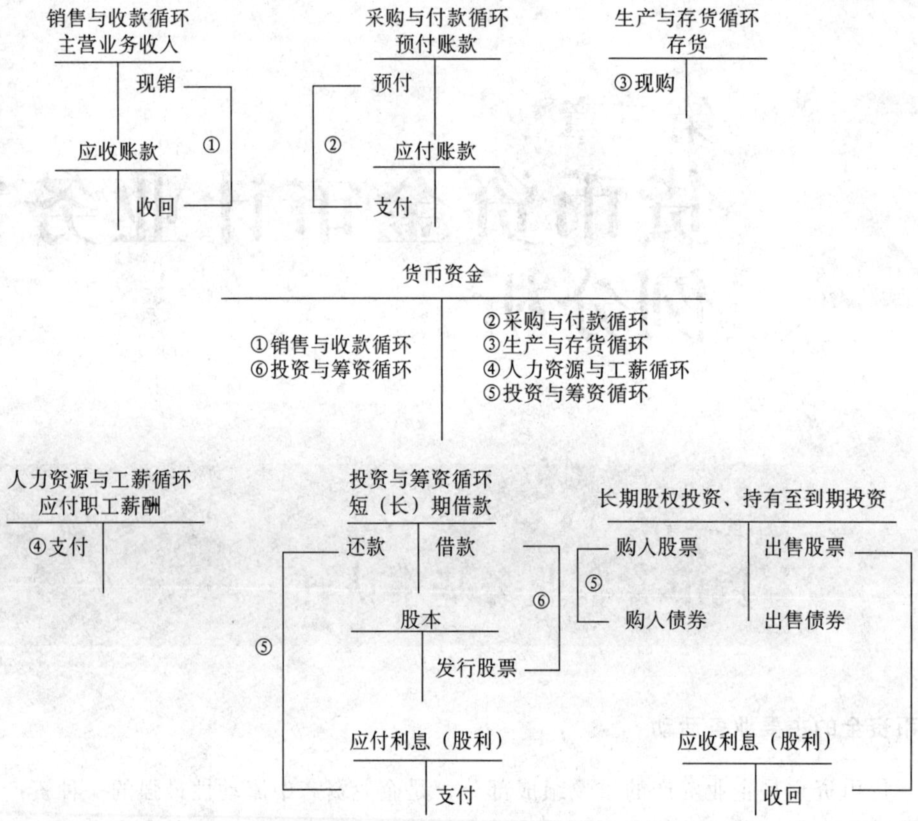


图 2－1　货币资金与交易循环的关系

需要说明的是，图 2－1 仅选取各业务循环中具有代表性的会计科目或财务报表项目予以列示，并未包括各业务循环中与货币资金有关的全部会计科目或财务报表项目。

## 三、确定可能发生错报的环节

注册会计师需要确认和了解货币资金的错报在什么环节发生，即确定被审计单位应在哪些环节设置控制，以防止或发现并纠正可能发生的错报。货币资金的可能错报环节如表 2－1 所示。

**表 2－1　　货币资金的可能错报环节**

| | |
|---|---|
| 现金收入不入账，设置账外资金 | 观察、检查和询问是否有小金库 |
| 存入的款项来源不合法，如出租账户 | 抽取并检查收款凭证 |
| 挪用、贪污（截留或开假发票） | 检查发票或收据的真实性和是否连续编号 |
| 以现金支付回扣或好处费 | 抽取并检查付款凭证，检查是否授权审批 |
| 坐支现金、库存现金超限额、账实不符 | 观察出纳工作，并检查相关凭证 |
| 非法挪用资金，白条抵库，长、短款 | 检查相关凭证是否真实并经过授权 |

## 四、穿行测试

注册会计师应当选择一笔或几笔收款与付款交易进行穿行测试，以证实对交易流程和相关控制的了解是否正确和完整。例如，针对货币资金支付业务，注册会计师应追踪从支付申请、审批、复核到办理支付，生成记账凭证，过账至库存现金、银行存款日记账和总账的整个交易流程，并确定相关控制是否得到执行。

## 五、初步评价和风险评估

注册会计师通过了解货币资金的内部控制，对相关控制的设计和是否得到执行进行评价，同时结合对被审计单位其他方面的了解，评估重大错报风险，以确定进一步程序的性质、时间和范围。如果了解到相关内部控制不存在或不值得信赖，注册会计师可考虑执行实质性程序，而不进行控制测试。

# 第二节 库存现金审计综合案例分析

## 知识储备与回顾

## 一、审计目标

（1）确定被审计单位库存现金在资产负债日是否确实存在，是否为被审计单位所拥有或控制。

（2）确定被审计单位在特定期间内发生的现金收支业务是否均已记录完毕，有无遗漏。

（3）确定库存现金余额是否正确。

（4）确定库存现金是否已按规定在财务报表中作出恰当列报。

## 二、审计程序

（1）核对现金日记账与总账余额是否相符，如果不相符，应查明原因，并作出记录或适当调整。

（2）盘点库存现金，证实资产负债表所列的现金是否存在，盘点库存现金的方式通常视被审计单位的具体情况而定，但必须有被审计单位出纳员和会计主管人员参加，并由审计人员实施监督盘点。

（3）抽查大额现金收支，审查其内容是否完整，有无授权批准，并核对相关客户账户进账情况，如有与被审计单位生产经营业务无关的收支事项，应查明原因，并作相应的记录。

（4）检查现金结算收支的正确截止日期，在实施截止测试时，通常审计人员可以对结账日前后一段时期内现金收支凭证进行审计，以确定是否存在跨期事项。

（5）审查外币现金折算是否正确，对于有外币现金的被审计单位，应审查被审计单位的外币现金收支是否按所规定的汇率折合为记账本位币。

（6）确定现金是否在财务报表上恰当披露。

## 三、常见的错弊形式

1. 涂改凭证金额

会计人员利用原始凭证管理上存在的漏洞或业务上的便利条件，使用“退字灵”“修正液”等化学药剂更改发票或收据上的金额，把现金收入原始凭证上的金额改小或将现金支出原始凭证上的金额改大，从而达到贪污的目的。其主要原因是会计主管人员或指定人员未认真审查原始凭证。

2. 票据“头尾”不一

票据出票时往往需要套写。出纳员或经办员在套写时将复写纸的下面放置废纸，利用假复写的方法，使票据凭证联和存根联金额不一致，造成收多报少或支少报多，贪污差额款。其主要原因是填制收付款原始凭证与收付款职责未分开，单位内部牵制制度失效。

3. 撕毁票据或盗用凭证

会计人员或出纳人员对收入现金的票据，乘机撕毁，将现金据为己有；或用盗取的发票、收据等凭证向客户开票，隐匿现金，达到贪污的目的。其主要原因是单位票据款方面存在漏洞，未能有效地控制票据的数量和编号；对于收入款项的监督不力。

4. 虚开发票，虚构内容

会计人员或有关人员与外部人员串通，在购物时虚开发票，或在做账时虚列工资、奖金等，将多支出的现金据为己有。其主要原因是未能坚持经济业务事项的办理不得由一人负责全过程的原则；未能做到薪金支付单等由单位人劳部门编制和审核；会计稽核人员未能真正发挥作用。

5. 添枝加叶，加码报销

会计人员在原始凭证上添加经济业务的内容和金额，达到贪污现金的目的。其主要原因是会计稽核人员未履行职责，未发挥作用。

6. 错记金额，贪污现金

出纳人员在登记现金日记账时故意记错金额或将其合计数加错，表现为少计收入、多计支出，从而将多余的库存现金据为己有。其主要原因是会计分工、会计牵制出了问题，出纳人员除登记日记账外，还兼登记明细账和总账。

7. 公款私用，挪用现金

出纳人员或其他人员采用虚写或涂改现金缴款单日期的做法，未将当天应该送交银行的销货款等及时入账，挪用后进行体外循环。其主要原因是会计牵制不力，稽核人员未发挥作用。

## 四、审计要点

1. 进行现金盘点，查清实存现金额

现金盘点一般采取突击盘点、同时盘点，要注意检查出纳人员有没有把保险柜的现金都拿出来盘点，注意是否有白条抵库的现象，检查出纳人员有没有把现金日清月结。盘点现金时，由出纳人员自行清点，审计人员、会计主管在旁实施监盘。

2. 对私设小金库的审计

对于发现被审计单位有私设小金库的行为，通常要采取进一步检查程序，进一步查明原因。

3. 审查库存现金的内部控制制度

首先，不相容职务要分离控制。重点检查货币资金支出的授权审批手续是否健全，特别是货币资金的支出授权、支付、稽核要相互分离，不能一人多岗。其次，检查印鉴的管理。查看空白支票是否预留单位的印鉴，审查单位法人私章、财务负责人私章、单位财务专用章是否分工管理。

# 案例与分析

### [案例 2-1]

## 一、案例回放

（一）案例背景

ABC 会计师事务所接受 WL 公司委托，对 WL 公司进行年度财务报表审计。2017 年末双方签订了审计业务约定书。ABC 会计师事务所派出项目组于 2018 年 2 月 20 日至 3 月 18 日对 WL 公司 2017 年度的财务报表进行了审计。本案例主要反映库存现金的审计过程及相关问题。

WL 公司主要从事农业高科技产品开发、培育和销售，审计人员根据企业的特点，决定将库存现金作为审计重点，并将库存现金项目的可容忍错报水平确定为 1 000 元。

（二）案例内容及过程

（1）执行“核对现金日记账与总账的余额是否相符”的审计程序，向客户索取现金日记账，与总账金额进行核对，确定是否相符，并编制现金明细余额表。查验结果：核对一致。

（2）执行“会同被审计单位主管会计人员盘点库存现金，编制库存现金盘点表”的审计程序。在资产负债表日后实施了现金盘点，在被审计单位主管会计人员陪同下，由出纳盘点现金，审计人员在旁监盘，并将现金分不同的面额和数量填列在库存现金盘点表中。汇总了盘点日尚未入账的收入、支出原始单据及金额，将换算后的余额与现金盘点数进行核对。汇总了资产负债表日至盘点日的收入、支出总额，将换算后的金额与资产负债表日现金日记账余额进行核对。

2018 年 2 月 26 日，审计人员对 WL 公司的库存现金进行突击盘点，盘点结果如下：现金人民币包括 100 元币 15 张，50 元币 13 张，10 元币 16 张，5 元币 19 张，2 元币 20 张，1 元币 25 张，5 角币 11 张，1 角币 30 张，现金实存合计 2 478.50 元。另外在审计过程中还发现已收款但尚未入账收款凭证 5 张，共计 190 元，已经付款但尚未入账付款凭证 5 张，共计 510 元，其中有朱某借条一张，日期为 2017 年 9 月 30 日，金额 200 元，未经批准和说明用途。此外，审计人员检查了其他相关资料，复核盘点日库存现金账面余额为 2 600.50 元，2018 年 1 月 1 日至 2018 年 2 月 25 日收入现金 1 060.20 元，支出现金 856 元，2017 年 12 月 31 日库存现金账面余额为 2 080.50 元。

## 二、案例梳理

（1）如何根据库存现金盘点表发现是否存在账实差异？

（2）发现库存现金账实不符应该怎么处理？

## 三、案例分析

（1）根据上述案例检查相关资料，审计人员通过编制库存现金盘点表，计算出账面应存数为 2 280.50（2 600.5 + 190 - 510）元，盘点时实存数为 2 478.50 元，长款数为 198（2 478.50 - 2 280.50）元。2017 年 12 月 31 日库存现金应为 2 274.30（2 478.50 + 856 - 1 060.20）元，实际账面金额为 2 080.50 元，差异为 193.80 元。

（2）审计人员对盘点结果进行进一步分析，初步认定该公司存在的问题是：白条抵库 200 元；收付款未及时入账，致使账实不符；现金盘盈 193.80 元。建议对白条抵库款及时收回；对出纳人员进行批评教育；对收付款应及时入账；对盘盈现金应查明原因，经批准后及时作出相关账务处理。

### 工作反思与小结

审计人员审计库存现金的应注意把握以下六个方面：①形式上的突然性；②时间上的恰当性；③安排上的条理性；④清点上的同一性；⑤分工上的明确性；⑥结果上的及时性。

## 四、思考与讨论

（1）如何确定库存现金的可容忍错报？

（2）如果不调整账目，如何评价本案例中库存现金项目的审计结果？

**［案例 2 - 2］**

## 一、案例回放

（一）案例背景

ABC 会计师事务所自 2008 年开始接受 LB 股份有限公司（以下简称 LB 公司）董事会委托，对 LB 公司进行年度财务报表审计。根据双方签订的审计业务约定书，项目组于 2018 年 2 月 10 日至 3 月 5 日对 LB 公司 2017 年度的会计报表进行了审计。本案例主要反映库存现金的审计过程及相关问题。

（二）案例内容及过程

（1）项目组在对该公司2017年度财务报表进行审计时，发现现金日记账中12月5日至20日每日余额均超过10万元，而21日余额突然下降至300.50元。这一现象引起了审计人员的关注：被审计单位为什么长时间持有超库存现金限额（被审单位的库存现金限额为5 000元），而12月21日库存现金为什么突然下降至300.50元，审计人员对此进行了详细审查。

（2）审计人员跟踪查证：①运用审阅法，审计人员首先审阅了现金日记账中12月5日现金增加的3笔业务内容：第1笔是收取某出差人员报销差旅费时退回的借款结余482.64元；第2笔是报销火车票329.62元，第3笔是提取现金，金额为54 863.35元，分录是：

借：库存现金 54 863.53

　　贷：银行存款 54 863.53

然后，审计人员又审阅了12月21日现金日记账现金减少的几笔业务，共有4笔，其中3笔是报销职工医药费，共计369.28元，另1笔会计分录如下：

借：银行存款 55 515.96

　　贷：库存现金 54 863.53

　　　　其他应付款 652.43

②审计人员审阅了记账凭证所付的原始凭证——付款委托书，该委托书反映的是某超市给该公司的货款，金额为55 515.96元。经审阅，检查应收账款明细账记录，未发现此明细账。

③审计人员联想到12月5日提取的现金54 863.53元与本笔冲减的现金金额相同。显然，这两笔账是有联系的。审计人员根据这一线索和了解、掌握的情况，找到被审计单位经办人，经办人声称是替某单位套取现金，但问起为何先付现金而隔半个月才收到对方通过银行划转的款项，且又无支付现金的原始凭证时，对方无言以对。后来找到财务科长和经理，他们说出了真相。

该公司由于经营不善，已有3个月未发奖金，12月5日提取现金给职工发放奖金，共658人。对这笔支出，该公司未及时入账，致使现金日记账上显示的现金金额大大超过库存现金限额（实际为账实不符），12月20日该公司用收到某客户支付的部分贷款来填补发放奖金支出。

很明显，被审计单位所作的账务处理截留了销售收入，将一部分销售收入截留在其他应付款账户中，其中大部分直接冲减了现金，但减少现金又没有附原始凭证，因而无法直接了解其去向。

## 二、案例梳理

（1）LB公司提取大量现金不入账是为了达到什么目的？

（2）某超市支付给LB公司的货款应该怎样进行账务处理？

## 三、案例分析

（1）会计人员采用了“两头不见面、收支不入账”的手法，来达到截留收入、私分货款、偷漏税款的目的。

（2）某超市支付给 LB 公司的货款的账务处理如下：

借：库存现金　　55 515.96

　　贷：主营业务收入　　55 515.96

**工作反思与小结**

审计时，对库存现金实施突击性检查，应选择审计期间任意时间（自定）或选择结束审计之前，给对方出其不意，以达到审计目的。在盘点库存时，审计人员和出纳人员都不得离开盘点地，不要听信出纳人员的巧辩以及其他推诿的话，要学会察言观色。有时一次盘点达不到预期效果，其主要原因是被审计单位在接到审计通知后，将违纪违规资金提前转移。当第一次盘点后，被审计单位认为风险已过，把转移出去的资料重新放回保险柜内，这时再去盘点就能发现问题。

## 四、思考与讨论

（1）被审计单位长时间持有超库存现金限额的现金是否属于异常情况？如何发现这种异常情况是否属于错误或舞弊？

（2）应该如何对被审计单位的库存现金管理加强监督？

# 第三节 银行存款审计案例分析

## 知识储备与回顾

### 一、审计目标

（1）确定被审计单位银行存款在资产负债日是否确实存在，是否为被审计单位所拥有或控制。

（2）确定被审计单位在特定期间内发生的银行存款收支业务是否均已记录完毕，有无遗漏。

（3）确定银行存款余额是否正确。

（4）确定银行存款是否已按规定在财务报表中作出恰当列报。

## 二、审计程序

（1）获取或编制银行存款余额明细表。

（2）实质性分析程序。计算银行存款累计余额应收利息收入，分析比较被审计单位银行存款应收利息收入与实际利息收入的差异是否恰当，评估利息收入的合理性，检查是否存在高息资金拆借，确认银行存款余额是否存在，利息收入是否已经完整记录。

（3）检查银行存单。

（4）取得并检查银行对账单和银行存款余额调节表。

（5）函证银行存款余额，编制银行函证结果汇总表，检查银行回函。

（6）检查银行存款账户存款人是否为被审计单位，若存款人非被审计单位，应获取该账户户主和被审计单位的书面声明，确认资产负债表日是否需要提请被审计单位进行调整。

（7）关注是否存在质押、冻结等对变现有限制或存在境外的款项。如果存在，是否已提请被审计单位作必要的调整和披露。

（8）对不符合现金及现金等价物条件的银行存款在审计工作底稿中予以列明，以考虑对现金流量表的影响。

（9）抽查大额银行存款收支的原始凭证，检查原始凭证是否齐全、记账凭证与原始凭证是否相符、账务处理是否正确、是否记录于恰当的会计期间等项内容。检查是否存在非营业目的的大额货币资金转移，并核对相关账户的进账情况；如有与被审计单位生产经营无关的收支事项，应查明原因并作相应的记录。

（10）检查银行存款收支的截止是否正确。选取资产负债表日前后若干张、一定金额以上的凭证实施截止测试，关注业务内容及对应项目，如有跨期收支事项，应考虑是否提请被审计单位进行调整。

（11）检查银行存款是否在财务报表中作出恰当列报。

## 三、常见的错弊形式

1. 擅自提现或填票购物

会计人员或出纳人员擅自签发现金支票提取现金或擅自签发转账支票套购物品，不留存根，不记账，将现金、实物据为己有。其主要原因是未建立有效的票据使用制度，未定期核对银行存款日记账和银行对账单。

2. 公款私存

会计人员利用经管货币资金收支业务的便利，把公款转入自己私设的银行户头上，从而达到侵吞公款或长期占有公款的目的。其主要原因是未建立有效的票据使用制度，未定期核对银行存款日记账和银行对账单。

3. 多头开户，截留公款

会计人员利用个别银行间相互争资金、拉客户的机会，私自利用单位印鉴章在他行开设存款账户，以本单位更换开户行为由，要求付款单位将欠款或销货收入款转至私设的户头上，从而达到截留公款的目的。其主要原因是印鉴的保管岗位和货币资金收款岗位未分开。

4. 转账套现

会计人员或有关人员配合外单位不法人员在收到外单位转入的银行存款后，开具现金支票，提取后交付外单位，达到套取现金的目的。其主要原因是负责债权债务的岗位和负责货币资金的岗位发生了混岗。

5. 私自背书转让

会计人员将收到的转账支票、银行汇票、商业汇票及银行本票等票据私自背书转让给与个人利害相连的单位，以达到变相侵吞、占有公款的目的。其主要原因是会计人员保管了支付事项所需的全部印章。

6. 出借支票、账户

会计人员非法将支票借给他人用于结算或被允许使用本单位开设的银行账户办理收付、转账业务，从中捞取私利。其主要原因是票据、银行账户管理混乱，各种票据未连续编号，稽核岗位形同虚设。

7. 涂改银行对账单

会计人员私自提现，然后通过涂改银行对账单上的发生额或余额，使其与银行存款日记账上的金额相等或平衡，以掩盖银行存款已减少的事实。其主要原因是会计分工出了问题，负责银行收付业务人员的职责和负责调节银行对账单人员的职责未分开。

8. 恶意串通，支付虚开票款

会计人员或其他有关人员串通商（厂）家，根据开具的不实发票及填制虚假收料单（验收单），将购物票款转至商（厂）家，对方提款后私分。其主要原因是会计核算时未做到账账相符、账实相符。

9. "初"取"末"存

出纳人员私盖印鉴章，于月初从银行账户上提取大额现金，月末再把所欠窟窿补齐，如此可使银行对账单上的期末余额和银行存款日记账上的期末余额相符，以掩人耳目。其主要原因是出纳人员保管了银行印鉴章。

## 四、审计要点

1. 查清开户情况

有些被审单位多头开户、跨行开户，其中个别账户长期闲置不用，甚至有些公款通过个人名义存入银行，不同账户间的内部往来错综复杂。因此，审计人员要弄清楚被审单位的开户情况，查清各个账户的用途、收支底细。

2. 对金额较大的银行存款未达账项进行测试

检查测试企业已付银行未付款项是否已经记入当期银行存款日记账，并在期后银行对账单上得以反映。审查对账单上所记载的内容（如支票编号、金额等）是否与相关票据（如支票存根等）一致。如果在一段合理的时间内银行仍未付款，应查找原因，考虑支票、汇票等支付凭据是否会作废，据以提出调整意见。检查测试企业已收银行未收款项，应审查其原始凭证，并检查其是否已记入本期银行存款日记账，并与期后银行对账单核对一致，如较长时间内银行尚未收到，应查找原因，考虑该支票、汇票等收款凭据是否有效，并确定是否需要进行调整。检查测试企业未付银行已付款项，应审查期后银行存款日记账，以确认是否已经入账，并审核其相应的原始凭证和会计处理，核对付款单位及金额，确定是否需要进行调整，如期后仍未入账，则要求企业索取付款回单，检查其款项性质，视其金额大小作相应调整。检查企业未收银行已收款项，应审查期后银行存款日记账，以确认是否已经入账，并审核其相应的原始凭证和会计处理，核对收款单位及金额，并确定是否需要进行调整，如期后仍未入账，则要求企业向银行索取收款单，检查其款项性质，视其金额大小作相应调整。

3. 实施银行存款账户函证

一般情况下，应该对所有的银行存款账户向银行进行函证，函证时应注意将同一银行的不同账户存款及贷款一并函证，强调由审计人员亲自寄信并由银行寄往会计师事务所，收到回函应同时保留信封或亲自到有关银行询函，函证结束需由审计人员在回函上注明由某审计人员陪同客户前往银行盖章确认并签名。对于一般银行存款账户（除保证金外），应注明如下字样："上述银行存款的使用不存在冻结、抵押等受限制措施，如有请说明情况"；如果资产负债表日银行存款为零且已经销户，则应该索取相关的银行销户通知书。

## 案例与分析

**[案例2-3]**

### 一、案例回放

（一）案例背景

ABC会计师事务所自2006年开始接受CL公司董事会的委托，对CL公司进行年度财务报表审计。根据双方签订的审计约定书，ABC会计师事务所派出审计项目组，于2018年4月对CL公司2017年度的财务报表进行了审计。本案例主要反映银行存款的审计过程及相关问题。

CL公司主营业务为金属材料和功能材料的生产加工、销售，高科技产业投资，高科技产品的研制、生产、经销及相关技术服务。2017年主要财务数据和指标为：净利润54 142 000元，每股收益0.2073元，净资产报酬率8.37%，每股经营活动产生的现金流量净额0.2894元，总资产906 653 000元，股东权益（扣除少数股东权益）646 538 000元，资产负债率28.08%，每股净资产2.48元。该公司在董事会下设有审计委员会，在总经理下设有审计部，审计委员会和审计部在业务上是指导与被指导关系。注册会计师的审计工作得到了CL公司内部审计的协助。从审计情况来看，公司高管诚信度较高，公司内部管理制度健全，组织机构合理，内部信息沟通渠道畅通，信息反馈及时。但该公司会计人员素质一般，在会计处理上难免出现问题。

（二）案例内容及过程

公司已经制定了银行存款业务的授权与批准制度，审计人员根据审计计划对银行存款进行了控制测试，在此基础上，对其进行了评价。在控制测试中，审计人员经过凭证抽查，核实制度的执行情况，发现CL公司银行存款的内部控制存在一定的漏洞，主要表现在以下几方面：

（1）通过查看支票登记簿发现，登记领用的票据号码不连续，存在领用支票不登记的现象。

（2）对银行存款的支付基本能执行审批制度，但在审批的职责权限划分上不够明确，从抽查的支付凭证来看，对相应业务的审批有时是财务经理签字，有时是业务经理签字，控制不够严格。综合上述情况，项目组认为，CL 公司在银行存款项目的重大错报风险属于中等水平。

根据上述情况，审计人员对 CL 公司的银行存款实施相应的实质性程序：

（1）编制或获取被审计单位银行存款余额调节表，发现银行存款核算和管理中存在的问题。由于 CL 公司每天送存销货款，购货业务也较为频繁，另外还有大量的代销业务，经常要与客户结算，银行往来业务较多。审计人员对截至 2017 年 12 月 31 日的银行对账单与银行存款日记账进行核对后，自行编制了银行存款余额调节表，银行存款余额调节表从平衡金额上看没有问题，但在进行日记账与对账单核对时却发现，在对账单上有一笔收到预收款，两天后有一笔相同数额的现金支票开出，银行存款日记账上却没有登记，提取现金也未在现金日记账中登记，现金支票的票根不知去向。经核对，其他月份也存在类似问题，审计人员判断该公司可能存在出租出借账号问题。从管理的角度来看，该公司对支票的领用与登记控制不严，容易造成随意使用支票而不入账的问题。

（2）审计人员根据上述未达账项进一步核对了 2018 年 1 月 1 日至 25 日的银行对账单，发现 CL 公司在 2017 年 12 月 26 日已记银行存款增加，并记入主营业务收入账户的未达账项，到 2018 年 1 月 25 日银行仍未收到，CL 公司登记的金额为 123 000 元。经与银行联系后得知，该支票为空头支票，早在年前已退回公司，经询问公司会计人员确有此事，但会计人员认为该业务不影响当期收益和资产额，过一段时间后对方账上有资金后会马上付款，就没进行调整。

## 二、案例梳理

针对以上情况，对发现的银行存款账实不符应该怎么处理？

## 三、案例分析

审计人员要求必须调整，尽管不影响收益，但对银行存款总额来说金额较大，并且影响公司的现金流量指标，若将其调入应收账款，还应按规定计提坏账准备，最终也会影响到 CL 公司的损益额。调整分录为：

借：应收账款——××公司　　123 000

　　贷：银行存款　　123 000

### 工作反思与小结

支票的领用与登记应注意的事项：

支票管理是财务管理的基础，是保证资金正常周转的关键，为维护财务工作的正常秩序，做好财务管理工作，根据《支票管理暂行条例及实施细则》，制订支票管理制度。

（1）办理支票结算必须严格遵守《中华人民共和国票据法》和《中国人民银行结算办法》的规定，严禁签发空头支票和远期支票，如因特殊情况确须签发时，必须在支票上写明收款单位、款项用途、签发日期、规定限额、归还期限。

（2）签发支票须办理登记手续，写明用途及预计金额，经单位负责人授权签字批准后，经办人方可领取转账支票。经办人领取支票后，务必妥善保管，尽快办理业务，3天内将手续完备的发票及支票存根缴财务处报销。

（3）经办人不得将支票转借他人或擅自改变用途及扩大使用限额，否则会计人员有权不予报销。经办人如因管理不善，遗失支票的，要立即到银行办理挂失手续，对造成损失的，由经办人负责赔偿。

（4）逾期未用的空白支票要及时收回注销，严禁将支票转交其他单位或个人签发，对于错填支票、退票，须加盖作废戳记，由专人妥善保存。

（5）财务人员收取支票、汇票时，要审核支票、汇票的真实性、可承兑性，确属可承兑的票据方可受理。

（6）银行返还的结算单据，应及时到有关部门请经办人、部门主要负责人和财务处处长审核签字，方可入账。

（7）每月定期与银行、财政的对账单进行账面余额的核对，编制余额调节表，调整未达账项，将预算外资金及时到账。

（8）妥善保管各种支票，对银行账及余额要严格保密。各种印鉴由财务科专人保管，不允许一人既保管印鉴又保管支票。

（9）为及时准确掌握资金支出情况，杜绝空头支票的发生，支票借用须在3日内归还，逾期按票额的5%～10%对当事人实施罚款。

（10）按照国家关于现金管理的规定，除对职工个人支付工资、奖金、福利费、差旅费，以及购买农副产品和结算起点在500元以下的开支使用现金外，其他应办理支票结算业务。

## 四、思考与讨论

采用函证的方式审计银行存款账户需要注意什么问题？

### [案例2－4]

## 一、案例回放

（一）案例背景

ABC会计师事务所自2008年起接受LJ公司委托，对LJ公司进行年度财务报表审计。ABC会计师事务所派出审计项目组，于2018年3月对LJ公司进行2017年度财务报表审计。从审计情况来看，LJ公司经营中小型连锁超市，公司内部管理制度健全，组织机构合理，但是经营分散，业务繁多，人员流动频繁，银行存款内部监管的难度较大。

（二）案例内容及过程

（1）执行“获取或编制银行存款明细余额表，复核加计正确并与总账数及日记账合计数核对相符”的审计程序。向客户索取银行存款日记账，将资产负债表日开户银行、银行账号、余额等内容填于余额表中，加计与总账核对，确定是否相符，并编制银行存款明细余额表。查验结果：核对一致。

（2）就客户有关银行存款授权与批准制度问询财务和相关人员，并适当地进行核实。对公司银行存款的授权与批准内部控制制度进行了解并抽样核实。

（3）执行“获取资产负债表日的银行存款对账单、银行存款余额调节表”的审计程序。取得了对账单和调节表后，检查了以下内容：①复核对账单上的户名是否为公司的名称；②将调节表中所列账面余额与明细账余额核对；③将调节表中所列银行对账单余额与取得的银行对账单金额核对；④检查调节表各数据加计的准确性；⑤检查银行存款余额调节表中未达账项是否已注明款项性质、分类、日期、金额、凭证号等。查验结果：余额核对一致；未达账项的款项性质填写不完整，在审计人员的要求下，客户已补充完整。

（4）执行“抽查全年对账单中大额收付款项或同金额的收付款项与日记账进行勾对”的审计程序。查验结果：核对一致。

（5）执行“检查银行存款余额调节表中未达账项的真实性，以及资产负债表日后的进账情况”的审计程序。查验结果：核对一致。

（6）执行“从基本账户开户银行获取在银行开立账户管理卡信息，结合复核上年底稿确定银行存款账户数，检查有无账外银行账户，是否存在出租账户或他人共用账户”的审计程序。取得公司盖章确认的“涉及银行账户情况管理当局承诺函”。

（7）执行“对大额银行存款余额进行函证，作出记录”的审计程序。审计人员根据2017年12月份银行对账单上的余额填写了银行往来询证函，并在客户的陪同下亲自到银行进行函证。查验结果：银行均盖章确认。

（8）执行“询问是否有已质押的或限定用途的银行存款，对不符合现金及现金等价物条件的银行存款应予以列明”的审计程序。查验结果：无异常情况。

（9）执行“结合借款审核，检查定期存单原件，对定期存单进行函证，追查质押和转存情况，并形成记录”的审计程序。审计人员向客户索取了定期存款开户证实书的正本并复印作为工作底稿，同时在复印件上写明与原件核对一致，并实施了函证程序。

（10）执行“检查贷记凭证等付款凭证是否连号，有无签发贷记凭证给外单位作质押而未入账现象”的审计程序。查验结果：未发现异常情况。

（11）执行“抽查大额银行存款收支的原始凭证”的审计程序。审计人员以发生额较大或发生次数多的银行账户作为查验对象，分月抽查大额的银行存款收支业务，检查其是否存在问题，并从中抽样形成凭证测试底稿。查验结果：未发现异常情况。

（12）执行“抽查资产负债表日前后若干天的大额银行存款收支凭证”的审计程序。查验结果：未发现异常情况。

审计人员在审查LJ公司银行存款日记账时发现6月14日21#收款凭证的摘要记录是“存入暂存款”，金额为24万元；6月20日、22日和25日分别在25#、28#和30#凭证摘要注明“提现”，金额分别为10万元、6万元、8万元。该公司连续3次提款且金额合计与21#凭证金额相同，审计人员怀疑有问题。

审计人员追踪查证，调阅21#收款凭证，其相应会计分录为：

借：银行存款　　240 000

　　贷：其他应付款——D 单位　　240 000

所附的原始凭证仅有一张“进账单”。调阅25#凭证，支票用途为“差旅费”，28#凭证的支票用途为“支付管理创新奖”，30#凭证的支票用途为“备用金”。依据这一线索，查阅现金日记账时发现6月30日40#付款凭证摘要为“支付暂付款”24万元。调阅40#凭证，其相应会计分录为：

借：其他应付款——D 单位　　240 000

　　贷：库存现金　　240 000

其原始凭证为D单位打出的白条收据。审计人员进而查阅LJ公司的账簿记录尚未有240 000元的收入。在D单位领导的支持下，查阅了有关商品销售明细账，发现D单位在6月13日售出商品一批，其价款为240 000元，审计人员与其购货方联系，核定已付款，与其开户银行联系，款项已划到被审计单位。

经调查，被审计单位会计与出纳人员为了获得好处费，合伙将LJ公司的账户出借给D单位，非法套取现金240 000元。

## 二、案例梳理

（1）所附原始凭证为D单位打出的白条收据，是否符合财务工作相关规定的要求？

（2）LJ公司出借银行账户不符合财务工作相关规定，本案例中审计人员发现后应该做什么账务处理？

## 三、案例分析

（1）白条收据是指行为人开具或索取不符合正规凭证要求的发货票和收付款项证据，以逃避监督或偷漏税款的一种舞弊手段。

在当今经济生活中，使用“白条”报账的情况较多，有的单位购进商品，支付劳务费用没有取得正式发票，而以收据或手写白条入账；有的单位个人通过一些借口借用单位的现金或银行存款，由于种种原因，钱花掉了，又无正式发票，为了弥补库存现金或银行存款出现的短缺，大都用不符合财务制度规定的“白条”（如由业务经办人员写一纸说明，有的甚至经办人员都不签字等）顶库，对“白条”的真实性、合法性没有严格审核和把关。

（2）由于LJ公司不能出借银行账户，但是其收入属于D单位，不需要作调整分录，但被审计单位可以对该单位会计和出纳作出相应的处罚。

### 工作反思与小结

企业出租或出借银行账户，是给其他单位或个人提供本单位在银行户头上的账号为其办理转账结算，套取现金的一种违纪行为。

企业出租或出借银行账户后，为了掩盖事实真相，对于对方单位或个人在短时间内通过企业银行账户的一收一付的银行存款业务，故意不在本单位“银行存款总账”“银行存款日记账”和所对应的账户（实际上对应关系也不正常）上登记。这时可核对发现“银行对账单”上是否有一收一付的账目，而“银行存款日记账”上无此记录的情况。

对于由于企业出租或出借银行账户而出现的错弊，可按以下方法查证：

(1) 审阅“银行存款日记账”与“其他应付款”或其他有关结算账户的明细记录，检查其有无与不应或不经常发生业务往来关系的单位或个人发生了结算关系，如有疑点，则应调阅会计凭证，在调查询问有关单位及有关情况的基础上查证问题。

(2) 核对“银行对账单”和“银行存款日记账”，如果发现“银行对账单”上有一收一付的账目，而“银行存款日记账”上无此记录的情况，则可到其开户行调查了解银行存款收付业务的具体内容，即与被查单位发生收付业务的单位或个人，然后再追踪调查了解该单位或个人，分析它们之间所发生的银行存款收付事项是否合理合法，从而查清问题。

(3) 如果“银行存款日记账”与“银行对账单”上内容相一致，都有一收一付账，那么收款事项，可审阅缴款单或收款通知等原始凭证分析该笔款项的来源是否与被审计单位有业务往来，是否有模糊不清的业务理由；对于付款事项，可审阅付款委托书回单以及相应的采购物资的原始单据，分析此笔款项的去向是否为上述收款事项的付款单位，是否为正常的合理的业务往来。将收款事项和付款事项联系起来进行分析检查，就能较容易地查清企业出租、出借银行账户的真伪。

## 四、思考与讨论

审计银行存款账户主要采用什么实质性程序？

# 第四节 其他货币资金审计案例分析

## 知识储备与回顾

## 一、审计目标

(1) 确定被审计单位其他货币资金在资产负债日是否确实存在，是否为被审计单位所拥有或控制。

(2) 确定被审计单位在特定期间内发生的其他货币资金收支业务是否均已记录完毕，有无遗漏。

(3) 确定其他货币资金余额是否正确。

（4）确定其他货币资金是否已按规定在财务报表中作出恰当列报。

## 二、审计程序

（1）核对外埠存款、银行本票存款、信用卡存款、信用证保证金存款和存出投资款等各明细账期末合计数与总账是否相符。

（2）函证外埠存款户、银行汇票存款户、银行本票存款户等期末余额，并记录函证过程。获取所有其他货币资金明细对账单，与账面记录核对，如果存在差异应查明原因，必要时提出调整建议。

（3）对于非记账本位币的其他货币资金，检查其折算汇率是否正确。

（4）抽查一定样本量的原始凭证，检查其经济内容是否完整，有无适当的审批授权，并核对相关账户的选账情况。

（5）抽取资产负债表日后的大额收支凭证，并进行截止测试，如有跨期收支事项，应作适当调整。

（6）检查其他货币资金的披露是否恰当。

## 三、常见的错弊形式

1. 非法开立外埠存款户

（1）捏造申请书，骗取银行的信用，在异地开设采购账户，用于非法交易。

（2）在异地会同异地单位开设存款户，将企业的存款汇往异地作为异地存款。

2. 外埠存款支出不合理、不合法

（1）使用外埠存款不是用于零星开支。

（2）将外埠存款用于联营投资，买卖股票、债券等交易活动。

（3）采购人员挪用外埠存款。进一步审查“其他货币资金——外埠存款”账户余额，查明其有无长期挂账现象，如果“其他货币资金——外埠存款”占用时间长，且无增减变化，应进一步查明原因，分析其有无挪用资金或不及时办理结算的问题。

3. 银行汇票使用不合理、不合法

（1）超出银行汇票的使用范围。

（2）汇出银行汇票，套取现金，用于非法活动。

（3）贪污银行汇票存款。

4. 收受无效的银行汇票，给企业带来损失

（1）收到非银行签发的银行汇票或假冒的银行汇票。

（2）收到的银行汇票的收款人并非本企业。

（3）收到过期、作废或经涂改的银行汇票。

5. 非法转让或贪污银行汇票

财务部门收到银行汇票时，不及时存入银行，而是通过背书转让给其他单位从中获得非法收入。

## 四、审计要点

1. 审查企业外埠存款

审查企业外埠存款账户开户，分析在异地开户的必要性；审查异地银行账号，核对申请书的开户行与实际开户是否一致，如果不一致，应进一步查明原因；调查被审计单位有无在外地私设账户，与外埠银行存款对账单余额调整后是否一致；对用外埠存款购进的商品、材料、物品等，要与原始凭证进行认真核对，审查其有无超出外埠存款采购业务的范围，考虑是否要一步审查购进商品的用途，确定其用途的合理合法性；审查“其他货币资金——外埠存款”，查明其有无长期挂账现象，如果“其他货币资金——外埠存款”占用时间长，且无增减变化，应进一步查明原因，分析其有无挪用资金或不及时办理结算等问题。

2. 审查银行汇票存款户

审查银行汇票申请书，查明被审计单位与收款单位有无业务往来；审查购销合同，特别要注意合同规定的结算方式，查明是否采用银行汇票结算，否则审计人员应将其视为疑点，进一步审查该汇票的去向；分析银行汇票使用是否合理，分析“其他货币资金——银行汇票存款”明细账，审查其是否及时办理结算，如果出现“银行汇票存款”长期挂账，则应进行综合分析，查证有无挪用银行汇票存款或贪污的行为。

## 案例与分析

[案例 2－5]

### 一、案例回放

（一）案例背景

SL 食品有限公司（以下简称 SL 公司）是一家具有 10 多年历史的专业从事鸭类、鹅类食品和素食产品等熟卤制品生产的品牌企业，其分店主要遍布在我国的中部地区，具有一定的知名度。ABC 会计师事务所于 2018 年接受该公司董事会的委托，派出审计小组对该公司 2017 年度的财务报表进行审计。

（二）案例内容及过程

ABC 会计师事务所的审计人员 2018 年 2 月审查 SL 公司的“其他货币资金——外埠存款”明细账时发现，该公司 2017 年 5 月 8 日 60# 凭证摘要为“汇出汇款”200 万元，至今尚未报销。经核与该公司的业务往来，发现很少与汇款所在地杭州市有业务来往，审计人员怀疑有问题，决定进一步追查。

审计人员首先要求该公司提供外埠存款资料，发现申请书上申请的理由是“为采购商品需要，在杭州市设临时采购账户”。在要求提供采购账户对账单时，该公司以尚未收到为由拒绝提供。审计人员调阅 60# 凭证，其分录为：

| | | |
|---|---|---|
| 借：其他货币资金——外埠存款 | 2 000 000 | |
| 　　贷：银行存款 | | 2 000 000 |

其所附信汇凭证注明开户行为杭州市工商行，收款单位为该公司采购部。审计人员认为，巨额资金汇往不经常发生业务往来的账户属于异常情况，决定前往杭州市工商行

取证，经与该行的对账单进行核对，发现其存款余额为250万元，收款单位和付款单位都是杭州市的证券公司，其中有一笔提现50万元。审计人员怀疑该公司利用“外埠存款账户”进行非法投资活动。

审计人员经过反复核对证实，杭州市某银行为了吸收存款，同意该公司以外埠采购账户的名义开立账户，实际上允许该公司自由存取存款，违反了银行结算纪律。该公司的外埠存款实际上是为了便于买卖有价证券而开设的，通过证券交易赚取收益，并不反映投资收益，所有交易收益都作为公司“小金库”的资金来源。审计人员取证之后，指出该公司的上述问题，公司管理层供认不讳。

## 二、案例梳理

（1）怀疑该公司“其他货币资金——外埠存款”账户有不合理的情况应该怎么追查？

（2）审计“其他货币资金——外埠存款”过程中所需要收集的证据有哪些？

## 三、案例分析

（1）审查人员应运用详查法，审查以外埠存款购进的全部商品、材料和其他物品，看其有无超出采购存款的佣金。同时，审查“其他货币资金——外埠存款”明细账余额，查明其有无长期挂账现象，若“其他货币资金——外埠存款”占用时间长，应进一步分析查证其有无挪用资金或者不及时办理结算的问题。

（2）审计“其他货币资金——外埠存款”过程中所需要收集的证据包括：①明细账；②异地开设专户的申请、批准资料；③从结算账户将款项汇至专户的相关记账凭证及所附原始凭证；④采购合同（协议）；⑤购货发票、入库验收单；⑥撤销该专户的申请、批准资料；⑦该专户剩余未用资金（含存款利息）划回结算账户的银行收账通知。

## 工作反思与小结

由于该公司在杭州市进行投资，没有经过董事会同意批准，不应作为投出资金；在杭州市开设的外埠存款账户是套取银行的信用，应撤销；对于投资取得的投资收益应如实在账面上反映，因此应调整分录如下：

| | | |
|---|---|---|
| 借：库存现金 | 500 000 | |
| 　　银行存款 | 2 500 000 | |
| 　　贷：投资收益 | | 1 000 000 |
| 　　　　其他货币资金 | | 2 000 000 |

加强货币资金舞弊的检查，及时纠正舞弊行为，是保证资金安全运转，增强企业竞争力的重要途径。而最重要的还是要各企业采取有效措施，努力提高财务人员和相关工作人员的素质，使他们能够自觉地严格按照会计准则的规定和要求，认真加强会计核算，切实做好货币资金管理过程中每一道环节的各项工作，这才是纠正和杜绝私设“小金库”行为的根本所在。

## 四、思考与讨论

（1）“其他货币资金”账户包括哪些核算内容？

（2）审计时，如何发现企业非法开立外埠存款账户的情况？

[案例 2-6]

## 一、案例回放

（一）案例背景

LS 科技有限公司是一家具有 20 多年历史的以电脑显示器研发、生产、销售为主的综合性国际知名 IT 企业。该公司拥有 2 家分别在我国台湾和香港上市的公司以及分布在中国、美国、欧洲、南美洲的 10 多家分支机构和遍布全球的销售和服务网点，其产品的销量一直在增长。ABC 会计师事务所于 2018 年接受该公司的委托，派出审计小组对该公司 2017 年度的财务报表进行审计。

（二）案例内容及过程

注册会计师在审计“其他货币资金”时：

（1）执行“获取或编制其他货币资金明细余额表，复核加计正确并与总账数和明细账合计数核对相符”的审计程序。向客户索取其他货币资金日记账，与总账金额进行核对，确定是否相符，并编制其他货币资金明细余额表。查验结果：核对一致。

（2）执行“获取银行汇票保证金对账单及余额调节表，并与日记账核对”的审计程序。向客户索取了银行汇票保证金的对账单，由于对账单的余额与日记账的余额一致，所以没有余额调节表。查验结果：核对一致。

（3）执行“向所有的外埠存款、银行汇票存款、银行本票存款、银行汇票保证金、存出投资款等函证年末余额”的审计程序。查验结果：银行均盖章确认。

（4）执行“抽查大额外埠存款、银行汇票存款、银行本票存款、银行汇票保证金、存出投资款等支出的原始凭证内容是否完整”的审计程序。查验结果：未见异常情况。

（5）执行“检查承兑保证金余额与应付票据余额是否有合理的勾稽关系”的审计程序，根据应付票据承兑协议中规定的保证金比例与承兑余额计算承兑保证金金额，核对其他货币资金中各银行的承兑保证金审定数是否一致。查验结果：银行汇票保证金金额可以确认。

（6）执行“检查期末余额中有无长期未结清的款项，对于存在损失的应转入其他应收款并计提坏账准备”的审计程序。审计人员进一步追查、取证，在审计“其他货币资金——银行汇票存款”明细账时发现一笔 5 月 10 日开出的银行汇票 40 万元，凭证号为 10#，5 月 14 日 24#凭证结清。在审查“物资采购”账户时，5 月 9 日 13#凭证借方余额 40 万元，到查账日（2017 年 12 月 28 日）尚未转库存商品。审计人员认为两笔 40 万元可能是购买同一批商品。

审计人员首先查阅了 13#凭证，收款单位为 A 公司。然后又调阅了 10#凭证，其分录为：

借：其他货币资金——银行汇票存款 400 000

　　贷：银行存款 400 000

所附凭证为银行汇票申请书，收款单位为 A 公司。调阅 $24^{\#}$凭证，其分录为：

借：物资采购——A 公司 400 000

　　贷：其他货币资金——银行汇票存款 400 000

所附凭证为 A 公司的一张发票。审计人员分析，被审计单位购进的为同一批商品，为何付两次款且数额相等，于是决定追踪查个水落石出。审计人员通过电话了解到 A 公司仅收到 5 月 9 日的汇票，尚未收到汇票款。经与银行对账单核对，发现银行汇票已转到 B 公司。与 B 公司联系，证实该汇票由 A 公司的李某背书转让给 B 公司。查询该公司财务科，汇票和汇款均由王某办理。

原来王某利用该公司财务管理不严、内控制度不健全，将同一笔业务采用两种结算方式从中贪污公款。王某坦白了犯罪的动机和经过：王某因业务关系与李某合谈，将汇入的信汇款项作为货款，将汇票转让给 B 公司，三方私吞 40 万元。

公司财务主管责令当事人退回汇票 40 万元，同时对王某处以 5 万元罚款，并上报检察机关。收到退回的 40 万元银行汇票时作如下分录：

借：银行存款 400 000

　　贷：物资采购 400 000

借：库存现金 50 000

　　贷：营业外收入 50 000

## 二、案例梳理

（1）同一笔业务采用两种结算方式是否违反财务工作的有关规定？

（2）王某与李某的行为是否触犯了法律？

## 三、案例分析

（1）同一笔业务采用两种结算方式，只要账务处理正确，并不会违反财务工作的有关规定。

（2）王某与李某的行为属于贪污公款，私吞 40 万元，已经触犯了法律。

## 工作反思与小结

企业应加强对银行承兑汇票的管理，理顺银行承兑汇票结算程序，防范银行承兑汇票风险，满足会计法票据管理的正规化要求，拟订适合自身需要的银行承兑汇票管理方法。

（1）经与企业财务人员沟通后，业务经办人收取符合本企业规定的银行承兑汇票，并于第一时间交于财务人员，财务人员根据承兑汇票登记“银行承兑汇票登记簿”，业务经办人与出纳员在登记簿上签字。收到银行承兑汇票后认真检查票面是否规范，看票面上的用章是否规范，有无涂改的痕迹，是否使用的是财务专用章等，背书是否有瑕疵，是否有需要出具证明，如需证明，应及时与前手联系尽快取得证明。

(2) 财务人员建立“银行承兑汇票登记簿”的台账/电子台账，注明“背书单位、收到日期、票面种类、票号、票面金额、出票日、到期日、交票人、取票人”，并按照时间顺序建立档案，方便查询。

(3) 财务人员应将银行承兑汇票放进保险柜保管，防止丢失；并且对于有些承兑汇票附有证明的情况，要把证明等单据和承兑汇票一起保存，确保承兑汇票的完整性。

(4) 银行承兑汇票要复印留底，必须将票据正面及背面所在背书记录完整复印，并附于会计凭证后作为原始附件进行管理。

(5) 财务人员开具一式二联到票收据。一联给经办人或者给前手；另一联给会计作账务处理。

(6) 未到期银行承兑汇票背书转让时，要注意汇票的期限，尽量把到期期限短、可以到银行托收的汇票留下来。要做到填写规范，特别是涉及双方责任和利益的关键环节，一定要划分好责任，不能因为证明的语言不清楚而引发纠纷。经负责人审批确认后，出纳登记“承兑汇票登记簿”，取得收票单位收据后经负责人签字后交给会计作账务处理。

(7) 银行承兑汇票贴现时，财务人员应尽量选择银行承兑汇票贴现率低、办理速度快的银行，经负责人批准后出纳办理贴现业务，并登记“承兑汇票登记簿”。财务人员可登录该银行网站了解最新的贴现率行情，做到贴现时有的放矢。

(8) 建立定期与不定期的库存银行承兑汇票盘点制度与过程的稽查，对于每一张汇票到期日要了如指掌，及时进行托收，不能出现遗漏，防止造成公司资金损失。

(9) 对于因人事调整等原因需要移交银行承兑汇票时，要针对“承兑汇票登记簿”逐一进行核对，做好交接手续。工作移交后必须立即更换密码，若造成损失的一律由接收人承担。

(10) 涉及银行承兑汇票管理的相关责任人，若未按规定进行规范操作与履行职责，一经发现，未造成损失的按规定金额进行处罚；造成损失的由责任人自行承担并按公司规定进行处罚；触犯法律的移交司法机关处理。

## 四、思考与讨论

银行汇票结算方式有什么特点？

## 课后提高训练

**案例一：**

2018 年 1 月 10 日上午 8 时，江南市审计局派出的审计人员对永兴公司的库存现金进行突击盘点，盘点情况如下：

(1) 现钞：100 元币 10 张，50 元币 13 张，10 元币 16 张，5 元币 19 张，2 元币 22 张，1 元币 25 张，5 角币 30 张，2 角币 20 张，1 角币 4 张，硬币 5 角 8 分。现钞总计 1 997.58 元。

(2) 已收款尚未入账的收款凭证 3 张，计 130 元。

（3）已付款尚未入账的付款凭证5张，计520元，其中有马明借条一张，日期为2017年7月15日，余额200元，未经批准和说明用途。

（4）盘点日库存现金账面余额为1 890.20元，2018年1月1日至2018年1月10日收入现金4 560.16元，支出现金4 120元，2017年12月31日库存现金账面余额为1 060.04元。

要求：

（1）计算库存现金盈亏，并推算2017年12月31日库存现金实存额。

（2）指明该公司存在的问题，提出处理意见。

**案例二：**

审计人员在审查某公司"库存现金日记账"时，发现2017年5月24日78#现付字凭证摘要为"付拆除A型机器劳务费"，金额为400元，在"库存现金日记账"和"银行存款日记账"中却没有发现相应的清理收入，怀疑该公司可能将报废固定资产的清理收入转入"小金库"。

审计人员首先调出78#现付字记账凭证，其原始凭证为一张经领导批准的"支付给顺义的A型机器拆除费400元"的白条，其分录为：

借：管理费用——拆除费　400

　贷：库存现金　400

审查固定资产明细账，发现2017年5月27日转字80#凭证的摘要栏注明"报废A型设备"字样，调出转字80#凭证，该分录为：

借：累计折旧　70 000

　营业外支出　40 000

　贷：固定资产——A型设备　110 000

审计人员分析，报废一台价值11万元，并且半成新的设备，必定有清理收入，决定进一步追踪调查。询问该设备的保管员，保管员供认该项设备已运往郊区的某乡镇企业。与该乡镇企业核实，系于2017年5月28日从该公司以5万元现金购入的，有该公司财务科开出的白条收据。审计人员在取证后，向该公司提出上述问题，财务经理供认不讳。

要求：

指出该公司存在的问题，并作出相应的账务调整分录。

**案例三：**

注册会计师对A公司2017年12月31日的资产负债表进行审计。在审查资产负债表"货币资金"项目时，发现该公司2017年12月31日的银行存款数为33 500元，银行存款账面余额为35 000元，派审计助理人员从开户银行取得对账单一张，2017年12月31日的银行对账单存款余额为42 000元。另外，经查有下列未达账款和记账差错：

（1）12月24日公司送存转账支票5 800元，银行尚未入账；

（2）12月26日公司开出转账支票5 300元，持票人尚未到银行办理转账手续；

(3) 12月28日委托银行收款10 300元，银行已收妥入账，但收款通知尚未到达该公司；

(4) 12月30日银行代付水费3 150元，但银行付款通知单尚未到达该公司；

(5) 12月16日收到银行收款通知单，金额为3 850元，公司入账时将银行存款增加错记成3 500元。

要求：

根据上述资料编制银行存款余额调节表，核实2017年12月31日资产负债表上“货币资金”项目中银行存款数额的正确性。

**案例四：**

审计人员在2017年3月14日检查了某企业2月份银行存款日记账的收支业务并与银行对账单核对。2月28日银行对账单余额为223 546元，银行存款日记账为220 000元，核对后发现有下列不符情况：

(1) 2月8日，银行对账单上收到外地汇款8 500元（查系外地某乡镇企业），但日记账上无此记录；

(2) 2月22日，对账单上有存款利息460元，日记账上为454元（查系记账凭证写错）；

(3) 2月25日，对账单付出8 500元（查系转账支票），但日记账无此记录；

(4) 2月26日，日记账上付出40元，对账单上无此记录（查系记账员误记）；

(5) 2月28日，日记账上有存入转账支票4 000元，但对账单上无此记录；

(6) 2月28日，日记账上有付出转账支票2 000元，但对账单上无此记录；

(7) 对账单有2月28日收到托收款5 500元，但日记账无此记录。

要求：

(1) 根据上述资料编制银行存款余额调节表。

(2) 指出该企业银行存款管理上存在的问题。

**案例五：**

2017年3月10日，甲企业从A公司购入钢材20吨，金额120 000元，用汇票结算。甲企业收到货后根据A公司出具的发票作了如下账务处理：

借：原材料——钢材　　120 000

　　贷：银行存款　　120 000

为了促进销售，A公司决定实行商品销售折扣战略，按售价的5%折扣，退给甲企业折扣款6 000元，并于3月16日通过银行汇入甲企业开户银行。该企业会计人员李某收到该款后，认为有机可乘，欲侵吞此折扣款，于是便将银行汇款单及相关单据销毁。2017年3月17日，李某又开出现金支票将此款支取，据为己有；月末，将3月份的银行对账单销毁，以逃避检查。

审计人员在对银行存款进行审查时，首先对审查日的银行存款日记账的账面余额与银行对账单进行调整，验证银行对账单余额同甲企业银行存款日记账余额是否相符。随后，审计人员又将甲企业银行存款日记账与银行对账单进行逐笔核对。在审查对账单时，审计人员发现缺少了3月份的对账单，于是便到银行复印了一份，经核对发现3月16日的一笔6 000元的银行收入未入账；同时，又发现企业于次日开出一张支票提出现金6 000元未入账，一收一付金额相等，均未入企业的银行存款日记账。针对这一贪污嫌疑，对李某进行询问，李某如实交待了自己的问题。

要求：

针对以上情况应采取哪些防范措施。

**案例六：**

2018年1月15日，注册会计师对A公司2017年12月31日资产负债表进行审计，查得“货币资金”项目中的库存现金为720元。2018年1月16日上午8时，注册会计师对该公司出纳员所经管的现金进行了清点。该公司1月15日库存现金日记账余额为620元，清点结果如下：

（1）现金核实有数620元；

（2）银行核定该公司现金限额为800元；

（3）经核对1月1日至15日的收付款凭证和库存现金日记账，核实1月1日至15日收入现金数为2 500元，支出现金数为2 600元正确无误。

要求：

请核实2017年12月31日资产负债表上的“货币资金”项目中所列现金数是否正确。

# 3 第三章 采购与付款循环业务审计案例分析

## 第一节 采购与付款循环业务基本认知

### 一、采购与付款循环的主要业务活动

企业的采购与付款循环包括购买商品、劳务和固定资产，以及企业在经营活动中为获取收入而发生的直接或间接的支出。部分支出可能与产品收入直接相关，部分支出可能会形成企业资产，而这些资产又形成了企业经营活动的基础。

在这一循环审计中要做的主要工作是：通过了解该业务循环的性质，分析审计风险；通过对内部控制了解、测试，评价控制风险；拟定审计方案，进行余额和交易额测试。

采购与付款循环从请购商品和劳务开始，经过编制订购单、签订合同、验收、储存、编制付款凭单、确认与记录负债、付款、记录现金、银行存款支出等环节。由于该循环涉及的业务广、有关账户多，对采购与付款循环的审计要花费较多的时间和人力。这些资产和负债在企业资产负债中占有相当的比重，在管理上也存在一定的难度。因此，重视和加强对采购与付款业务及其账户余额、发生额的审计有着重要的意义。

### 二、采购与付款循环的主要凭证与账户

采购与付款交易通常要经过请购—订货—验收—付款这样的程序，同销售与收款交易一样，在内部控制比较健全的企业，处理采购与付款交易通常需要使用很多凭证与会计记录。

（一）典型的采购与付款循环所涉及的主要凭证

1. 请购单

请购单是由产品制造、资产使用等部门的有关人员填写，送交采购部门，申请购买商品、劳务或其他资产的书面凭证。请购单可由手工或计算机编制。由于企业内不少部

门都可以填列请购单，可能不便事先编号，为加强控制，每张请购单必须经过对这类支出预算负责的主管人员签字批准。请购单是证明有关采购交易的“发生”认定的凭据之一。

2. 订购单

订购单是由采购部门填写，向另一企业购买订购单上所指定的商品、劳务或其他资产的书面凭证。订购单应正确填写所需要的商品品名、数量、价格、厂商名称和地址等，预先予以顺序编号并经过被授权的采购人员签名。其正联应送交供应商，副联则送至企业内部的验收部门、应付凭单部门和编制请购单的部门。随后，应独立检查订购单的处理，以确定是否确实收到商品并正确入账。这项检查与采购交易的“完整性”和“发生”认定有关。

3. 验收单

验收单是收到商品、资产时所编制的凭证，列示从供应商处收到的商品、资产的种类和数量等内容。验收单是支持资产或费用以及与采购有关的负债的“存在或发生”认定的重要凭证。定期独立检查验收单的顺序以确定每笔采购交易都已编制凭单，其与采购交易的“完整性”认定有关。

4. 卖方发票

卖方发票（供应商发票）是供应商开具的，交给买方以载明发运的货物或提供的劳务、应付款金额和付款条件等事项的凭证。

5. 付款凭单

付款凭单是采购方企业的应付凭单部门编制的，载明已收到的商品、资产或接受的劳务、应付款金额和付款日期的凭证。付款凭单是采购方企业内部记录和支付负债的授权证明文件。记录采购交易之前，应付凭单部门应编制付款凭单。经适当批准和有预先编号的凭单为记录采购交易提供了依据，因此，这些控制与“存在”“发生”“完整性”“权利和义务”“计价和分摊”等认定有关。

6. 转账凭证

转账凭证是指记录转账交易的记账凭证，它是根据有关转账交易（即不涉及库存现金、银行存款收付的各项交易）的原始凭证编制的。

7. 付款凭证

付款凭证包括现金付款凭证和银行存款付款凭证，是指用来记录库存现金和银行存款支出交易的记账凭证。通常是由应付凭单部门负责确定未付凭单在到期日付款。企业有多种款项结算方式，以支票结算方式为例，编制和签署支票的有关控制包括：

（1）独立检查已签发支票的总额与所处理的付款凭单的总额的一致性。

（2）应由被授权的财务部门的人员负责签署支票。

（3）被授权签署支票的人员应确定每张支票都附有一张已经适当批准的未付款凭单，并确定支票收款人姓名和金额与凭单内容的一致性。

（4）支票一经签署就应在其凭单和支持性凭证上用加盖印戳或打洞等方式将其注销，以免重复付款。

（5）支票签署人不应签发无记名甚至空白的支票。

（6）支票应预先顺序编号，保证支出支票存根的完整性和作废支票处理的恰当性。

(7) 应确保只有被授权的人员才能接近未经使用的空白支票。

8. 供应商对账单

供应商对账单是由供应商按月编制的，标明期初余额、本期购买、本期支付给供应商的款项和期末余额的凭证。供应商对账单是供应商对有关交易的陈述，如果不考虑买卖双方在货物上可能存在的时间差等因素，其期末余额通常应与采购方相应的应付账款期末余额一致。

(二) 采购与付款循环主要涉及的会计账户

采购与付款循环主要涉及的会计账户包括：库存现金、银行存款、材料采购、原材料、周转材料、固定资产、在建工程、无形资产、应付账款、应付票据、应交税费、预付账款、备查簿等。

## 三、确定本循环可能发生错报的环节

注册会计师需要确定和了解采购与付款循环的错报在什么环节发生，即确定被审计单位在哪些环节设置控制，以防止或发现并纠正各重要交易活动可能发生的错报。部分在采购与付款循环中可能发生错报的环节如表 3－1 所示。

表 3－1 采购与付款循环可能发生错报的环节

| 交易活动 | 可能的错报 | 关键控制点 |
| --- | --- | --- |
| 请购商品和劳务 | 可能请购过多商品；<br>固定资产购置没有预算 | 由经授权的专门机构或人员填制请购单；<br>每张请购单应经过预算管理部门签字 |
| 编制订购单 | 可能有未经授权的采购 | 订购单一式多联，并预先连续编号，由经授权的采购人员签字 |
| 验收商品 | 可能收到未订购的商品；<br>收到商品的品种、数量、质量可能不符合要求 | 收到货物时应由独立于采购、仓储、运输职能的部门或人员点收，根据订购单验收商品，并编制一式多联的验收单 |
| 储存已验收的商品 | 商品可能被盗走 | 将保管与采购的其他职能相分离；<br>只有经过授权的人员才能接近被保管的财产 |
| 编制付款凭单 | 可能对未订购或未收到的商品编制付款凭单 | 每张付款凭单应当与订购单、验收单和供应单发票相匹配 |
| 记录负债 | 付款凭单可能未入账 | 独立检查付款凭单汇总表和有关记账凭证上的金额的一致性 |
| 支付货款 | 可能对一张凭证重复付款；<br>支票金额可能开错 | 支票签发后应立即注销付款凭单和支付性凭证；<br>独立检查支票金额和付款凭单的一致性 |
| 记录现金、银行存款支出 | 支票可能未入账；<br>记错支票时间 | 使用和控制预先连续编号的支票；<br>定期独立编制银行存款余额调节表 |

## 四、穿行测试

注册会计师应当选择一笔或几笔交易进行穿行测试，以证实对交易流程和相关控制的了解是否正确和完整。例如，针对采购交易，注册会计师追踪从请购单的处理、编制订购单、验收商品并储存、编制付款凭单、记录购货与负债、生成记账凭证，到过账至应付账款明细账和总账的整个交易流程，并确定相关控制是否得到执行。

## 五、初步评价和风险评估

注册会计师通过了解采购与付款循环的内部控制，对相关控制的设计和是否得到执行进行评价，同时结合对被审计单位其他方面的了解，评估重大错报风险，以确定进一步程序的性质、时间和范围。如果了解到相关内部控制不存在或不值得信赖，注册会计师可考虑执行实质性程序，而不进行控制测试。

# 第二节 应付账款审计案例分析

## 知识储备与回顾

### 一、审计目标

（1）确定应付账款是否存在。

（2）确定应付账款的发生和偿还记录是否完整。

（3）确定应付账款确实是被审计单位应负偿还义务。

（4）确定应付账款的期末余额是否正确。

（5）确定应付账款在财务报表上的披露是否恰当。

### 二、审计程序

（1）对应付账款环节进行风险评估和控制测试。

（2）索取或编制应付账款明细表。

（3）核对应付账款账簿与相关凭证。

（4）实施分析程序。

（5）函证应付账款。

（6）查找未入账的应付账款。

### 三、应付账款常见的错弊形式

1. 销货退回不冲减应付账款

企业购入货物退回时故意不冲减相应欠款或货款，利用购货退回或假购进货物贪污货款。

2. 通过“应付账款”账户藏匿销售收入

企业为了隐匿收入以减少税负，对已经实现的销售收入，不贷记有关收入账户，而在“应付账款”账户中记录。

3. 虚列“应付账款”数额

企业将不属于应付账款范围的开支列入“应付账款”账户，然后再作转销或转账处理，从而达到某种不正当的目的。

4. 利用应付账款，贪污现金折扣

会计人员对于规定期内支付的应付账款，先按总价借记“材料采购”，贷记“应付账款”，在付款期内付款时，对享有的现金折扣不予以扣除，按发票原价支付货款，然后从债权人处取得退款支票或现金。

## 四、审计要点

（1）重点关注赊购方式、结算方式、货款结算与清算的处理。

（2）检查“折让与退货登记簿”的记录，并以此对照检查“应付账款”账户的贷方余额，看是否相应减少，若减少，应查明减少数是否由“银行存款”或“库存现金”账户列支。

（3）关注赊购业务循环中企业是否有意虚构赊购业务、虚增成本费用或有意压单，挂往来账造成漏记、转移、调节成本费用，隐瞒债务等错弊事项。

（4）检查“应付账款”明细账有无反常方向余额。审阅账户发现疑点后，再抽调会计凭证，通过账证核对查证是否存在冲销原虚列应付的问题。

（5）审核有关明细账户内记载的采购、付款时间及有关采购计划和合同，查证企业有无利用应付账款贪污现金折扣的情况。

（6）对涉及关联方的交易，也应关注交易价格的公平性与合理性，检查有无存在通过转移价格调控成本费用或转移利润交易的事项粉饰财务成果等。

# 案例与分析

[案例 3-1]

## 一、案例回放

（一）案例背景

ABC 会计师事务所自 2015 年开始接受 ZD 股份有限公司（以下简称 ZD 公司）董事会的委托，对 ZD 公司进行年度财务报表审计。根据双方签订的审计约定书，ABC 会计师事务所于 2018 年 2 月 10 日至 3 月 4 日对 ZD 公司 2017 年度的会计报表进行了审计。本案例主要反映应付账款的审计过程及相关问题。

ZD 公司主要生产经营奶粉、冷饮、液态奶、儿童奶等乳制品。2017 年主要财务数据和指标为：净利润 4 250 000 万元，总资产 3 950 000 万元，股东权益（扣除少数股东权益）1 960 000 万元。

（二）案例内容及过程

1. 风险评估

在评估应付账款环节的重大错报风险时，审计人员了解到 ZD 公司与应付账款相关的环境和政策以及购货业务变化不突出，因此所形成应付账款的增减变化没有大的波动。

2. 控制测试

审计人员根据审计计划对应付账款进行了控制测试。首先通过调查表等方法对 ZD 公司的内部控制进行了调查了解，并运用检查凭证法、实地考察法等对应付账款内部控制进行了测试。根据测试结果，审计人员认为应付账款内部控制总体上是健全有效的，但以下方面存在缺陷：

（1）没有定期将应付账款明细账与客户进行对账；

（2）应付账款的支付存在不及时问题，影响了企业获得现金折扣的能力。

3. 实质性程序

（1）获取应付账款明细表。审计人员从 ZD 公司取得了应付账款明细表，将各明细账期初余额、本期发生额和期末余额及其合计数进行了复核；将其与应付账款明细账、总账进行核对均准确无误。

（2）审查应付账款明细账。审计人员应重点审查应付账款明细账中所记录的摘要、日期、金额等内容，核对其是否与购货发票、订货单、验收报告等原始单据以及现金日记账、银行存款日记账的有关记录相符；运用分析性复核程序，检查年度内某一应付账款明细账发生和偿还的负债金额是否正常，有无利用应付账款账户进行营私舞弊的问题。

审计人员在分析、审阅应付账款明细账时，发现其中应付 MK 公司明细账 2017 年 12 月贷方发生额高达 500 万元，相当于前 11 个月合计数 800 万元的 62.5%。审计人员认为该月的应付账款记录不正常，便将 12 月明细账内每笔记录与有关凭证进行了核对，其中 12 月 18 日账内有一笔记录金额为 450 万元的应付账款增加记录，记账凭证中的会计分录是：

借：银行存款　　4 500 000

　　贷：应付账款——MK 公司　　4 500 000

该笔记账凭证所附原始凭证为银行存款进账单回单和销售给 MK 公司货物的销售发票。经询问 ZD 公司会计和出纳人员，证明该笔记录是一项销售业务，为了转移或隐藏本年度的销售收入，采取了上述非法的账务处理。

（3）函证应付账款。ZD 公司有应付账款明细账 200 个，审计人员对 ZD 公司年度内有大额购货交易的应付账款，以及长期挂账的应付账款、未寄对账单的供应商、异常交易账户、关联方、资产担保负债的债权人、期末账面余额为零的共计 80 家重要供应商进行了函证，以确定应付账款余额的正确性。

发函后，审计人员在预定的时间范围内收到了其中 75 家公司的回函，对未有回函的 5 家公司的应付账款执行了替代程序，即详细审阅了这 5 家公司应付账款明细账和银行存款明细账，并较大范围地抽查了有关的会计凭证，对所购入的物资进行了检查，询问了 ZD 公司有关会计人员，最后证实其中 4 家公司无异常情况，一家叫 JM 的公司破产，ZD 公司欠 JM 公司的账款 50 000 元已挂账 2 年。

在回函的 75 家公司中，其中 74 家的回函确认 ZD 公司应付账款明细账的余额，只有 LT 公司未确认。ZD 公司应付账款 LT 公司明细账中报表日余额与 LT 公司回函确认余额相差 500 000 元。经应付账款（LT 公司）明细账记录，证明 ZD 公司于 12 月 29 日以委托银行付款的结算方式支付了 LT 公司 10 月 15 日发生的应付账款 500 000 元，而 LT 公司至 12 月 31 日尚未收到银行收款通知单，故造成上述二者不相等的情况。

（4）查找未入账的应付账款。审计应付账款时，需要注意查明被审计单位是否存在金额较大且对企业财务报表有着重大影响的未入账应付账款。审计人员在审计有关会计资料时，未发现异常。

## 二、案例梳理

（1）在编制审计计划时，如果报表层次的重要性水平根据总资产的 0.5% 确定，请计算报表层次的重要性水平？

（2）根据上述风险评估和控制测试，请评价 ZD 公司在应付账款环节的重大错报风险？

（3）本案例中 ZD 公司为了转移或隐藏本年度的销售收入，采取了非法的账务处理，应该如何编制调整分录？

（4）对于长期挂账并证明 ZD 公司应付账款的债权人已经破产，根据准则规定应该如何编制调整分录？

（5）因为银行未达账项造成 ZD 公司的应付账款明细余额与债权人回函确认余额不相等，其差额是否属于错报？

## 三、案例分析

（1）在编制审计计划时，如果报表层次的重要性水平根据总资产的 0.5% 确定，则报表层次的重要性水平为 19 750（3 950 000 × 0.5%）万元。

（2）根据上述风险评估和控制测试情况，可以得出 ZD 公司应付账款环节的重大错报风险存在但不显著。

（3）一般情况下，被审计单位会在第二年（2018 年）将上述所隐藏的销售收入予以冲回，即借记“应付账款——MK 公司”账户，贷记“主营业务收入”账户。审计人员应通过审阅被审计单位 2018 年已有的有关账户内容，查看有无冲回记录，如果无冲回记录，应调整被审计单位 2017 年度会计报表中有关项目。假设被审计单位属于一般纳税人，增值税税率为 17%，则应编制调整分录如下：

借：应付账款——MK 公司　　4 500 000

　　贷：主营业务收入　　3 846 153.85

　　　　应交税费——应交增值税（销项税额）　　653 846.15

（4）对于长期挂账并证明 ZD 公司应付账款的债权人已经破产，根据准则规定应该编制调整分录如下：

借：应付账款——JM 公司　　50 000

　　贷：营业外收入　　50 000

（5）因为银行未达账项造成ZD公司的应付账款明细余额与债权人回函确认余额不相等，其差额不属于错报。决算日已经入账的大多数负债在下年度审计人员完成审核时都已付讫，付款行为可以进一步证实已入账债务的可靠性。

### 工作反思与小结

应付账款会计处理中，会计错弊对净利润造成影响，是审计人员进行账务调整的首要原则。如净利润不会发生变动，仅影响流动比率及营运资本，那么审计人员可以根据其重要性水平决定是否调整。审计人员应充分考虑这类差异的累计影响，因为大量不需调整的错误累积起来，可能会对企业财务报表产生重大影响。这时审计人员就必须对其进行调整。

## 四、思考与讨论

（1）审计人员在应付账款函证时可以采用什么类型的函证？函证时应该注意什么问题？

（2）如果应付账款明细账核对中发现被审计单位将对某一客户的应付账款错记在另一客户的应付账款明细账户中，这是否属于重大错报？

（3）如果应付账款总账核对中发现“应付账款”误记到“应收账款”贷方，而明细账没有误记，造成“应付账款”总账贷方少记，同时“应收账款”总账贷方多记，且金额相同，应该如何调整？

（4）对于未入账的应付账款审计人员应该如何审计？

# 第三节
# 固定资产审计案例分析

### 知识储备与回顾

## 一、审计目标

（1）确定固定资产是否存在。

（2）确定固定资产是否归被审计单位所有。

（3）确定固定资产增减变动的记录是否完整。

（4）确定固定资产的计价是否恰当。

（5）确定固定资产期末余额是否正确。

（6）确定固定资产在财务报表上的披露是否恰当。

## 二、审计程序

（1）对固定资产环节进行风险评估和控制测试。

（2）对固定资产及累计折旧进行实质性测试。

（3）索取或编制固定资产及累计折旧分类汇总表，核对明细表与明细账、总账是否相符。

（4）审计固定资产的增加情况。

（5）审计固定资产的减少情况。

（6）审查固定资产的所有权情况。

（7）固定资产折旧的审计。

（8）实地观察固定资产。

## 三、固定资产常见的错弊形式

1. 混淆固定资产的确认界限

（1）将固定资产划入低值易耗品，然后采用一次摊销或分次摊销直接增加成本费用。

（2）将不符合固定资产标准的物品划入固定资产进行管理，延缓其摊销速度，以达到减少当期成本费用的目的。

2. 固定资产计价不准

（1）固定资产计价方法错误，如对于能确定原始价值的固定资产也采用重置价值计价。

（2）固定资产价值构成范围的错误。有的企业将与购入该项固定资产无关的费用支出，如差旅费，甚至旅游参观费，统统作为固定资产价值的组成部分；而有的企业则缩小固定资产价值构成范围，增大企业当期生产成本。

（3）随意变动固定资产的账面价值。已入账的固定资产一般不得随意变动，只有符合以下几种情况才允许调整账面价值：根据国家规定对固定资产重新估价；增加补充设备或改良装置；将固定资产的一部分拆除；发现原计价错误，根据实际价值调整原有实际价值。

3. 账务处理错误

（1）提前或推迟入账时间。

（2）借贷方向记反。

（3）入账价值记错。

（4）将对应账户记错或对应账户关系不明确，难以判断经济业务的来龙去脉。

4. 其他问题

（1）固定资产分类错误。

（2）盲目购进固定资产，使固定资产账户明显失调，出现大量资产闲置，降低了资金的使用效率，影响企业的经济效益，给企业造成严重的损失和浪费。

## 四、审计要点

（1）审计人员应检查企业是否根据本单位的实际情况把固定资产的确认界限以书面形式规定下来，并在实际管理中得到贯彻执行。

（2）把固定资产管理卡片与固定资产明细账相互核对，固定资产明细账与记账凭证、原始凭证相核对，找出疑点和线索，并进一步追查，查明是否把固定资产与低值易耗品混淆。

（3）实地观察固定资产。审计人员可以以固定资产明细账为起点，进行实地追查以证明会计记录所列固定资产是否确实存在，并了解其目前使用状况；也可以以实地观察为起点，与固定资产明细账核对，以获取存在的固定资产均已入账的证据。

（4）可通过阅读固定资产登记簿的摘要栏及检查固定资产卡片中的来源项目，确定固定资产的来源，然后再审核反映固定资产业务的会计凭证及有关单据，通过审阅、核对及复算有关会计资料，发现线索或疑点。

（5）通过审阅固定资产明细账的对方科目栏，分析判断该业务所反映的在会计账簿中的有关账户是否存在正确的对应关系。如果有疑点，再调阅与该笔固定资产业务有关的会计凭证及其所附的原始凭证，进行账证、证证核对，从而查明问题。

（6）分析固定资产分类汇总表，以此来检查固定资产的分类是否正确。因为不同种类的固定资产的折旧方法、折旧政策可能不一致。

（7）采用分析性复核方法，对固定资产使用效率进行测试。其主要通过以下几个指标来进行：

第一，计算固定资产原值与本期产量的比例，并与前期比较，可能发现闲置固定资产或已减少固定资产未在账户中注销的问题，然后再进一步检查是否是由于盲目采购或账务处理发生的错误所致。

第二，比较本期与以前各期固定资产的增加和减少，审计人员应深入发现其差异，并根据被审计单位以往和今后的生产经营趋势，判断差异产生的原因是否合理。

第三，分析固定资产的构成及其增减变动情况，与在建工程、现金流量表生产能力等相关信息交叉复核，检查固定资产相关金额的合理性和准确性。

（8）实地观察，确认是否存在盲目购进固定资产等问题。

（9）全面审核与反映固定资产业务有关的总账、明细账、会计凭证与原始凭证等会计资料，并通过发现疑点和问题进行查证核实。

（10）应注意索取有关固定资产产权凭据，核实其所有权归属。若有租赁资产，应索取合同协议，查明租赁性质，据以判断属于经营性租赁还是融资性租赁，以便追踪检查相关业务及会计处理是否合规等。

## 案例与分析

[案例3-2]

### 一、案例回放

（一）案例背景

ABC会计师事务所自2015年开始接受ZD股份有限公司（以下简称ZD公司）董事会的委托，对ZD公司进行年度财务报表审计。根据双方签订的审计约定书，ABC会计师事务所于2018年2月10日至3月4日对ZD公司2017年度的会计报表进行了审计。本案例主要反映固定资产的审计过程及相关问题。

ZD公司主要生产经营奶粉、冷饮、液态奶、儿童奶等乳制品。2017年主要财务数据和指标为：净利润4 250 000万元，总资产3 950 000万元，股东权益（扣除少数股东权益）1 960 000万元。

（二）案例内容及过程

1. 风险评估

在评估相应固定资产环节重大错报风险时，审计人员首先了解了ZD公司与固定资产相关的环境和政策。ZD公司由于负债问题致使公司持续经营受到威胁。审计年度内固定资产增减变化虽不突出，但其规模比较庞大。

2. 控制测试

审计人员对固定资产进行控制测试，首先通过调查表的方式对ZD公司固定资产内部控制情况进行调查了解，并进一步对固定资产的内部控制进行测试，主要采取实地观察并结合抽查原始凭证及记账凭证的方法，对其进行了解及初步评价，在此基础上初步形成评价结论。

审计人员抽查了几笔较大金额的固定资产购置，注意到100万元以上的固定资产购置基本依据预算实行，未经预算的也经过董事长的特别审批手续，但对实际支出与预算之间的差异不太大的，未补充特别的审批手续。通过这次测试，审计人员认为，ZD公司大额固定资产的预算制度及授权审批制度基本按规定执行，处置固定资产时亦分级履行了审批手续。此外，审计人员发现，ZD公司固定资产卡片账上的存放地点或使用部门一栏填写不全，尤其办公设备的使用部门不明确，不利于管理。

审计人员对公司的固定资产盘点制度进行了详细询问，发现公司近年来一直未进行过较为全面的固定资产盘点，但在上年审计时组织过一次抽盘。

3. 实质性程序

（1）固定资产及累计折旧检查。审计人员编制了固定资产及累计折旧审计程序表，并执行了相关检查，检查过程没有发现异常。

（2）索取或编制固定资产及累计折旧分类汇总表，核对明细表与明细账、总账是否相符。审计人员取得全部固定资产及累计折旧明细表，并进行了复核，与明细账、总账核对一致，没有发现异常。审计人员还认真将本期期初余额与上年工作底稿中的期末审定数予以核对，证实公司已按上年审计要求予以调账，年初数核对一致。在此基础上，审计人员将分类汇总表的内容过入固定资产及累计折旧导引表。

（3）审计固定资产的增加情况。审计人员发现ZD公司10月份购入设备一台，买价100 000元，增值税17 000元，运杂费1 000元，设备安装费1 500元。企业除将买价计入固定资产成本外，其余所支付款项均计入“管理费用”账户。11月份接受捐赠的设备一台，该设备确认的入账价值为62 000元，企业计入“资本公积”账户。

（4）审计固定资产的减少情况。审计人员在对固定资产减少进行审计时，首先审查了固定资产减少的授权批准文件，确认固定资产减少是否符合有关规定，并验证固定资产减少数额计算的准确性。此外，审计人员还结合固定资产清理和待处理财产损溢科目，抽查了固定资产账面转销额的正确性，同时关注了是否存在未作会计记录的固定资产减少业务。

审计人员审查固定资产减少时发现，ZD公司有一笔办公设备提前报废的业务，该公司对此项业务的账务处理引起审计人员的疑问，ZD公司有关账务处理的会计分录为：

| | | |
|---|---|---|
| 借：固定资产清理 | 70 000 | |
| 　　累计折旧 | 30 000 | |
| 　　贷：固定资产 | | 100 000 |
| 借：营业外支出——非常损失 | 70 000 | |
| 　　贷：固定资产清理 | | 70 000 |

ZD公司在此期间并没有发生火灾、被盗等意外事故，审计人员调阅了该机器设备的固定资产卡片，发现该台设备使用仅3年，且无任何大修理记录。审计人员认为该固定资产报废的处理存在问题，通过与财务主管人员及设备保管人员进行交谈，了解该项业务的真实情况。最后确认该项业务是虚报固定资产报废。

（5）审查固定资产的所有权情况。审计人员在审查固定资产的所有权时，主要通过审阅产权证书、财产保险单、财产税单、抵押贷款的还款收据等合法书面文件，以确定所审查的固定资产是否确实为ZD公司所拥有的合法财产。对于新增的固定资产，审计人员索取了ZD公司财产的产权证书副本（以前年度购置的在以前年度底稿中已存档）。由于拥有所有权证书不一定就能证明固定资产的所有权（如卖主可能持有已出售固定资产的旧产权证书），所以审计人员进一步审计了有关合同、发票及付款凭证，并与财产税单进行核对。经过审计，没有发现异常。

（6）固定资产折旧的审计。审计人员在核对折旧明细表后，对折旧计提的总体合理性进行复核，并采用分析程序检查判断固定资产折旧计提是否存在异常情况。在对某些折旧的计提审计中追查至固定资产登记卡时，发现该公司11月份以一台设备对外投资，该设备原值为500 000元，残值率为0，设备年折旧率为6%，该公司12月份仍对该设备计提折旧。

（7）实地观察固定资产。一般来说，观察固定资产的实际存在主要是实地检视审计年度内增加的主要固定资产项目，并不一定全面观察所有的固定资产。观察范围的确定需要依据客户单位内部控制的强弱、固定资产的重要性和注册会计师的经验。通过分析企业内部控制情况，审计人员决定对期初存在的固定资产进行40%的抽盘，而对当期新增固定资产全部进行盘点。

审计人员以经核对相符的固定资产明细表为起点，进行了实地追查，以证明会计记录中所列固定资产确实存在，同时了解其目前的使用状况，并注意观察固定资产的保养和使用状况以及运行是否正常。经过审查，未发现问题。

## 二、案例梳理

（1）根据案例中固定资产风险评估与控制测试的结果情况，请评价 ZD 公司固定资产环节的重大错报风险？

（2）审计人员应该如何进行固定资产增加的审计？

（3）案例中审计人员为什么认为固定资产的报废处理存在问题？

（4）如何应用分析程序检查判断固定资产折旧的计提存在的异常情况？

（5）案例中固定资产折旧审计中发现的问题应该如何处理？

## 三、案例分析

（1）综合审计过程中发现 ZD 公司由于负债问题致使公司持续经营性受到威胁、审计年度内固定资产增减变化虽不突出，但其规模比较庞大、近年来一直未进行过较为全面的固定资产盘点等情况，说明 ZD 公司固定资产环节存在重大错报风险，风险水平为中等水平。

（2）审计固定资产的增加是固定资产实质性程序中的重要内容。固定资产的增加有购入、自制自建、投资投入、更新改造增加、债务人抵债增加等多种方式。在审计过程中，对于外购固定资产，审计人员通过核对购货合同、发票、保险单、发运凭证等文件，抽查测试其计价是否正确，授权批准手续是否齐备，会计处理是否正确；对于在建工程转入的新增固定资产，审计人员应着重检查竣工决算、验收和移交报告是否正确，与在建工程相关的记录是否核对相符，资本化利息金额是否恰当，等等。

（3）从审计发现的账务处理可以看出，设备的净值占原值的比例高达70%，说明其使用期限并不长，是提前报废。而且 ZD 公司在此期间并没有发生火灾、被盗等意外事故，审计人员调阅了该机器设备的固定资产卡片，发现该台设备使用仅 3 年，且无任何大修理记录，这些都说明其使用状态较好，一台使用状态良好的固定资产不应该提前报废。

（4）审计人员可以通过计算本期计提折旧额占固定资产原值的比率，并与上期比较，分析本期折旧计提额的合理性和准确性。审计人员还可以计算累计折旧占固定资产原值的比率，评估固定资产的老化率，并估计因闲置、报废等原因可能发生的固定资产损失。在进行分析性复核后，审查折旧的计提和分配，并将“累计折旧”账户贷方的本期计提折旧额与相应的成本费用中的折旧费用明细账户的借方金额进行比较，以查明计提折旧金额是否已全部摊入本期产品成本或费用。

（5）按会计制度规定，本月减少的固定资产本月也要计提折旧，从下月起不再计提折旧，11 月份对外投资转出的设备，12 月起不再计提折旧。因此应将 12 月份已提折旧冲减，并编制调整分录如下：

借：累计折旧　　2 500

　贷：制造费用　　2 500

工作反思与小结

一般来说，固定资产在资产总额中占很大比重，大额固定资产的购建会影响其现金流量，而固定资产的折旧、维修等费用则是影响其损益大小的重要因素。固定资产管理一旦失控，所造成的损失将远远超过一般的商品存货等流动资产。所以，为确保固定资产的真实、完整、安全和有效利用，注册会计师要着重审查固定资产取得、后续计量、期末的计价是否符合会计准则要求。

## 四、思考与讨论

（1）固定资产计价常见的错弊有哪些？

（2）简述实地观察固定资产的重要性。

（3）固定资产增加方式及审查要点有哪些？

（4）固定资产减值准备的审查应注意哪些问题？

# 第四节 在建工程审计案例分析

## 知识储备与回顾

### 一、审计目标

（1）确定在建工程是否存在。

（2）确定在建工程是否归被审计单位所有。

（3）确定在建工程的增减变动的记录是否完整。

（4）确定在建工程的余额是否正确。

（5）确定在建工程的披露是否恰当。

### 二、审计程序

（1）对在建工程进行风险评估和控制测试。

（2）索取或根据明细账编制“在建工程余额（未审数）明细表”及“在建工程余额明细表”。

（3）收集客户有关在建工程的立项批复、建设许可证、施工许可证、可行性报告、工程预概算、施工合同、设备购置合同等资料，并实施复核程序，形成复核记录。

（4）检查在建工程年末余额的构成内容，查看未安装设备的实际存在。

（5）到工程现场实地观察确定工程是否存在，观察和询问实际完工进度。

(6) 检查是否存在已达到预计可使用状态，但尚未办理竣工决算手续仍列于在建工程，未及时计算折旧的情况。

(7) 检查本期在建工程增加数的原始凭证是否齐全，会计处理是否正确。

(8) 检查已完工程项目以及其他转出数的原始凭证是否齐全，会计处理是否正确。

(9) 检查是否存在与关联方之间工程代开发、工程代管理、工程承包等情况，是否经适当授权，是否按正常交易价格进行交易。

(10) 了解在建工程是否存在已抵押、担保情况，如有应作出记录，并提请客户作必要披露。

(11) 检查在建工程合约，以确定是否存在已约定资本化支出的财务承诺。

(12) 将在建工程的增减与募集资金使用情况的披露进行核对。

(13) 验明在建工程的披露是否恰当。

## 三、在建工程常见的错弊形式

1. 资本性支出和收益性支出划分不清

(1) 把应计入在建工程的项目计入了期间费用，使在建工程虚减成本。

(2) 把应计入期间费用的项目计入了在建工程，使在建工程成本虚增。

2. 在建工程计价错误

在建工程完工后，出现了工程余料，未能合理冲减工程成本，造成了在建工程成本不实。

3. 在建工程会计处理错弊

(1) 未按规定进行明细分类核算。

(2) 账户借贷记录不正确。

(3) 账户对应关系不明或错误。

(4) 有的竣工决算交付使用之后未能及时结转，长期挂账，使各账户核算出现差错。

## 四、审计要点

(1) 审阅“在建工程明细账”、有关成本计算表及凭证，查明各项工程支出是否符合该项工程计划批准的成本开支范围和费用开支标准，数额的计算是否正确合理，有无随意列支现象。

(2) 审计人员在进行账户检查时，应特别注意借款利息发生的时间界限，并与有关资料相对照，以判断是否混淆资本性支出和收益性支出。

(3) 将在建工程总账与在建工程明细账的余额进行核对，以便发现账户记录及核算上可能出现的错弊。

(4) 把在建工程清单与在建工程明细账、计划预算等进行核对，把明细账与有关会计凭证核对，查明在建工程成本的具体构成内容。

(5) 结合账目审阅情况进行实地盘点，从而对在建工程账户记录及核算上可能出现的错误作出评价。

(6) 从审阅在建工程明细账入手，抽查有关会计凭证，查明会计科目的运用是否正确，金额是否一致。

（7）通过实地观察在建工程，审查是否存在已交付使用但尚未办理竣工结算手续，未及时进行会计处理的在建工程项目。

## 案例与分析

［案例 3－3］

### 一、案例回放

（一）案例背景

ABC 会计师事务所于 2018 年 2 月 10 日至 3 月 4 日对 C 公司 2017 年度的会计报表进行了审计。本案例主要反映在建工程的审计过程及相关问题。

C 公司系生产型企业，为扩大生产能力，新建 8 万吨包装箱生产车间，引进 $1^{\#}$、$2^{\#}$ 两条日本生产线，2017 年度会计报表已经审计。2018 年在建工程期初余额 282 600 000.80元，本期借方发生额 50 600 500.20 元，本期贷方发生额 40 224 010.50 元，期末余额 292 976 490.50 元。

（二）案例内容及过程

1. 风险评估

在评估相应在建工程环节重大错报风险时，审计人员首先了解了 C 公司与在建工程相关的环境和政策。审计年度内在建工程增减规模比较庞大。

2. 控制测试

审计人员就有关在建工程的立项、批准、建造、核算等方面的内控情况，问询财务和相关人员，并适当地实施实质性测试，并就所问询和收集的资料情况实施核实程序，形成核实记录。

3. 实质性程序

（1）索取或根据明细账编制“在建工程余额（未审数）明细表”及“在建工程余额明细表”。审计人员向 C 公司索取或根据明细账编制“在建工程余额（未审数）明细表”及“在建工程余额明细表”，经复核加计正确并总计与总账核对相符。

（2）检查在建工程项目、规模是否经授权批准，对重大建设项目，取得有关项目预算批准文件、施工合同、施工进度报告等。审计人员收集了 C 公司有关在建工程的立项批复、建设许可证、施工许可证、可行性报告、工程预概算、施工合同、设备购置合同等资料，并实施复核程序，形成复核记录。C 公司的在建工程主要是上年延续的，上期已经审计，相关资料已经在上期全部取证并归集在长期档案中；本期获取验收报告、工程决算审计报告、工程价款结算清单，以及最新的施工进度报告、新发生的补充合同、工程概算、施工合同及设备购置合同等资料，并实施复核程序，经复核无异常。

（3）检查在建工程年末余额的构成内容，查看未安装设备的实际存在。经查看，年末余额中有未安装设备。经实地观察盘点及查看，未安装设备已存放在厂区内，相关的验收入库单、海关报关单、商检部门价值鉴定书等单证上的单位名称、品名、规格型号、数量、厂家名称等要素与合同、工程项目匹配一致。

（4）到工程现场实地观察确定工程是否存在，观察和询问实际完工进度。审计人员取得工程进度报告、项目规划设计平面图、工程进度报告或监理报告，并会同财务人员和工程项目负责人员，对照进度表，将明细表上工程项目与实物进行一一对照（从账到实物，确认真实性），并将所观察到的实物与明细表进行核对（从实物到账，确认完整性），观察和询问工程实际完工进度，做好观察核对记录，获取观察盘点清单，经查证无异常。

（5）检查是否存在已达到预计可使用状态，但尚未办理竣工决算手续仍列于在建工程，未及时计算折旧的情况。审计人员结合实地观察，对照在建工程明细表，检查有无已达到预计可使用状态但尚未办理竣工决算手续仍列于在建工程。审计人员在问询和实地观察时发现：价值 30 000 000 元 1#生产线实际 9 月份已达预计可使用状态，但未转入固定资产。

（6）检查本期在建工程增加数的原始凭证是否齐全，会计处理是否正确。审计人员检查本期增加的在建工程入账凭证和手续是否齐备；通过问询获取在建工程授权批准规定；向施工单位发函询证；检查有无按合同约定或进度增加当期工程实际支出和应付款项。审计人员在核对合同时发现：设备已经全部运达，2 500 000 元尾款未入账。

（7）检查会计处理是否正确，关注有无收益性支出在本项目核算。审计人员在测试凭证时发现：1#生产线实际投产后的设备维护费 20 万元计入了在建工程。

（8）检查已完工程项目以及其他转出数的原始凭证是否齐全，会计处理是否正确。审计人员检查本期已完工程项目以及其他转出的在建工程凭证手续是否齐备；将在建工程本期减少金额与固定资产增加金额进行核对，确认二者是否一致；检查已完工程项目是否按规定转入固定资产，转入固定资产的手续是否齐全，时间是否与完工验收时间一致。审计人员在核对入账时间时发现：一栋在建楼房入账时间较验收时间晚了 6 个月。

经核实，财务按取得房产证时间入账，会计处理时间错误，经与“累计折旧”科目审计人员沟通后补提折旧。

## 二、案例梳理

（1）执行“到工程现场实地观察确定工程是否存在，观察和询问实际完工进度”程序时应注意什么问题？

（2）价值 30 000 000 元 1#生产线实际 9 月份已达预计可使用状态，但未转入固定资产应如何处理？

（3）对尚未入账的设备尾款应如何处理？

（4）1#生产线实际投产后的设备维护费 20 万元计入了在建工程应如何处理？

## 三、案例分析

（1）执行“到工程现场实地观察确定工程是否存在，观察和询问实际完工进度”程序时应注意：①若同一地点上有数项在建工程的，则需按实地勘察轨迹，绘制简易平面布置图，在图上标注工程名称、完工进度，与明细表核对是否相符；②若存在账在总部核算而实物存放在外地分支机构的或委托其他单位代为管理的在建工程，需视重要性水平，进行实地勘察或发函询证；③观察盘点小结内容如盘点时间、地点、盘点人、监盘人、观察盘点量（金额）占在建工程总金额的百分比，正确率为多少等应填写完整，并注意盘点人员、监盘人员要签名；④观察时需注意有无长期停工的半拉子工程或已安装的机器设备长期不用等异常情况；⑤对观察盘点中存在的盘盈盘亏等不符情况需查明原因。

（2）对已经完工且投产使用的$1^{\#}$生产线应转入固定资产，并计算提取相应的折旧，编制调整分录如下：

借：固定资产　　　　30 000 000

　　贷：在建工程　　　　30 000 000

（3）对尚未入账的设备尾款应确认为当期债务，借记在建工程，贷记应付账款。

（4）$1^{\#}$生产线实际投产后的设备维护费20万元计入了在建工程应编制调整分录如下：

借：管理费用　　　　200 000

　　贷：在建工程　　　　200 000

### 工作反思与小结

在建工程审计需特别注意：有无审批手续不齐全或者虽有审批但与合同、进度等实际情况不符的大额资金的划付，谨防虚构在建工程支出以隐瞒资金拆借、巨额亏损等交易实质；工程物资转入的在建工程，检查工程物资与该在建工程是否对应，有无工程进度报告、交接手续及工程负责人的签字确认；领用本单位商品、产成品时，检查是否已加上该产品应交的相关税费。

## 四、思考与讨论

（1）如“在建工程余额（未审数）明细表”未审数合计金额与总账不符应怎样处理？

（2）检查在建工程项目、规模是否经授权批准，对重大建设项目，取得有关项目预算批准文件、施工合同、施工进度报告等资料时要注意什么问题？

（3）检查在开发或建造自用项目时，土地使用权账面价值结转是否正确及会计处理是否正确时要注意什么问题？

（4）检查已完工程项目以及其他转出数的原始凭证是否齐全、会计处理是否正确时要注意什么问题？

（5）如何检查是否存在与关联方之间工程代开发、工程代管理、工程承包、是否经适当授权、是否按正常交易价格进行交易等情况？

（6）如何了解在建工程是否存在已抵押、担保情况？

# 第五节 应付票据审计案例分析

## 知识储备与回顾

### 一、审计目标

（1）确定应付票据的发生及偿还记录是否完整。

（2）确定应付票据的余额是否正确。

（3）确定应付票据在会计报表上的披露是否充分。

### 二、审计程序

（1）执行“编制或获取应付票据明细表，核对与总账、报表的余额是否相符”程序。

（2）执行“复核应付票据变动明细表加计数是否准确，与应付票据备查簿核对是否相符”程序。

（3）执行“核对应付票据备查簿记录是否与票据购买记录一致”程序。

（4）执行“盘点库存未签发的应付票据是否与票据购买记录一致”程序。

（5）执行“检查应付票据备查簿，抽查若干债务的相关合同、发票、货物验收单等原始凭证，确定交易事项的真实性”程序。

（6）执行“取得银行承兑汇票保证金支付要求的合同，核对应付银行承兑汇票余额与其他货币资金存出保证金是否相符”程序。

（7）执行“请客户协助在明细表上标明期后已付款的应付票据，检查支付凭证；必要时向票据持有人函证，确定应付票据的余额是否正确”程序。

（8）执行“了解是否存在为应付票据提供质押或抵押的情况，如有，应取证相关合同并作出记录”程序。

（9）执行“复核票据利息是否足额计提，其会计处理是否正确”程序。

（10）执行“检查逾期未付票据的原因”程序。

（11）执行“检查非记账本位币折合记账本位币采用的折算汇率，折算差额是否按规定进行会计处理”程序。

（12）执行“取得公司董事长、总经理、财务总监、财务经理、票据保管人员对票据资料提供的完整性的声明”程序。

## 三、应付票据常见的错弊形式

（1）商业汇票的签发不合规。签发并承兑无合同的商业汇票或非法的商业汇票。

（2）应付票据长期挂账。企业将逾期应付票据不按规定转入应付账款或者利用“应付票据”账户转移、截留收入，而使应付票据长期挂账。

（3）错付票款。由于银行失误，将其他单位的票款转入本企业，企业通知银行付款，导致票款错付。

（4）应付票据金额与发票金额不一致。企业为了本企业或个人牟取私利，虚开、虚列购货发票的金额，从而造成应付票据票面金额与发票金额不一致。

## 四、审计要点

（1）审查“应付票据”明细账，如果其摘要不清、账目设置不合规，如没有设置“应付票据备查簿”，应进一步审查其合同和有关原始凭证，查明其真实性，必要时，应与收款单位核对账目，以查证其存在的问题。

（2）审计人员查证应付票据长期挂账的真实性，在此基础上询问知情人员，调查有关情况，进行综合分析，查证存在的问题。

（3）审计人员应认真核对减少应付票据登记簿的收款单位金额和付款期与银行转来的商业汇票收款单位、金额和付款期是否一致，有无拖欠和提前支付及错付现象。

（4）审计人员应认真核对票据金额与发票金额是否一致，如果不一致，应查询有关知情人员，查证有无利用票单差异从中收取好处费和其他非法活动。

# 案例与分析

［案例 3－4］

## 一、案例回放

（一）案例背景

ABC 会计师事务所于 2018 年 2 月 10 日至 3 月 4 日对 B 公司 2017 年度的会计报表进行了审计。本案例主要反映应付票据的审计过程及相关问题。

B 公司应付票据期初余额 4 500 000 元，本期借方发生额合计 10 200 000 元，本期贷方发生额合计 10 450 000 元，期末余额 4 750 000 元。

（二）案例内容及过程

审计人员按照审计准则要求，执行了规定的审计程序，除了发现以下问题外，其他方面均无异常：

（1）在复核应付票据变动明细表加计数是否准确，与应付票据备查簿核对是否相符时发现，部分票据已签发但票据备查簿未记录完全，财务也未入账。

（2）审计人员查验了票据的期后付款事项，并向票据持有人发出了函证信，发现有票据滞留采购部。

（3）审计人员查验了截至2017年12月31日未到期的票据，发现有已到期未支付的票据一张。

（4）审计人员在审查B公司“应付票据”明细账时，发现2017年12月9日$89^{\#}$记账凭证记录一笔业务，摘要记录为“购货款”，但没有产品销售合同的记录。审计人员调阅了$89^{\#}$记账凭证，其会计分录为：

借：银行存款　　100 000

　　贷：应付票据——甲公司　　100 000

该记账凭证所附原始凭证包括进账单一张，借甲公司周转款的收据一张，企业签发并承兑的商业汇票一张，汇票利率为10%。经向甲公司了解，并对该公司有关当事人进行询问，证实该笔款是向甲公司的借款。该公司签发、承兑商业汇票不合规，以签发商业汇票的形式掩饰从甲公司拆借资金。

## 二、案例梳理

（1）对于票据已签发但票据备查簿未记录完全，财务也未入账应该如何处理？

（2）审计人员发现有票据滞留采购部应该如何处理？

（3）审计人员查验了截至2017年12月31日未到期的票据，发现已到期未支付的票据应怎么处理？

（4）对于案例中发现的第4个问题，应该如何编制调整分录？

## 三、案例分析

（1）审核人员对票据备查簿中记录不完整的票据应追查原因，并要求对此进行调整，记入财务账。

（2）发现有票据滞留采购部，应要求尽快交付客户。

（3）需了解到期未付的原因，是否存在银行账号内无款项支付导致的票据退票，同时应要求对营业外支出的审计人员注意是否存在因支付拒付而支付的违约金，如存在应结合应付票据科目进行复核；对到期未支付的应付票据应结转应付账款列示。

（4）审计人员应提请该编制调整分录如下：

借：应付票据——甲公司

　　贷：短期借款——甲公司

### 工作反思与小结

应付票据查验过程还需注意以下几点：

（1）应付票据的查验主要注意财务账与备查簿、票据购买的核对如有差异，需重点查找原因。

（2）对票据资料的完整性的声明属于重要资料，必须取得。

（3）对应付票据资料完整性认为有重大风险的，可以通过对“财务费用——手续费”查验票据购买费用，以确认是否有购买票据支出却无使用记录的情况。

## 四、思考与讨论

（1）核对应付票据备查簿记录是否与票据购买记录一致时应注意什么？

（2）对发现应付票据的开具并无实际业务行为的情况，审计人员应该怎么做？

（3）简述取得公司董事长、总经理、财务总监、财务经理、票据保管人员对票据资料提供的完整性的声明的重要性。

# 第六节 预付账款审计案例分析

## 知识储备与回顾

### 一、审计目标

（1）确定应预付账款是否存在。

（2）确定预付账款是否归被审计单位所有。

（3）确定预付账款的增减变动的记录是否完整。

（4）确定预付账款的余额是否正确。

（5）确定预付账款的披露是否恰当。

### 二、审计程序

（1）执行“获取或编制预付账款明细表，复核加计正确与总账数、报表数和明细账合计数核对是否相符”程序。

（2）执行“比较期末余额与期初余额，若有重大波动应查明原因作出记录”程序。

（3）执行“选择重要项目，抽查有关合同、协议、原始凭证及进行函证（包括重分类转入项目）”程序。

（4）执行“对未回函的，可再次复询，如不复询可采用替代方法进行检查”程序。

（5）执行“了解预付账款惯例以及收回货物的平均天数，并分析其账龄，检查不符合预付账款性质的、无法再收回所购货物的是否已转入其他应收款”程序。

（6）执行“查核有无将同一笔已付清的货款在预付账款和应付账款两个科目同时挂账的情况”程序。

（7）执行“请客户协助，在预付账款明细表上标出截止审计日已收到货物并已冲销预付账款的项目并检查有关凭证”程序。

（8）执行“分析明细账余额，对于出现贷方余额的项目，应查明原因，必要时作重分类调整”程序。

(9) 执行“对于外币结算的预付账款，检查其采用的汇率是否正确”程序。

(10) 执行“对预付关联方的款项，了解交易目的，检查交易合同，查验交易的合法性真实性”程序。

(11) 执行“预付账款的披露是否恰当”程序。

## 三、预付账款常见的错弊形式

1. 预付货款的发生不真实、不合理

(1) 预付的款项并不是采购业务引起的，而是经办人员利用职务之便，以预付货款名义把款项私自借给其他单位或个人，以牟取个人私利。

(2) 预付款的金额与购货合同不符，超出合同数额可能是由于经办人员利用职务之便，为牟取个人私利，私自多付。

(3) 不合理的预付款。在市场上很容易就能采购到所需的商品，或被审计单位与供货单位具有长期良好的供销关系，按正常方法购入并无困难，但企业为了局部或个人利益而采用预付款的方式。

2. “预付账款”账户的核算内容不真实

(1) 企业将正常的销售收入、营业外收入和其他业务收入作为预付账款业务进行核算，故意造成账户对应关系的混乱，以达到截留收入、推迟纳税或逃税的目的。

(2) 将应由“应收账款”“其他应收款”等债权账户核算的内容在“预付账款”账户核算，如将企业赊销的材料款、存出的保证金等业务在“预付账款”账户核算，混淆了两种业务的性质。

3. “预付账款”账户长期挂账

(1) 被审计单位单方面违约，供应单位根据购货合同没收预付货款，造成企业预付的款项收不回来，长期挂账。

(2) 被审计单位对供货单位信誉、生产能力等了解不够，或有关经办人牟取私利而上当受骗，到期收不到货物，以致长期挂账，给企业造成另一种形式的坏账损失。

4. 未经批准而将“预付账款”转入“其他应收款”

企业为了多计提坏账准备，以达到虚减利润、偷漏税的目的，将不符合规定的“预付账款”转入“其他应收款”。

## 四、审计要点

(1) 审计人员应在审阅“预付账款”账户摘要或对应账户的记录中发现线索，并通过查询法调查相关人员。

(2) 全面审阅“预付账款”明细账户的摘要或对应账户的记录，查看是否有摘要栏说明不真实或模糊不清的现象。

(3) 通过审阅明细账上的借贷日期及业务内容说明发现线索或疑点，检查其是否记有不属于“预付账款”账户核算范围的各种应收和预付款项、是否有长期挂账等现象。

(4) 审计人员应查阅“预付账款”明细账中的摘要及相关记账凭证是否有足够的凭据证明其业务的真实性。

## 案例与分析

［案例 3－5］

## 一、案例回放

（一）案例背景

ABC 会计师事务所于 2018 年 2 月 10 日至 3 月 4 日对 B 公司 2017 年度的会计报表进行了审计。本案例主要反映预付账款的审计过程及相关问题。

B 公司预付账款期初余额 2 900 000 元，本期借方发生额合计 30 000 000 元，本期贷方发生额合计 12 000 000 元，期末余额 20 900 000 元。

（二）案例内容及过程

审计人员按照审计准则要求，执行了规定的审计程序，除了发现以下问题外，其他方面均无异常：

（1）“杭州盛世置业有限公司”是 B 公司关联方，本期预付该公司 25 316 650 元，无实质性交易，是关联方占用资金。

（2）经查验，“重庆阳光工贸公司”余额 500 万元，是 B 公司对“重庆阳光工贸公司”投资款，该公司于 2015 年 1 月已取得营业执照，并正式开张营业。

（3）经查验，“鸿运贸易公司”余额 260 000 元，因货物质量问题引起经济纠纷，余额账龄超过 1 年。

（4）由于是资产类科目，期末余额户数又较少，因此决定对期末全部账户余额进行函证。本案例期末账户总计余额 7 户，实际发函证 7 户，收到回函 6 户（其中直接确认的有 4 户，1 户因货物质量问题未确认，另 1 户通过调节后确认），未收到回函 1 户；对 1 户“宏图化工有限公司”未收到回函及 1 户“欧亚开发公司”回函未确认实施替代审计。

（5）经替代测试，“宏图化工有限公司”期末余额真实，并查阅了决算日后的材料到货情况，审计日已收到货物。

（6）“欧亚开发公司”回函数据不相符，经替代测试，查见购货合同，并与存货审计人员联系，发现货物已收到，未及时入账，货款总计金额 117 000 元（含税金额）。

## 二、案例梳理

（1）审计人员发现“杭州盛世置业有限公司”是 B 公司关联方，本期预付该公司 25 300 000 元，无实质性交易，是关联方占用资金后应如何处理？

（2）审计人员发现“重庆阳光工贸公司”余额 500 万元，是 B 公司对“重庆阳光工贸公司”投资款，该公司于 2015 年 1 月已取得营业执照，并正式开张营业后应如何处理？

（3）审计人员发现“鸿运贸易公司”余额 260 000 元，因货物质量问题引起经济纠纷，余额账龄超过 1 年时应该如何处理？

（4）对于案例中函证发现“欧亚开发公司”货物已收到，未及时入账应该如何处理？

## 三、案例分析

（1）审计人员发现“杭州盛世置业有限公司”是 B 公司关联方，本期预付该公司 25 300 000 元，无实质性交易，是关联方占用资金后，应与客户沟通后，并要求其转入其他应收款。

借：其他应收款——盛世置业　　25 300 000

　　贷：预付账款——盛世置业　　25 300 000

（2）审计人员发现“重庆阳光工贸公司”余额 500 万元，是 B 公司对“重庆阳光工贸公司”投资款，该公司于 2015 年 1 月已取得营业执照，并正式开张营业后，应与 B 公司交换意见后，将余额转入长期投资科目。

借：长期投资——阳光工贸　　5 000 000

　　贷：预付账款——阳光工贸　　5 000 000

（3）审计人员发现“鸿运贸易公司”余额 260 000 元，因货物质量问题引起经济纠纷，余额账龄超过 1 年时，应要求转入其他应收款，并应按规定计提坏账准备金。

（4）对于案例中函证发现“欧亚开发公司”货物已收到，未及时入账，应补记原料入库。

借：原材料　　100 000

　　应交税金——增值税　　17 000

　　贷：预付账款——欧亚公司　　117 000

### 工作反思与小结

关于函证替代程序要注意：

（1）用替代程序进行测试时，可采用以下方法进行：

①抽查预付账款余额形成的相关凭证，核对购货合同、付款记录及对方单位开具的收据等原始资料，核实交易事项的真实性，查阅预付货款期后的收到货物的情况，并在明细表中作相应的记录。

②结合存货监盘或盘点抽查，查验被审计单位决算日是否存在预付货款货物已收到但未及时转账造成函证不相符的情况。

（2）对于发函时间紧张的，可将函证与替代程序同时执行。

（3）对于函证的回函情况，应在明细表中作相应的标识。

## 四、思考与讨论

（1）对预付账款余额的分析性复核可以包括哪些方面？

（2）预付账款函证要注意什么问题？

（3）执行“了解预付账款惯例以及收回货物的平均天数，并分析其账龄，检查不符合预付账款性质的、无法再收回所购货物的是否已转入其他应收款”程序应注意什么问题？

# 第七节 无形资产审计案例分析

## 知识储备与回顾

### 一、审计目标

（1）确定无形资产是否存在。

（2）确定无形资产是否归被审计单位所有。

（3）确定无形资产的增减变动及其摊销的记录是否完整。

（4）确定无形资产的摊销政策是否恰当。

（5）确定无形资产的余额是否正确。

（6）确定无形资产的披露是否恰当。

### 二、审计程序

（1）获取或编制无形资产明细表，复核加计正确并核对与总账数、报表数和明细账合计数是否相符。

（2）获取有关文件、资料，检查无形资产的性质、构成内容、计价依据和所有权归属的程序。

（3）对购入的无形资产，检查其原始凭证，确认计价是否正确，法律程序是否完备，会计处理是否正确。

（4）检查无形资产摊销方法，复核计算无形资产的摊销及其会计处理是否正确。

（5）检查有无土地使用权的抵押事项，并作出相应记录。

（6）验明无形资产的披露是否恰当。

### 三、无形资产常见的错弊形式

1. 无形资产增加不真实、不合规

有些企业增加无形资产没有合法的证明文件，有些无形资产已超出了法定有效期。

2. 无形资产计价不合规、不正确

（1）投资者作为资本金或者合作条件投入的，不按评估确认或者合同、协议约定的金额计价。

（2）自行开发并且依法申请取得的，不按依法取得时发生的注册费、聘请律师费等作为无形资产的实际成本，而把其他费用项目和其相互混淆。

（3）非专利技术等无形资产的计价不经法定评估机构评估确认等。

3. 无形资产出售转让不合法

企业在不正常情况下出售无形资产，如主管人或经办人为牟取个人私利擅自出售、转让企业正在使用的无形资产。

4. 无形资产的售价明显不正确、不合理

批准手续有无伪造行为，如企业为了拉关系或经办人员为谋取私利而进行不正当交易，擅自降低售价，造成无形资产流失。

5. 无形资产的价款收回不及时、账务处理不正确

（1）企业把已收回的出售无形资产的销售款项长期挂在应收款账户上不予入账，或违反规定将收入冲减成本费用。

（2）企业把收到的款项不计入“营业外收入”而贷记“其他应付款”账户，形成账外小金库，甚至被个人侵吞。

6. 无形资产投资转出计价不合理、不合规

（1）主管部门或企业领导为完成合资、转让任务而被迫接受合资方及被转让方压低无形资产价值的不合理要求。

（2）企业在引进外资过程中，急于引进国外先进技术设备，用在资产评估中对无形资产故意不计价、少计价的不正当手段吸引投资，如对土地使用权的漏估。

（3）在企业合资、兼并、租赁、破产及转让过程中，某些经办人员牟私利而压低转让价值。

7. 无形资产转出的会计处理不正确、不合规

企业转让或出售无形资产取得的净收入，不按规定计入企业的营业外收入，而计入“其他业务收入”等账户。

## 四、审计要点

（1）查明无形资产是否具有合法证明文件，如专利权证书、商标注册证书等。

（2）审查各种形式增加的无形资产是否办理了必要产权转让手续，如自行开发的无形资产是否按法定程序申请，并取得合法的证明文件。

（3）对购入的无形资产，审查其购买发票的价款是否真实、正确，有无伪造、篡改的行为，与购入的无形资产直接相关的费用是否计入无形资产价值，有无其他无关费用计入无形资产购入成本的行为。

（4）对于自行开发的无形资产，通过审阅无形资产及费用明细账，查看其依法取得时发生的注册费、聘请律师费等是否作为实际成本支出计价，审查各项支出是否真实、合规、正确，所列开支是否确为无形资产依法取得时所发生的开支，有无将与无形资产开发无直接关系的费用列入无形资产价值等情况。

（5）审查企业由法定评估部门出具的评估证书，从而查明企业有无未经法定评估而擅自对无形资产作价的行为，还要查明这些评估机构是否是经政府部门授权的会计师事务所和专门的资产评估组织，必要时可向这些部门函证企业无形资产计价的正确性。

(6) 审查企业无形资产明细账中减少的记录，核对对应的原始凭证，了解出售行为是否在正常情况下发生，有无必要的批准手续，批准手续有无伪造行为。

(7) 审计人员可按计价原则进行审查、验证，必要时可向专家或专业评估机构申请协助。

(8) 可结合应收款和收入账户审查，查明各项无形资产销售收入是否正确，是否及时入账。

(9) 审查无形资产转出计价不合理、不合规问题时可参照无形资产合理合规性的审查方法进行，注意确定的转让价格是否在合同中明确规定，实际执行的价格与合同有关条款是否一致。

(10) 审查无形资产转出会计处理不正确、不合规问题时可比照出售无形资产的审查，查清企业有无乱列收入账户，有无违反规定人为增加或减少利润的现象。

## 案例与分析

[案例 3－6]

### 一、案例回放

(一) 案例背景

ABC 会计师事务所于 2018 年 2 月 10 日至 3 月 4 日对 C 电子公司 2017 年度的会计报表进行了审计。本案例主要反映无形资产的审计过程及相关问题。

C 电子公司无形资产期初余额为 32 000 000 元，本期新增金额为 2 800 000 元，本期摊销金额为 1 100 000 元，期末余额为 33 700 000 元，其中包括非专利技术、土地使用权商标权等。具体数据如表 3－2 所示。

**表 3－2** 单位：元

| 项目 | 非专利技术 | 土地使用权 | 商标权 | 合计 |
|---|---|---|---|---|
| 原值 | 2 200 000 | 30 000 000 | 2 800 000 | — |
| 期初余额 | 2 000 000 | 30 000 000 | — | 32 000 000 |
| 本期增加 | — | — | 2 800 000 | 2 800 000 |
| 本期摊销 | 220 000 | 600 000 | 280 000 | 1 100 000 |
| 期末余额 | 1 780 000 | 29 400 000 | 2 520 000 | 33 700 000 |

(二) 案例内容及过程

审计人员按照审计准则要求，执行了规定的审计程序，以下为部分审计程序内容：

1. 对非专利技术的年初数的审核

因事务所本年度首次接受该公司委托进行年报审计，应当对无形资产的初始发生额进行审计。

(1) 查阅 C 电子公司 2017 年度无形资产的明细账，账面记载 2017 年 11 月 C 电子公司从 D 公司购入一项蓝牙接收专有技术，金额为 2 400 000 元。

(2) 从账面记录查找记账凭证号，查阅记账凭证的记录是否正确，后附的原始发票、支付凭证等是否齐全，授权批准是否符合规定。

(3) 获取技术转让合同，核对合同内容、转让金额是否与账面记载一致。

(4) 获取有关法律文件，记录有关限制条款、有效期限等（有效期 10 年）。

(5) 获取公司董事会关于该事项的有关董事会决议或会议。

(6) 对 2017 年购入的蓝牙接收技术请专家鉴定，以判断其是否真实存在。

(7) 检查摊销是否正确。

2. 对土地使用权的年初数审核

(1) 查阅 C 电子公司 2017 年度无形资产的明细账，账面记载 2017 年 10 月 C 电子公司购得 × × 地块的土地使用权，支付土地出让金 30 000 000 元。

(2) 从账面记录查找记账凭证号，查阅记账凭证的记录是否正确，凭证后附的附件是否齐全，授权批准是否符合规定。

(3) 获取土地转让合同，核对合同内容、转让金额、土地转让合同、使用期限。

(4) 查验土地使用权证原件、获取其复印件注明与原件一致并有公司盖章。

(5) 获取公司董事会关于该事项的有关董事会决议或会议纪要。

(6) 实地查看该土地的坐落位置并与土地使用权证核对，并了解其使用情况。

(7) 检查摊销是否正确。

3. 对本期新增的商标权进行查验

(1) 查阅 C 电子公司 2017 年度无形资产的明细账，账面记载 2017 年 1 月 C 电子公司从 RS 公司购入“FH”牌 GPS 接收器商标使用权，金额为 2 880 000 元。

(2) 从账面记录查找记账凭证号，查阅记账凭证的记录是否正确，后附的原始发票、支付凭证等附件是否齐全，授权批准是否符合规定。

(3) 获取技术转让合同，核对合同内容、转让金额。

(4) 获取该商标的注册证，转让注册商标的商标局的核准件。

(5) 获取公司董事会关于该事项的有关董事会决议或会议纪要（该程序需取得的资料视情况而定）。

4. 对本期减少的商标权进行查验

审计人员通过查阅无形资产明细账发现，C 电子公司将尚有 5 年使用期限的“商标权”的摊余价值 40 万元全部计入了“管理费用”账户。公司管理部门没有拿出全部摊销无形资产成本的合法证据，其会计分录如下：

借：管理费用　　　　400 000

　　贷：无形资产　　　　400 000

5. 检查无形资产摊销方法，复核计算无形资产的摊销及其会计处理是否正确

(1) 蓝牙接收技术。审计人员在审查该公司“无形资产——专利权”明细账时发现如下记录：

①公司购入 A 项专利权，实际支付价格为 733 560 元。

②12 月 A 项专利权摊销 613 元，计入销售费用明细账。

会计凭证记录为：

借：销售费用　　　　613

贷：无形资产 613

审计人员抽查有关会计凭证和合同书时，查明公司购入该项无形资产有合法合同，合同规定有效期限为10年，已使用6年。审计人员怀疑无形资产摊销不正确。经追踪查证，审计人员复算12月份的摊销额应为12月份摊销额6 113元。

（2）土地使用权。经查，该土地使用权证共有两份，分别为A－1地块和A－2地块，出让金分别为18 000 000元和16 000 000元。公司未分列明细账核算。

检查有无土地使用权的抵押事项，并作出相应记录。

①查验土地使用权证原件上他项权利的说明，了解是否有抵押情况。

②通过查阅有关董事会会议纪要，向律师、公司法律顾问询问了解无形资产期末状况。

③在底稿中记载相关查验记录。

## 二、案例梳理

（1）对案例中本期减少的商标权进行查验发现的问题应该如何处理？

（2）对案例中检查无形资产摊销方法发现的问题应该如何处理？

## 三、案例分析

（1）对案例中本期减少的商标权进行查验发现的问题应处理如下：

根据企业会计制度的规定，企业的无形资产应当自取得当月起在预计使用年限内分期平均摊销，计入损益。只有当无形资产预期不能为企业带来经济利益时，企业才能将该无形资产的账面价值予以转销。该企业没有全部摊销无形资产成本的合理理由，因此可以断定在当年全部摊销无形资产的账面价值是错误的。按照最新企业会计准则的规定，企业无形资产的摊销不通过“无形资产”账户，而通过“累计摊销”账户，所以企业的账务处理也是错误的。

进行摊销时，正确的会计处理如下：

借：管理费用 80 000

　　贷：累计摊销 80 000

因此，审计人员应建议企业会计人员调整分录如下：

借：无形资产 400 000

　　贷：管理费用 320 000

　　　　累计摊销 80 000

（2）对案例中检查无形资产摊销方法发现的问题应处理如下：

审计人员复算12月份的摊销额应为12月份摊销额6 113元。从而计算出12月份少摊销额5 500（6 113－613）元。

复算结果表明：该公司12月份少摊无形资产5 500元。经询问有关会计人员后证实，这是由于有关会计人员计算与账务处理出现差错导致的。该公司将12月份的无形资产应摊销额6 113元误算为613元，错入“销售费用”，建议企业补摊5 500元。

所以应该要求企业调整分录如下：

借：无形资产 613

管理费用——无形资产摊销 6 113

贷：销售费用 613

累计摊销 6 113

## 工作反思与小结

无形资产查验的重要提示：

（1）判断某项无形资产是否存在、是否归企业所有，应当根据无形资产的不同来源考虑：如从外部购入或接受投资的，应索取有关转让、出让的合同、经确认的作价依据及支付价款及相关费用的原始凭证，涉及权证及相关认定文件的，应查验相关权属是否转移至公司；如为非专利技术，应索取该技术的有关操作方法、技术记录、配方等资料，并对其经济性进行适当评估，同时依据购入合同及支付费用的原始凭证判断其是否真实存在；应充分利用专家的工作。

在对各种不同来源的无形资产进行审计时，本案例所描述的对无形资产的确认及摊销等仍依据原《企业会计准则第6号——无形资产》的有关规定，但部分内容在新修订的《企业会计准则第6号——无形资产》中有不同的规定，2007年1月1日起应参照新规定执行。

（2）审计人员应当根据无形资产明细账逐一取得有关文件和资料。对上年度也为本所审计的，可在审定表中注明档案号。

（3）如被审计单位接受无形资产投资或以无形资产对外进行投资的，都要获取有关评估报告和投资协议，并根据税收法规规定考虑应交税金。

（4）特别留意被审计单位的董事会决议或会议纪要等文件、询问律师或法律顾问，有关该无形资产是否涉及诉讼事项等情况，该诉讼事项是否会使得该无形资产发生减值。

## 四、思考与讨论

对无形资产的初始发生额进行审计时应该关注什么问题？

## 课后提高训练

**案例一：**

请根据表3-3内的数据，选择两位客户进行函证，对应付账款余额进行确认。

表3-3 单位：元

| 客户名称 | 应付账款余额 | 赊购总额 |
|---|---|---|
| A | 58 000 | 863 000 |
| B | 31 000 | 210 000 |
| C | — | 9 000 000 |
| D | 10 400 000 | 27 000 000 |

**案例二：**

某企业五位客户应付账款明细账的情况如表3-4所示。

**表3-4** 单位：元

| 客户名称 | 借方发生额 | | 贷方发生额 | | 期末余额 | |
|---|---|---|---|---|---|---|
| | 发生时间 | 发生金额 | 发生时间 | 发生金额 | 借方 | 贷方 |
| A | | | 2012.10.10 | 40 000 | | 40 000 |
| B | 2014.4.20 | 40 000 | 2013.8.20 | 60 000 | | 20 000 |
| C | 2014.8.30 | 60 000 | 2014.7.5 | 30 000 | 30 000 | |
| D | 2014.12.30 | 200 000 | 2014.8.15 | 206 000 | | 6 000 |
| E | | | 2014.11.20 | 80 000 | | 80 000 |

要求：

请根据表内的数据，选择需要进行函证的账户，对应付账款余额进行确认。

**案例三：**

注册会计师张雷审计A公司的应付账款项目，由于A公司为化工企业，每年从某固定供应商购入原材料近2 100万吨。截至2015年底，A公司应付该供应商货款为21 388 124.57元。由于该供应商属于长期客户，且应付账款金额巨大，因此张雷向该供应商进行函证。经函证，该供应商确认A公司欠货款为29 287 133.57元。张雷在分析审查产生差异的原因时发现，由于A公司认为对方售价太高，自2011年以来公司就没有付过货款，双方一直争执不下。

要求：

针对上述情况，张雷该如何处理？

**案例四：**

审计人员审查某工厂固定资产时，发现该厂将报废出售的某项固定资产的变价收入5 000元冲减"固定资产"账户（借：银行存款，贷：固定资产），并将发生的固定资产清理费用3 000元直接列入营业外支出（借：营业外支出，贷：银行存款）。同时了解到该项固定资产原始价值为50 000元，预计使用5年，预计残值2 000元，采用双倍余额递减法计提折旧，已使用3年并将其报废售给一家乡镇企业。

要求：

（1）指出该业务的账务处理是否正确，计算出有关数据并编制正确的会计分录。

（2）指出该业务的错误所在及其影响。

**案例五：**

审计人员在审查华润股份有限公司20×1年度固定资产折旧时，发现本年度1月初新增已投入生产使用的机床一台，原价为100 000元，预计净残值为10 000元，预计使用年限为5年，使用年数总和法对该项固定资产进行折旧，其余各类固定资产均用直线折旧法折旧，且该公司对这一事项在报表中未作揭示。

要求：

指出这一事项对被审计单位财务报表的影响，并说明应如何处理？

**案例六：**

20×3 年 1 月，审计人员审查了某企业上年 12 月基本生产车间设备计提折旧情况。在审阅固定资产明细账和制造费用明细账时，发现如下记录：

(1) 11 月末该车间设备计提折旧额 12 000 元，年折旧率为 6%。

(2) 11 月份购入设备一台，原值 20 000 元，已安装完工交付使用。

(3) 11 月份将原来未使用的一台设备投入车间使用，原值 10 000 元。

(4) 11 月份交外单位大修设备一台，原值 50 000 元。

(5) 11 月份进行技术改造设备一台，当月交付使用，该设备原值为 200 000 元，技改支出 50 000 元，变价收入 20 000 元。

(6) 12 月份该车间设备计提折旧 21 000 元。

要求：

假定该企业 20×2 年 11 月末计提折旧数正确，验证该企业该年 12 月份计提折旧数是否正确，如不正确，请作出调整分录。

**案例七：**

审计人员在审查某公司 2017 年"在建工程"账户时，发现一笔金额为 2 400 000 元的在建工程项目核算有误。查看该建设项目并检查 2017 年 3 月该工程项目的竣工结算报告、验证。审计人员发现，该项目已于 2017 年 3 月交付给该公司作为办公大楼使用。该公司为了达到调节利润的目的，将已交付使用的固定资产挂列在在建工程而少计提折旧。该项固定资产的预计净残值为 10%，可使用 40 年。

要求：

该案例查证的问题应该如何编制调整分录？

**案例八：**

审计人员在审阅某企业"预付账款"明细账时，发现此笔预付账款数额较大，长期无动态，因此决定作进一步审查。首先，审计人员调阅记账凭证，同明细账进行核对，发现记账凭证的内容是：

借：预付账款——A 公司　　400 000

　　贷：银行存款　　400 000

该记账凭证后附预付款单据及业务部门的购销合同等原始凭证。查看购销合同，发现预付款比例高达 80%，进一步查阅以前的双方业务记录资料，并对市场情况进行调查，发现该商品在市场上并不是紧俏商品，况且以前双方购销业务都是按货款的 20% 预付的，因此怀疑有问题，决定采取内查外调相结合的方法追踪审查。通过购销双方的业务记录、人证、物证及当事人对事实的陈述情况，终于水落石出：该企业订购一批商品，价值 50 万元，正常情况下向供货单位预付 20% 的货款即可。但供货单位由于资金紧张，向该企业有关经办人员提出，如果能多付一部分货款，可给一定数额的“酬谢金”。该企业有关经办人员看到有利可图，遂商定按照货款的80%预付货款，供货单位给“酬谢金”2万元。

要求：

该案例查证的问题应该如何处理？

**案例九：**

审计人员在查阅某企业“预付账款”明细账时，发现有一笔业务在“预付账款”账户的摘要栏说明不真实，况且是先有贷方，后又冲平的，由此怀疑这笔业务有问题，决定进一步查证。

首先进行账证核对，调阅其记账凭证，内容为：

| | | |
|---|---|---|
| 借：银行存款 | 20 000 | |
| 贷：预付账款 | | 20 000 |

该记账凭证的附件为一张银行存款进账单，付款单位为废品收购站；再调查冲减时的记账凭证，内容为：

| | | |
|---|---|---|
| 借：预付账款 | 20 000 | |
| 贷：银行存款 | | 20 000 |

该记账凭证后所附的原始凭证为一张支票存根，收款单位为某食品公司。审计人员根据记账凭证上经办人员的签字，调查询问有关人员，了解有关情况，从而查实该企业出售一批废品，收到款项后，用于给职工购买食品，购货发票在财务科保存。

要求：

该案例查证的问题应该如何处理？

# 4 第四章 销售与收款审计业务案例分析

## 第一节 销售与收款审计业务基本认知

### 一、销售与收款循环的主要业务活动

销售与收款业务循环是指随着商品销售及劳务的提供而发生的商品所有权转让及已收或应收货款的业务过程。该循环是企业产品价值得以实现的过程，从客户提出订货要求开始，将商品或劳务转化为应收账款，并以最终收回现金为结束，企业的成品资金转化为货币资金，形成资金的一次完整循环。销售可分为现销和赊销两种方式。销售过程中确认主营业务收入、结转主营业务成本、支付营业费用、计算和缴纳销售环节的各项税金等。

销售与收款业务循环涉及的主要业务活动有：接受客户订购单、批准赊销信用、按销售单供货、按销售单装运货物、向客户开具账单、记录销售、定期对账和催收货款、办理和记录现金和银行存款收入、办理和记录销货退回、销售折扣与折让、注销坏账、提取坏账准备等。

在这一循环审计中要做的主要工作是：通过了解被审计单位销售与收款业务循环的性质，分析审计风险；通过对内部控制了解、测试，评价控制风险；拟定审计方案，进行余额和交易等实质性测试。

### 二、销售与收款循环的主要凭证与账户

（一）典型的销售与收款循环所涉及的主要凭证与会计记录

在内部控制比较健全的企业，处理销售与收款业务通常需要使用很多凭证与会计记录。典型的销售与收款循环所涉及的主要凭证与会计记录有以下几种：

1. 客户订购单

客户订购单即客户提出的书面购货要求。企业可以通过销售人员或其他途径，如采用电话、信函和向现有的及潜在的客户发送订购单等方式接受订货，取得客户订购单。

2. 销售单

销售单是列示客户所订商品的名称、规格、数量以及其他与客户订购单有关信息的凭证，其作为销售方内部处理客户订购单的凭据。

3. 发运凭证

发运凭证即在发运货物时编制的，用以反映发出商品的规格、数量和其他有关内容的凭据。发运凭证的一联留给客户，其余联（一联或数联）由企业保留。该凭证可用做向客户开具账单的依据。

4. 销售发票

销售发票是一种用来表明已销售商品的名称、规格、数量、价格、销售金额、运费和保险费、开票日期、付款条件等内容的凭证。以增值税发票为例，销售发票的两联（抵扣联和记账联）寄送给客户，一联由企业保留。销售发票也是会计账簿中登记销售交易的基本凭据之一。

5. 商品价目表

商品价目表是列示已经授权批准的、可供销售的各种商品的价格清单。

6. 贷项通知单

贷项通知单是一种用来表示由于销售退回或经批准的折让而引起的应收销货款减少的凭证。这种凭证的格式通常与销售发票的格式相同，只不过它不是用来证明虚收账款的增加，而是用来证明应收账款的减少。

7. 应收账款账龄分析表

通常，应收账款账龄分析表按月编制，反映月末尚未收回的应收账款总额的账龄，并详细反映每个客户月末尚未偿还的应收账款数额和账龄。

8. 应收账款明细账

应收账款明细账是用来记录每个客户各项赊销、还款、销售退回及折让的明细账。各应收账款明细账的余额合计数应与应收账款总账的余额相等。

9. 主营业务收入明细账

主营业务收入明细账是一种用来记录销售交易的明细账。它通常记载和反映不同类别商品或服务的营业收入的明细发生情况和总额。

10. 折扣与折让明细账

折扣与折让明细账是一种用来核算企业销售商品时，按销售合同规定为了及早收回货款而给予客户的销售折扣和因商品品种、质量等原因而给予客户的销售折让情况的明细账。当然，企业也可以不设置折扣与折让明细账，而将该类业务直接记录于主营业务收入明细账。

11. 汇款通知书

汇款通知书是一种与销售发票一起寄给客户，由客户在付款时再寄回销售单位的凭证。这种凭证注明了客户的姓名、销售发票号码、销售单位开户银行账号以及金额等内容。

12. 库存现金日记账和银行存款日记账

库存现金日记账和银行存款日记账是用来记录应收账款的收回或现销收入以及其他各种现金、银行存款收入和支出的日记账。

13. 坏账审批表

坏账审批表是一种用来批准将某些应收款项注销为坏账，仅在企业内部使用的凭证。

14. 客户月末对账单

客户月末对账单是一种按月定期寄送给客户的用于购销双方定期核对账目的凭证。客户月末对账单上应注明应收账款的月初余额、本月各项销售交易的金额、本月已收到的货款、各贷项通知单的数额以及月末余额等内容。

15. 转账凭证

转账凭证是指记录转账业务的记账凭证。它是根据有关转账业务（即不涉及现金、银行存款收付的各项业务）的原始凭证编制的。

16. 收款凭证

收款凭证是指用来记录现金和银行存款收入业务的记账凭证。

### （二）销售与收款循环主要涉及的会计账户

该循环所涉及的主要会计账户有应收票据、应收账款、长期应收款、预收款项、应交税费、营业收入、税金及附加、销售费用等。

## 三、销售与收款循环可能发生错报的环节

注册会计师需要确定和了解销售预收款循环的错报在什么环节发生，即确定被审计单位应在哪些环节设置控制，以防止或发现并纠正各重要交易活动可能发生的错报。在销售与收款循环中可能发生错报的环节如表 4 - 1 所示。

**表 4 - 1　　　销售与收款循环可能发生错报的环节**

| 交易活动 | 可能的错报 | 关键控制点 |
|---|---|---|
| 接收客户订单 | 可能把商品销售给了未经授权的顾客；<br>虚构销售交易 | 确定每位顾客都是已批准的客户清单上的顾客；<br>每次销售都有已批准的销售单；<br>特殊销售的审批应得到特别授权 |
| 批准赊销信用 | 承担了不适当的信用风险而蒙受损失；<br>可能向没有获得赊销授权或超出了其信用额度的客户赊销 | 信用部门须对所有新顾客进行信用调查；<br>在销售前，检查顾客的信用额度；<br>要求被授权的信用部门人员在销售单上签字 |
| 按销售单发货及装运 | 可能有未经授权发出、装运的货物；<br>发出、装运的货物可能与订购货物不符 | 按照经批准的销售单发货、装运货物；<br>装运部门与发货部门职责要分离 |
| 向顾客开具发票 | 可能对虚构的交易开发票或重复开发票；<br>销售发票可能计价错误 | 每张销售发票要有与之相匹配的销售单；<br>有独立人员对销售发票进行内部核查 |
| 记录销售业务 | 发票可能未入账；<br>可能未记入恰当的账户；<br>可能未记入适当的会计期间 | 销售发票与销售明细账金额一致；<br>赊销单据与应收账款明细账金额一致；<br>每月定期向顾客寄送对账单 |

## 四、穿行测试

注册会计师应当选取一笔或几笔销售与收款交易进行穿行测试。例如，针对销售交易，追踪从订单处理、核准信息状况，填写订单并准备发货、开具销售发票，复核发票

的准确性，生成记账凭证，并过账至应收账款、主营业务收入明细账和总账的整个交易流程，以证实对交易流程和相关控制的了解是否正确和完整，并确定相关控制是否得到执行。

## 五、初步评估和风险评估

在确定了被审计单位的销售与收款内部控制可能存在的薄弱环节，并且对其控制风险作出评价后，注册会计师应当对被审计单位的重大错报风险作出评估，以确定进一步审计程序的性质、时间和范围。如果被审计单位的相关内部控制不存在，或者被审计单位的相关内部控制未得到有效执行，则注册会计师不应再继续实施控制测试，而应直接实施实质性程序。

# 第二节　主营业务收入审计案例分析

## 知识储备与回顾

## 一、审计目标

（1）确定利润表中列示的营业收入是否已发生，且与被审计单位有关。

（2）确定所有应当记录的营业收入记录是否均已记录。

（3）确定与营业收入有关的金额及其他数据是否已恰当记录（包括对销售退回、销售折扣与折让的处理是否适当）。

（4）确定营业收入是否已记录于正确的会计期间。

（5）确定营业收入的分类是否准确。

（6）确定营业收入是否已按照规定在财务报表中作出恰当的列报。

## 二、审计程序

在报表检查复核的基础上，分析核对以下内容：

（1）主营业务收入或其他业务收入明细账与现金、银行存款等日记账中的相关收款记录。

（2）抽查相关凭证，复核原始单据与交易流程是否相符，审核单证是否合规、齐备，有无审核审批手续，计量计价是否准确，科目应用是否合规、证证、证账是否一致等。

（3）对检查情况及结果应予记录，对发现的错弊问题应予定性、定量，并提出处理意见和调整应调整账项。

## 三、主营业务收入常见的错弊形式

1. 为了达到粉饰财务报表的目的而虚增收入或提前确认收入

(1) 利用与未披露关联方之间的资金循环虚构交易。

(2) 通过未披露的关联方进行显失公允的交易。例如，以明显高于其他客户的价格向未披露的关联方销售商品。

(3) 通过出售关联方的股权，使之从形式上不再构成关联方，但仍与之进行显失公允的交易，或与未来或潜在的关联方进行显失公允的交易。

(4) 通过虚开商品销售发票虚增收入，而将货款挂在应收账款中，并可能在以后期间计提坏账准备，或在期后冲销。

(5) 为了虚构销售收入，将商品从某一地点移送至另一地点，以出库单和运输单据为依据记录销售收入。

(6) 在与商品相关的风险和报酬尚未全部转移给客户之前确认销售收入。例如，销售合同中约定被审计单位的客户在一定时间内有权无条件退货，而被审计单位隐瞒退货条款，在发货时全额确认销售收入。

(7) 通过隐瞒售后回购或售后租回协议，将以售后回购或售后租回方式发出的商品作为销售商品确认收入。

(8) 采用完工百分比法确认劳务收入时，故意低估预计总成本或多计实际发生的成本，以通过高估完工百分比的方法实现当期多确认收入。

(9) 在采用代理商的销售模式时，在代理商仅向购销双方提供帮助接洽、磋商等中介代理服务的情况下，按照相关购销交易的总额而非净额（扣除佣金和代理费等）确认收入。

(10) 当存在多种可供选择的收入确认会计政策或会计估计方法时，随意变更所选择的会计政策或会计估计方法。

(11) 选择与销售模式不匹配的收入确认会计政策。

2. 为了达到报告期内降低税负或转移利润等目的而少计收入或延后确认收入

(1) 被审计单位将商品发出、收到货款并满足收入确认条件后，不确认收入，而将收到的货款作为负债挂账，或转入本单位以外的其他账户。

(2) 被审计单位采用以旧换新的方式销售商品时，以新旧商品的差价确认收入。

(3) 在提供劳务或建造合同的结果能够可靠估计的情况下，不在资产负债表日按完工百分比法确认收入，而推迟到劳务结束或工程完工时确认收入。

## 四、审计要点

(1) 交易订单或合同签订，交易量（或劳务量）与价格，发票开具、结算方式与收款，发货或劳务提供，以及关联交易等。

(2) 如有销货退回事项，应重点检查其销售交易时的关联性，退货入库与退款等交易事项的真实性及记录等的恰当性。

(3) 如有销售折扣与折让事项，则应关注对审批、计价、结算、记录等的检查，对存在大额现金结算的交易，应关注其业务恰当性与合理性，检查货款是否及时入账。

（4）通过检查，确认业务收入与收款是否准确、完整、适时入账，有无虚假交易虚增当期收入，有无有意压单、挂往来账而漏记、转移，致使虚减当期收入等错弊事项。

（5）若交易涉及关联方，应关注交易价格的公平与合理性，检查有无存在通过转移价格调控收入或转移利润的交易事项。

## 案例与分析

### [案例 4 - 1]

### 一、案例回放

（一）案例背景

ABC 会计师事务所于 2018 年 2 月 10 日至 3 月 9 日受 DM 股份有限公司董事会委托，对 DM 公司进行 2017 年度财务报表审计。双方已签订审计业务约定书。

DM 公司成立于 2001 年 5 月 2 日，由 L 投资公司、F 电器集团和 N 咨询公司共同发起设立，注册资本 2 亿元人民币，2005 年 5 月 28 日经中国证监会批准向社会公众发行 A 股，并于 2006 年 6 月在上交所上市。该公司主营业务为电视机的生产与销售；计算机销售及软硬件维护业务；高科技产业投资，高科技产品的研制、生产、经销及相关技术服务。DM 公司自上市后，市场表现良好，股价一直处于高位运行，近 3 年每股平均净收益均在 0.5 元以上。

DM 公司按照《中华人民共和国公司法》的要求设有董事会、监事会，在职能科室中设有审计部，注册会计师的审计工作得到了该公司内部审计的协助，尤其是中期测试较多地依赖了内都审计提供的资料。在编制审计计划时，审计人员根据以往对 DM 公司重要性水平的控制，将主营业务收入的重要性水平定为 5 万元。

（二）案例内容及过程

（1）审计人员对该公司的主营业务收入环节进行风险评估和控制测试，得到以下内容：

①从 DM 公司内部组织结构设置角度观察，公司按要求设有监事会，但在董事会中没有设置审计委员会，审计部归总经理领导。

②通过进一步走访内部审计人员，得知公司监事会只履行简单职责，监事会内部成员没有具备财务背景的人员，与公司的内部审计基本没有联系。

③审计人员对近 3 年的主要财务指标进行了趋势分析，具体数值如表 4 - 2 所示。

**表 4 - 2　DM 公司财务指标简表**　单位：万元

| 项　目 | 2015 年（已审数） | 2016 年（已审数） | 2017 年（未审数） |
|---|---|---|---|
| 主营业务收入 | 65 080 | 62 120 | 60 560 |
| 主营业务成本 | 56 200 | 55 600 | 51 010 |

续表

| 项　　目 | 2015 年（已审数） | 2016 年（已审数） | 2017 年（未审数） |
|---|---|---|---|
| 毛利率 | 13.64% | 10.50% | 15.77% |
| 销售费用 | 1 750 | 1 892 | 1 680 |
| 管理费用 | 2 010 | 2 210 | 2 235 |
| 净利润 | 1 320 | 1 365 | 1 761 |
| 应收账款 | 1 210 | 1 280 | 2 215 |
| 存货 | 5 800 | 6 500 | 6 200 |
| 每股净利润 | 0.58 | 0.51 | 0.53 |
| 净资产收益率 | 3.98% | 3.52% | 4.56% |

④根据审计计划的要求，审计人员通过使用调查表、抽查凭证法、实地考察法等方法对 DM 公司销售与收款循环的内部控制进行了调查了解，初步认为该公司的内部控制具有一定的有效性。

⑤审计人员随机抽取 20% 的销售发票作为样本进行检查。在选取样本之前，检查了发票上的存根是否完整，并从发票日期判断是否按顺序开具发票。发现如下问题：

a. 随机抽取 2017 年开出的销售发票 150 份，与销售合同、销售通知单、商品价目表、主营业务收入明细账和应收账款明细账等进行核对，合同内容、销售数量、销售价格和金额相互之间相符率比较高，但发现有 3 张销售发票与销售合同、销售通知单金额不符。

b. 2017 年发生 2 笔折让业务，均由销售经理批准；有 11 笔销售退回业务附有红字发票，但其中有 3 笔没有主管签字，有对方税务部门开具的有关证明，会计处理恰当。

（2）审计人员根据上述风险评估和控制测试，对销售和收款循环实施了相应的实质性程序，得到以下内容：

①对主营业务收入进行分析程序。根据对 DM 公司的财务指标综合分析和风险评估结果，审计人员怀疑 DM 公司可能存在主营业务收入和应收账款高估问题，因此决定将审计重点放在主营业务收入和应收账款上。审计人员编制主营业务收入明细表，如表 4－3所示。

**表 4－3　　主营业务收入明细表（简表）**　　单位：万元

| 月　　份 | 主要产品 | | | 合计金额 |
|---|---|---|---|---|
| | 电视机 | 家用空调 | 电脑及配件 | |
| 1 | 4 600 | 1 700 | 780 | 7 080 |
| 2 | 1 200 | 1 800 | 460 | 3 460 |
| 3 | 1 400 | 1 200 | 390 | 2 990 |
| 4 | 1 900 | 1 600 | 320 | 3 820 |
| 5 | 1 600 | 1 800 | 550 | 3 950 |
| 6 | 1 900 | 1 900 | 540 | 4 340 |
| 7 | 2 100 | 2 200 | 570 | 4 870 |
| 8 | 1 600 | 1 100 | 610 | 3 310 |
| 9 | 1 700 | 1 100 | 320 | 3 120 |
| 10 | 1 800 | 1 100 | 640 | 3 540 |

续表

| 月　　份 | 主要产品 | | | 合计金额 |
|---|---|---|---|---|
| | 电视机 | 家用空调 | 电脑及配件 | |
| 11 | 2 900 | 4 300 | 330 | 7 530 |
| 12 | 6 500 | 5 200 | 850 | 12 550 |
| 合计 | 29 200 | 25 000 | 6 360 | 60 560 |

②进行凭证抽查。审计人员抽查了2017年有关销售的记账凭证，并对11月份和12月份进行了重点抽查，发现不符单据5张。经审计人员进一步与DM公司财务人员和销售人员调查核实，确实存在虚记销售的情况，经多方确认后，本期多计主营业务收入共计320万元，增值税销项税额54.4万元，同时多计应收账款374.4万元，但该部分销售成本并未结转。

③审计人员实施凭证抽查程序时还发现以下2笔销售业务存在问题：

a. DM公司销售给K公司计算机设备260万元。销售合同约定，签订合同时K公司向DM公司支付价款60万元，设备运行1个月后支付剩余价款，交货时间为2017年11月6日。实际执行情况是，DM公司于2017年11月6日发货，运行1个月后，没有出现质量问题。截至2017年12月26日，DM公司共收到货款200万元，并确认营业收入200万元，该设备成本为70万元。

b. DM公司于2017年12月19日向R公司销售计算机设备一批，价款58.5万元。由于该计算机设备未能按照R公司的要求安装其所需的软件，双方于2018年1月20日达成协议，DM公司给予R公司5%的销售折让。该笔销售已经于2017年入账，销售折让问题在2018年1月中反映。

④审查关联方交易。审计人员发现，DM公司对关联方F电器集团的销售额为15 140万元，占同期主营业务收入总额的25%。从发票所列的销售单价来看，同种产品的价格明显高于销售给其他客户的价格。如果按对非关联方的加权平均价格对F电器集团的销售重新计算，主营业务收入应为15 000万元，多计140万元。

⑤对主营业务收入进行截止性测试。审计人员对2017年12月的最后4笔销售和2018年1月的前4笔销售的相关凭证（发票记录、记账凭证、出库单）进行抽查，以确认DM公司主营业务收入和应收账款的截止期是否正确，抽查后发现：对D公司的销售业务，发票记录和记账凭证记录均为2017年12月20日，但出库单是2018年1月6日。该笔销售主营业务收入为56 000元，成本为41 000元。

## 二、案例梳理

（1）从DM公司的基本情况来看，该公司的重大错报风险水平如何？为什么？

（2）从DM公司近3年的主要财务指标中能得出哪些结论？

（3）从审计人员编制的主营业务收入明细表中能得出哪些结论？

（4）针对销售凭证的检查，如何调整本期多计的主营业务收入共计320万元？

（5）对审计人员实施凭证抽查程序时发现的2笔销售业务存在的问题，应如何分析并作出调整？

（6）DM 公司对关联方 F 电器集团的销售多计 140 万元，应如何处理？

（7）对审计人员进行的主营业务收入截止性测试，应如何分析？

## 三、案例分析

（1）DM 公司作为一家上市公司，主要经营电器类产品和家用电脑。从我国目前行业发展和竞争情况来看，此类产品竞争较为激烈，产品更新换代较快。DM 公司核心技术不占据优势地位，自主研发能力较差，所以面临的经营风险较高。此外，DM 公司在股票市场面对股价波动的压力，从公司总体来看重大错报风险水平较高。

（2）从 DM 公司近 3 年的财务指标看，主营业务收入呈现下降趋势，这与国产家用电器的整体走势一致。毛利率 2016 年比 2015 年有所降低，但 2017 年比 2016 年呈现较高增长，而国产家电和电脑的实际价格走势呈现一种下降趋势，这引起了审计人员的关注，应该将主营业务收入作为审计重点。

销售费用变化不大；管理费用增加较多；应收账款近 3 年呈增长趋势，尤其 2017 年比 2016 年增加了 935 万元，增幅达到 73%，而同期主营业务收入下降 2.58%，出现了相反的变化；存货相对来说变化不大；每股净利润变化不大；净资产收益率 2017 年比 2015 年有较大幅度的增加。

### 工作反思与小结

审计人员要有足够的风险意识。DM 公司作为上市公司，面对二级市场压力，审计人员对此应有足够的风险意识，无论业绩好坏公司都有舞弊的动机。在进行公司风险分析时从公司的发展战略入手，结合公司所面临的内外部压力，确定审计的重点领域，查找可能存在的舞弊迹象。

（3）对主营业务收入实施分析程序。从底稿的明细表列示的数据可见，电视机和家用空调 11 月份和 12 月份增幅较大，电视机年底出现旺销的情况比较正常，但空调这种制冷设备冬季销量一般会低于夏季，但 11 月份和 12 月份却出现了销售反弹，这种情况较不符合常理。从分析可见，年底两种产品销售可能存在高估的问题。

### 工作反思与小结

对主营业务收入进行分析程序时，要关注多方面的信息。如本案例所述，进行分析程序时，要关注被审计单位整体财务状况的变化情况，如盈利能力、偿债能力等的变化情况；对被审计单位某一期间毛利率发生大幅波动则应分析其可能性，分析时不仅要关注公司本身的数据，还应结合宏观环境进行分析，对主营业务收入和应收账款的同步增加应予以足够的关注，尤其是在收入与应收款同步增加而销售费用反而呈现下降趋势时更应引起关注。

（4）本期多计主营业务收入、增值税销项税额和应收账款，使本期销售毛利比上年有较大增幅，并影响当期的利润额。对此，审计人员应调整被审计单位 2017 年度会计报表中有关项目。

进行调整的分录为：

借：主营业务收入 3 200 000

　　应交税费——应交增值税（销项税额） 544 000

　　贷：应收账款 3 744 000

（5）对第一笔销售问题：根据合同内容及主营业务收入的确认原则，公司应在2017年12月6日后确认全部收入，而不应按实收货款金额确认收入数。所以应调整分录为：

借：应收账款 702 000

　　贷：主营业务收入 600 000

　　　　应交税费——应交增值税（销项税额） 102 000

同时结转成本，会计分录为：

借：主营业务成本 700 000

　　贷：库存商品 700 000

对第二笔销售问题：发生的销售折让为已确认收入的销售折让，属于资产负债表日后事项，按照企业会计准则的规定，应当调整2017年资产负债表日报表金额。此销售折让问题不应在2016年1月反映，而应调整2017年12月19日发生的该笔主营业务收入，所以应调整分录为：

借：以前年度损益调整 25 000

　　应交税费——应交增值税（销项税额） 4 250

　　贷：应收账款 29 250

## 工作反思与小结

被审计单位对主营业务收入的舞弊动机有多种。本案例中是属于高估行为，许多企业出于不同的自身目的，存在收入的隐瞒和转移行为。常用手法是取得货款后，双方协商暂不开票，或以非法票据顶替，会计处理上仅借记“银行存款”，贷记往来科目（预收或应付），利用企业之间出租出借账户将货款转移到账外，进行资金的体外循环，造成公司资产的流失或滥用。所以审计人员应对收入的高估和低估有足够的风险意识并作出判断。

（6）对于多计金额，按照企业会计准则有关关联方披露的规定，DM公司与F电器集团的关联方交易应当在报表附注中予以详细披露，披露关联方关系的性质、交易类型及交易要素。DM公司为F电器集团的母公司，此次交易类型为购买或销售商品，交易要素至少应当包括：①交易的金额；②未结算项目的金额、条款和条件，以及有关提供或取得担保的信息；③未结算应收项目的坏账准备金额；④定价政策。DM公司只有在提供确凿证据的情况下，才能披露此次关联方交易是公平交易。

（7）对D公司的销售，具体供货日期是2016年1月，但DM公司将其记录于2017年度，应予以调整。调整分录为：

借：主营业务收入 56 000

　　应交税费——应交增值税（销项税额） 9 520

贷：应收账款——D 公司 65 520

同时调整成本：

借：库存商品 41 000

贷：主营业务成本 41 000

**工作反思与小结**

对主营业务收入的审计应进行截止性测试，避免企业将不同会计期间的收入混同或调整，具体测试时既可以销售发票为线索，也可以发货单或销售明细账为线索。

## 四、思考与讨论

（1）DM 公司的内部组织结构设置存在什么问题？是否对重大错报风险有影响？

（2）针对审计人员对销售发票抽查的结果可得出什么结论？

（3）有人认为，在审计时应重点关注凭证、合同之间的数据相符，各种数据和账户的勾稽关系才是重点。你认为呢？

**[案例 4-2]**

## 一、案例回放

（一）案例背景

ABC 会计师事务所于 2018 年 1 月 15 日至 2 月 12 日受 LM 公司的委托，对 LM 公司进行 2017 年度财务报表审计。双方已签订审计业务约定书。该公司是一家以生产、销售空调为主的企业。

（二）案例内容及过程

ABC 会计师事务所审计人员取得了 LM 公司 2017 年的利润表，其中“营业收入”项目为 7 650 000 元，资产负债表“预收款项”项目为 960 000 元，各种产品均适用 17% 增值税税率，经审计发现如下问题：

（1）盘点存货时发现甲产品账面数量大于库存数量 200 吨，经询问销售部门及仓库保管人员得知，购货方已提货，双方约定 1 个月后付款，公司以未收到货款为由，没有确认收入，该公司既没有保留继续管理权，也未对其实施控制。该产品销售单价为 1 800 元，单位成本为 900 元。

（2）有一笔预收 A 公司 643 500 元乙产品的货款，乙产品已于 2017 年 11 月发出。LM 公司没有确认收入。

（3）2017 年 12 月 5 日，LM 公司与 A 公司签订了丙产品销售合同：产品的安装调试由 LM 公司负责，合同签订日，A 公司预付货款的 40%，余款待安装调试完成并验收合格后结清，验收不合格 A 公司有权退货。2017 年 12 月 26 日，开具增值税专用发票注明价款 600 000 元，增值税税额 102 000 元；12 月 28 日产品运抵 A 公司。该批丙产品成本为 390 000 元。截至 2017 年 12 月 31 日，有关安装调试尚未开始。对于上述交易，LM 公司在 2017 年确认了销售收入 600 000 元，并结转销售成本 390 000 元，对相关的应收账款未计提坏账准备。

## 二、案例梳理

（1）审计人员发现的上述 LM 公司有关收入的确认上分别存在哪些问题？

（2）是否需要作出审计调整？如果需要应该怎么调整？

## 三、案例分析

（1）上述 LM 公司有关收入的确认上分别存在以下问题：

①根据企业会计准则规定，采用交款提货销售方式，应于货款已收到或取得收款的权利，同时已将发票账单和提货单交给购货单位时确认收入的实现。因此，该交易符合收入确认条件，应确认为当期销售。

②根据企业会计准则规定，采用预收款销售方式，应于商品已经发出时确认收入的实现。对于该笔交易，货物已于 2017 年 11 月发出，相关的风险和报酬已经转移，符合收入确认的条件，应当确认为销售收入。

③本案例中显然产品的安装是合同的重要组成部分。只有在安装调试完成并验收合格后，才表明产品所有权上的主要风险和报酬的转移，因此，该项交易在发货时不符合收入确认条件，LM 公司不应确认为销售收入。

（2）上述问题注册会计师均应提请该公司调整报表，分别调整分录如下：

| | | |
|---|---|---|
| ①借：应收账款 | 421 200 | |
| 　　贷：主营业务收入——甲产品 | | 360 000 |
| 　　　　应交税费——应交增值税（销项税额） | | 61 200 |
| 借：主营业务成本——甲产品 | 180 000 | |
| 　贷：库存商品——甲产品 | | 180 000 |
| ②借：预收账款 | 643 500 | |
| 　　贷：主营业务收入——乙产品 | | 550 000 |
| 　　　　应交税费——应交增值税（销项税额） | | 93 500 |
| ③借：主营业务收入——丙产品 | 600 000 | |
| 　　应交税费——应交增值税（销项税额） | 102 000 | |
| 　　贷：预收账款 | | 240 000 |
| 　　　　应收账款——A 公司 | | 462 000 |
| 借：库存商品——丙产品 | 390 000 | |
| 　贷：主营业务成本——丙产品 | | 390 000 |

**[案例 4 – 3]**

## 一、案例回放

（一）案例背景

ABC 会计师事务所于 2018 年 1 月 5 日至 1 月 28 日受 WF 股份有限公司（以下简称

WF公司）董事会委托，对WF公司进行2017年度财务报表审计。双方已签订审计业务约定书。

（二）案例内容及过程

经初步了解，WF公司2017年度的经营形式、管理及经营机构与2016年度比较未发生重大变化，2017年度主营业务收入和主营业务成本有关资料如表4-4所示。

**表4-4** 单位：元

| 品　名 | 主营业务收入 | | 主营业务成本 | |
|---|---|---|---|---|
| | 2016年发生额 | 2017年发生额 | 2016年发生额 | 2017年发生额 |
| A产品 | 50 000 | 52 000 | 40 000 | 38 000 |
| B产品 | 30 000 | 30 060 | 20 000 | 20 020 |
| 合计 | 60 000 | 61 020 | 57 000 | 52 819 |

## 二、案例梳理

（1）运用分析性复核判断WF公司2017年度销售业务是否存在异常现象？

（2）通过上述分析判断2017年WF公司可能存在什么问题？

## 三、案例分析

（1）分析方法一：将两年的主营业务收入和主营业务成本分别比较：

A产品：2017年的主营业务收入比2016年增长了4%，而主营业务成本却下降了5%，在2017年度的经营形式、管理及经营机构与2016年度比较未发生重大变化的情况下，属于异常波动。

B产品：2017年的主营业务收入比2016年增长了2‰，主营业务成本也同时增长了1‰，在2017年度的经营形式、管理及经营机构与2016年度比较未发生重大变化的情况下，属正常情况。

分析方法二：先根据主营业务收入和主营业务成本计算毛利率，再将两年的毛利率分别比较：

A产品：2017年的毛利率是26.92%，2016年的毛利率是2%，增长幅度很大，在2017年度的经营形式、管理及经营机构与2016年度比较未发生重大变化的情况下，属异常波动。

B产品：2017年的毛利率是33.4%，2016年的毛利率也是33.3%。在2017年度的经营形式、管理及经营机构与2016年度比较未发生重大变化的情况下，属正常情况。

（2）通过上述分析可以判断2017年A产品的主营业务收入或主营业务成本可能存在重大问题，需要进一步取证核实。

# 第三节 其他业务收入审计案例分析

## 知识储备与回顾

### 一、审计目标

(1) 确定其他业务收入的记录是否合理、正确和完整。
(2) 确定其他业务收入的计算和会计处理是否正确。
(3) 确定其他业务收入在财务报表中作出披露是否恰当。

### 二、审计程序

(1) 获取或编制其他业务收入明细表。审计人员应首先获取或编制其他业务收入明细表，将明细表上的数额汇总，并与报表数、总账发生额和明细账发生额合计数相核对，如果不符，应查明原因并作出相应的调整。对其他业务收入的审计应注意其是否有相应的业务支出数。

(2) 审查异常的其他业务收入项目。通过与上期其他业务收入项目比较，审计人员应了解重大波动产生的原因，分析其是否合理。对异常的其他业务收入项目应追查入账依据及有关法律性文件是否充分。

(3) 抽查大额其他业务收入项目。审计人员应根据其他业务收入明细表，抽查大额其他业务收入项目，检查原始凭证是否齐全，内容是否真实、合法，有无授权批准，有关成本、税金的计算是否正确，会计期间划分是否恰当，会计处理是否正确，是否符合收入实现原则和配比原则。

(4) 实施截止测试。必要时，审计人员应实施截止测试，追踪到发票、收据等，确定其截止期划分是否恰当，对于重大的跨期项目作必要的调整。

(5) 确定其他业务收入是否已在利润表上进行恰当披露

### 三、其他业务收入常见的错弊形式

1. 列示的内容、范围不合法、合规

企业为了达到少交税的目的，把主营业务收入列入其他业务收入。

2. 列支的数额不真实

(1) 多列或虚列固定资产出租、包装物出租等其他业务收入，从而达到虚增利润的目的。

(2) 少计或不计其他业务收入（特别是不经常发生的收现业务），从而达到隐瞒利润，私设“小金库”的目的，或达到贪污、挪用公款的目的。经常出现的对应关系有：

借：库存现金

　　银行存款

　　其他应收款等

　　贷：应付账款

　　　　其他应付款等

3. 会计处理不合规

（1）其他业务收入实现后，直接冲销“其他业务支出”“管理费用”等账户。

（2）其他业务收入实现后，没有计入“其他业务收入”账户，而计入“营业外收入账户”，分录如下：

借：库存现金

　　银行存款

　　其他应收款等

　　贷：营业外收入等

（3）其他业务收入实现后，只计入“其他业务收入”账户，没有相应结转成本和支出。

## 四、审计要点

（1）主要以现行《企业会计准则》《企业会计制度》为标准，通过审阅其他业务收入明细账，并与原始凭证核对，查看其列示的内容和范围是否合规。

（2）对于少计或不计其他业务收入的问题，应以其他业务收入明细账为中心，采用审阅、核对、分析等方法，选择一些金额大、发生频繁、摘要不清的业务进行审查，同时还应结合银行存款、库存现金、其他应收款等账户对照检查。

（3）对于会计处理不合规的问题，应以其他业务收入明细账为中心，结合内控制度的评审结果，抽取一些重点业务进行审查。对抽查的业务，一方面从填制原始凭证、编制记账凭证、登记其他业务收入账等全过程进行审查；另一方面，发生其他业务收入后，检查“其他业务成本”明细账中有没有相应结转成本和支出。

# 案例与分析

**［案例 4-4］**

## 一、案例回放

（一）案例背景

ABC 会计师事务所于 2018 年 1 月 15 日至 1 月 25 日受 YL 股份有限公司（以下简称 YL 公司）董事会委托，对 YL 公司进行 2017 年度财务报表审计。双方已签订审计业务约定书。

（二）案例内容及过程

审计人员在审计该公司账务时发现“原材料”账务中有一笔贷方发生记录，摘要为出售原材料。追查记账凭证，其内容为：

借：银行存款　76 000

　　贷：原材料　55 000

　　　　其他应付款　21 000

上述分录中这一异常的对应关系引起了审计人员的注意，审计人员决定进一步追查。

## 二、案例梳理

（1）审计人员应该通过查阅哪些资料找出问题的根源？

（2）通过上述分析判断 2017 年 YL 公司可能存在什么问题？

## 三、案例分析

（1）审计人员应详细查阅发票存根，找出原材料减少的原因。后经审计人员检查，发现 YL 公司销售了很多原材料，随后查阅其他业务收入明细账，却没有发现材料销售的业务收入。带着这个疑点，审计人员查阅了银行存款日记账和应收账款明细账及有关记账凭证，得知销售材料的收入直接冲减了原材料实际成本。

（2）YL 公司将销售材料收入直接冲减材料的成本，隐瞒了其他业务收入，同时少计算了增值税。审计人员应建议调账如下：

借：其他业务成本　55 000

　　其他应付款　21 000

　　贷：其他业务收入　64 957

　　　　应交税费——应交增值税（销项税额）　11 043

**[案例 4－5]**

## 一、案例回放

（一）案例背景

ABC 会计师事务所于 2018 年 2 月 1 日至 2 月 15 日受 TT 股份有限公司（以下简称 TT 公司）董事会委托，对 TT 公司进行 2017 年度财务报表审计。双方已签订审计业务约定书。

（二）案例内容及过程

注册会计师对 TT 公司其他业务收入、其他业务成本进行审计，取得了如表 4－5 所示的部分资料。

表 4－5　　单位：万元

| 项　目 | 2017 年 | | | 2016 年 | | |
|---|---|---|---|---|---|---|
| | 收入 | 成本 | 比例 | 收入 | 成本 | 比例 |
| 修理 | 150 | 160 | 106.67% | 128 | 106 | 82.81% |
| 货场 | 30 | 45 | 150% | 86 | 70 | 81.4% |
| 材料销售 | 1 356 | 1 280 | 94.4% | 1 278 | 1 032 | 80.75% |
| 边角料销售 | 62 | | | 68 | | |
| 合计 | 1 598 | 1 485 | 92.93% | 1 560 | 1 208 | 77.44% |

审计人员据此一一查证，取得如下信息：

（1）修理车间实行承包制，其收入包括按定额计算的内部收入和对外提供修理的收入；

（2）铁路运输货物全部通过货场中转，本年度 5 月底，公司将货场剥离，其收入是 1～5 月份的收入；

（3）由三家公司联合在国外采购材料，便于报关和降低采购成本，所有手续由 TT 公司统一办理，货款结算是在采购价基础上加算约 5% 的运输费，本年度适当考虑了汇差。

## 二、案例梳理

（1）注册会计师根据经验判断，怀疑修理、货场、下脚料收入有截留，其判断的依据是什么？

（2）将其他收入与其他业务成本、本年数与上年数进行对比的目是什么？

（3）如果分析程序表明，材料销售成本是合理的，是否意味着不需要细节测试？

## 三、案例分析

（1）其判断依据是审计目标的完整性。从资料中可以看出，修理和货场的收入小于成本。在某些情况下，客户可能不需要发票，此时就会出现隐瞒收入，从而截留收入。下脚料的销售中收入可能是根据收入与加工的关系推算的，所以也会造成收入核算不准确，审计人员可以通过查阅营运日志、工资结算、出库记录等资料进行下一步调查取证。

（2）其目的是实施分析程序，分析不同财务数据之间的内在关系，对财务信息作出评价。在必要时对识别出的、与其他相关信息不一致或与预期值差异重大的波动或关系进行调查。

（3）仍需要进行细节测试。因为注册会计师还应考虑可获得信息的来源、可比性、性质和相关性以及与信息编制相关的控制，评价在对已记录的金额或比率作出预期时使用数据的可靠性；还需考虑一项错报单独或连同其他错报可能导致财务报表产生重大错报的可能性。

# 第四节 应收账款及坏账准备审计案例分析

## 知识储备与回顾

### 一、审计目标

（1）确定资产负债表中列示的应收账款是否存在。

（2）确定所有应当记录的应收账款是否均已记录。

（3）确定记录的应收账款是否为被审计单位拥有或控制。

（4）确定应收账款是否可收回，坏账准备的计提方法和比例是否恰当，计提是否充分。

（5）确定应收账款及其坏账准备期末余额是否正确。

（6）确定应收账款及其坏账准备是否已按规定在财务报表中恰当列报。

### 二、审计程序

在遵循现销业务检查的程序方法基础上，还须进行以下程序：

（1）对应收款项账户（包括应收账款、应收票据、预收账款）等重要客户（即债务人）进行函证，取得并分析函证结果，对有差异事项进行核实。

（2）对函证无结果或受限的客户，应实施进一步的审查程序（亦称替代程序），从业务交易循环中进行查实。

（3）对检查情况及结果应予以记录，对发现的错弊问题应予以定性、定量，并提出处理意见和调整应调整账项。

### 三、审计要点

除遵循现销要达成审计目标外，在业务流程、环节检查中应关注交易合同条款约定、授权审批、货款清算、坏账处理等。审计中需关注的要点如下：

（1）交易订单或合同签订，交易量（或劳务量）与价格，发货或提供劳务，发票开具，关联交易。

（2）重点关注结算方式、收款结算、货款清算、坏账处理。其他方面与现销的审查要点类同，但要着重关注赊销业务循环中企业有意虚构赊销业务、虚增收入或有意压单、挂往来账造成漏记、转移，致使虚减当期收入等错弊事项。

（3）对涉及关联方的交易，也应关注交易价格的公平性与合理性，检查有无存在通过转移价格调控收入或转移利润交易事项、粉饰财务成果等。

## 案例与分析

[案例4-6]

## 一、案例回放

（一）案例背景

ABC会计师事务所自2004年开始接受DZ股份有限公司（以下简称DZ公司）董事会委托，对DZ公司进行年度财务报表审计。根据双方所签订的审计约定书，ABC会计师事务所成立了项目组，于2018年2月10日至3月1日对DZ公司2017年度的财务报表进行了审计。本案例主要反映应收款项的审计过程及相关问题。

DZ公司由原DZ集团内剥离出的部分优质资产组建而成，于2005年在上海证券交易所上市，总股本为10 800万股，其中法人股为800万股，国家股为7 000万股，流通A股为3 000万股。DZ公司主营各类大型重型机床、专用机械设备、食品机械等产品的开发、制造和销售。

（二）案例内容及过程

（1）审计人员对该公司的应收款项环节进行风险评估和控制测试，发现以下内容：

①DZ公司本身由原来的国有企业改制组建，存在一些管理上的漏洞。通过了解得知，公司曾经出现过应收款项被不法财务人员截留的情况。上年审计的资料中显示公司坏账准备的计提存在问题较多。DZ公司作为由国有企业部分优质资产组建的公司，与母公司有非常多的经济往来，易产生大股东占款的问题。

②根据审计计划，审计人员首先对应收款项进行了控制测试。审计人员通过调查表法对DZ公司应收款项的内部控制制度进行了调查了解，调查结果如下：

a. 在每次赊销前都检查顾客的信用情况；

b. 财务部门根据销售发票、装运凭证等由专门人员登记应收账款明细账；

c. 很少定期向顾客寄送对账单核对应收款项；

d. 大股东的借款超过50万元不用经过董事会批准；

e. 应收款项总账、明细账及款项收回的登记由两人以上负责；

f. 定期进行应收款项的账龄分析；

g. 坏账准备转销的审批程序执行不严格；

h. 销售退回和折让均经授权的销售人员批准方能执行。

（2）审计人员对该公司的应收账款环节实施实质性程序，发现以下内容：

①DZ公司未审核的应收账款数据为：期初余额460万元，本期增加780万元，本期减少410万元，期末余额830万元。应收账款的周转率本期为3次，上期为4次。本期主营业务收入2 075万元。

②通过对大额应收款项进行凭证抽查，并执行函证程序，发现应收账款和主营业务

收入虚记。根据分析程序显示的结果，审计人员对大额应收账款进行大范围的凭证抽查，发现其中有4家企业的应收账款余额有异常，合计金额为1 825 200元，主要表现是余额大小超出正常变化范围。对这4家企业的销售无销售合同和顾客订单，同时未发现有出库单，也无货运凭证，向对方函证后也未见回函。经多方查证后，确认对这4家企业的应收账款和主营业务收入均为虚记。

③执行函证程序，发现在应收款项中隐含的其他问题。审计人员一方面对应收款项进行大规模的凭证抽查；另一方面根据DZ公司应收款项明细账余额进行分类，并设计函证方式和确定函证对象。

④针对询证函回函存在的疑问，审计人员进一步核对了相关记录并询问了会计人员，对方回函所述基本属实。存在问题的情况如表4-6所示。

表4-6 应收账款回函不符情况统计表 单位：元

| 债务人 | DZ公司余额 | 对方回函金额 | 不符原因 |
|---|---|---|---|
| A公司 | 300 000 | 340 950 | 经审计人员查账发现漏记了一笔对A公司的应收账款和销售业务，总金额为40 950元 |
| B公司 | 450 000 | 180 900 | 2015年12月2日收到的货物有质量问题，DZ公司同意B公司提出的退货要求，货款计269 100元，货物也已于2015年12月8日退回。该批商品的成本为112 000元。该笔业务会计人员于2016年1月冲减了主营业务收入 |
| C公司 | 210 000 | 110 000 | 经审计人员核查后发现属于串户错误 |
| D公司 | 200 000 | 未回函 | 审计人员2次发函均未收到回函，后执行替代程序发现。D公司已进入破产清偿程序 |

## 二、案例梳理

(1) 你对DZ公司的应收款项重大错报风险的初步评估如何？

(2) 请评价DZ公司应收款项内部控制的有效性，并评估应收款项重大错报风险水平。

(3) 对4家应收账款余额有异常的企业进行的函证结果应如何看待？如何作审计调整？

(4) 应收款项的函证程序是必须执行的审计程序吗？

(5) 对询证函回函存在问题的4家企业作出相应的审计调整。

(6) 结合上述函证结果和对坏账准备的分析，请对坏账准备计提进行调整。假设DZ公司坏账准备采用账龄分析法，1年以内账龄的计提比例为5%。假设被审计单位DZ公司没有其他需要调整坏账准备的项目。

## 三、案例分析

(1) DZ公司主营各类大型重型机床、专用机械设备、食品机械等产品的开发、制造和销售。公司所在的行业竞争并不是很激烈。但公司由国企改制组建，存在一些管理上的漏洞，并且作为由国有企业部分优质资产组建的公司，与母公司有非常多的经济往来，易产生大股东占款的问题。公司曾经出现过应收款项被不法财务人员截留的情况。上年审计的资料中也显示公司坏账准备的计提存在问题较多。以上问题都说明，公司的应收款项重大错报风险水平较高，审计人员应该对此予以充分重视。

（2）对 DZ 公司应收款项的内部控制制度进行的调查结果逐一分析如下：

DZ 公司的应收款项内部控制的主要优势：

①在赊销前能检查核对顾客的信用情况，这一控制措施能保证将货物销售给信用较高的顾客，使应收款项的坏账发生比例较低。

②应收款项明细账和总账的登记由专门人员负责，款项的收回由出纳人员负责，能保证不相容职责的分离，避免款项收回不入账、被贪污或挪用等事件的发生。

③销售退回和折让经过了授权的销售人员审批，可以避免财务人员随意冲减应收款项的事情发生。

DZ 公司的应收款项内部控制存在的主要缺陷：

①公司很少给债务人寄送对账单，不能及时发现双方记账中可能存在的错误，同时也不能及时了解对方的财务状况，即使对方发生了清算事宜也无法了解，增加了应收款项的收回难度及发生坏账的可能性，尤其对双方往来比较频繁的客户，不及时对账容易产生债务和经济纠纷。

②大股东借款不通过董事会批准容易发生大股东任意占用 DZ 公司款项的情况，会侵害中小股东的权益。一旦大股东欠款不能收回将导致 DZ 公司巨额坏账损失的发生。

③坏账转销的审批手续执行得不是十分严格，增加了坏账转销的随意性，一旦发生坏账转销后款项又收回的情形，款项容易被贪污或挪用。

总的来说，DZ 公司应收款项的内部控制制度有一定的可靠性，可以适当依赖，但对内部控制的薄弱环节应加大审核力度。

综合上述情况，应该确定 DZ 公司应收款项重大错报风险水平较高，并予以充分重视。

（3）审计人员应要求 DZ 公司冲销多计的应收账款和主营业务收入，调整分录为：

| | | |
|---|---|---|
| 借：主营业务收入 | 1 560 000 | |
| 应交税费——应交增值税（销项税额） | 265 200 | |
| 贷：应收账款 | | 1 825 200 |

## 工作反思与小结

审计人员应该重视审查应收账款的虚记。对应收款项审计的重点是高估问题，应通过分析程序和凭证抽查发现应收账款的虚记。企业利润虚增的常用手法是多记收入，在会计入账平衡关系的制约下，收入多记必然对应的是应收账款高估，应收账款多记还可使资产总额增加。此手法在操作上也较为简单，因为销售入账的原始凭证为自制凭证，它不像购货业务入账时的原始凭证来源于外部。因此，在审计时就应重点关注应收账款的高估问题。从本案例可见，应收账款的虚记审查可以通过相关销售原始凭证的核对及函证来进行。

（4）为了确定应收款项是否存在，有效的方法是对债务人进行函证。我国审计准则规定应收款项的函证程序是必须执行的审计程序，否则不能签发无保留意见审计报告。所以必须认真落实函证程序，另外在函证对象的选择和函证方式的确定上要恰当。

**工作反思与小结**

函证对象应选择那些债权额较高的客户，而且应采用积极式函证，若不能收到回函必须使用有效的替代程序；对于为数较多的小额债务人可以适当减少函证数量，函证方式也可采用消极式。这样既能合理保证对应收款项的确认，也可适当兼顾审计效率。

（5）审计人员建议被审计单位的调整如下：

①根据A公司返回的询证函，漏记对A公司的应收账款和销售35 600元应予以补记。该批商品的成本为16 000元。假设DZ公司是一般纳税人，增值税税率为17%，调整会计分录如下：

借：应收账款——A公司　　40 950
　　贷：主营业务收入　　35 000
　　　　应交税费——应交增值税（销项税额）　　5 950

同时：

借：主营业务成本　　16 000
　　贷：库存商品　　16 000

②对B公司的应收账款230 000元，DZ公司没将该笔退货业务冲减2015年的主营业务收入和应收账款，而直接冲减2016年1月的主营业务收入。不符合《企业会计准则第29号——资产负债表日后事项》的规定，且因该笔业务数额较大，审计人员建议进行调整。

调整分录为：

借：主营业务收入　　230 000
　　应交税费——应交增值税（销项税额）　　39 100
　　贷：应收账款——B公司　　269 100

同时：

借：库存商品　　112 000
　　贷：主营业务成本　　112 000

③对C公司应收账款100 000元的差额，审计人员应对串户进行进一步的函证，以证实余额。

④应收D公司的200 000元货款，对方已进入破产程序，估计能收回100 000元，应提坏账准备100 000元，在未审的账龄分析表中已将其列入3年以上，实际应再补提60 000（100 000 − 200 000 × 20%）元。

### 工作反思与小结

对应收款项的回函必须进行认真分析，以便从中发现问题，尤其对信息不符的回函应谨慎对待。对回函中金额有出入的情况要分析可能的原因，若属于未达账项应核对截止期前后的应收账款明细账和银行存款日记账；若属于双方记录错误，要追查相关的合同、发票存根和销售明细账等；若证实为漏记或多记应提请被审计单位进行调整。

（6）针对上述函证结果，对坏账准备计提进行调整如下：

①对 A 公司应收账款发现漏记 40 950 元，按 5% 计提坏账准备，金额为 2 047（40 950 × 5%）元。

②B 公司退货应冲减应收账款 351 000 元，同时也应冲减坏账准备，金额为 13 455（269 100 × 5%）元。

综上，对 DZ 公司坏账准备的合计调整金额为：

60 000 + 2 047. 5 － 13 455 = 48 592. 5（元）

调整分录为：

借：资产减值损失　　　　48 592. 5

　　贷：坏账准备　　　　48 592. 5

## 四、思考与讨论

（1）对被审计单位应收账款的相关数据应如何进行分析程序？

（2）请根据表 4－7 数据，思考、填写如何针对函证对象选择应收账款函证方式和函证数量？

表 4－7　　应收账款余额分类表（简表）

| 项　目 | 余　额 | 户数（户） | 函证方式 | 函证数量 |
|---|---|---|---|---|
| 应收账款 | 1 万元以下 | 7 | | |
| | 1 万～10 万元 | 12 | | |
| | 10 万～50 万元 | 20 | | |
| | 50 万～100 万元 | 3 | | |
| | 100 万元以上 | 1 | | |

### [案例 4－7]

## 一、案例回放

### （一）案例背景

ABC 会计师事务所于 2018 年 1 月 9 日至 2 月 3 日受 YM 公司的委托，对 YM 公司进行 2017 年度财务报表审计。双方已签订审计业务约定书。

### （二）案例内容及过程

注册会计师李明了解和测试了与应收账款相关的内部控制，并将控制风险评估为高水平。李明取得2017年12月31日的应收账款明细表，并于2018年1月12日采用积极式函证方式对所有重要客户寄发了询证函。李明将函证重要异常情况汇总如表4-8所示。

表4-8 函证汇总表

| 客户 | 询证金额（元） | 回函日期 | 回函内容 |
|---|---|---|---|
| 甲 | 320 000 | 2018年1月20日 | 购买YM公司320 000元货物属实，但款项已于2017年12月23日用支票支付 |
| 乙 | 530 000 | 2018年1月18日 | 因产品质量不符合要求，根据购货合同，于2017年12月27日将货物退回YM公司 |
| 丙 | 610 000 | 2018年1月16日 | 2017年12月12日收到YM公司委托本公司代销的货物610 000元，尚未销售 |
| 丁 | 500 000 | 因地址错误，被邮局退回 | 无 |
| 戊 | 860 000 | 2018年1月17日 | 采用分期付款方式购货860 000元，根据购货合同，已于2017年12月22日首付300 000元 |

## 二、案例梳理

针对上述各种异常情况，请问李明应分别相应实施哪些重要审计程序？

## 三、案例分析

（1）针对甲公司回函内容，李明应检查2017年12月23日及以后的银行存款对账单和银行存款日记账，确定该货款收到入账的日期，以此最终确定资产负债表日该应收账款是否存在。

（2）针对乙公司回函内容，李明应首先检查销售退回的有关文件资料，其次检查退回货物验收入库的情况，以确定退回的真实性。另外还要检查有关会计处理是否正确。

（3）针对丙公司回函内容，李明应审查与丙公司的代销合同和代销清单，确认是否为应收账款。若属于尚未售出，则提请被审计单位调整。

（4）针对被退回来的丁函证，李明应首先查明退函的原因，其次执行替代程序，即检查与销售有关的凭证，或执行追查程序，即再次进行函证，以确认应收账款是否存在。

（5）针对戊公司回函内容，李明应首先检查与戊公司的销售合同；其次检查2017年12月22日及以后的银行存款对账单和银行存款日记账，确定收到300 000元的时间，若12月31日以后收到，则确认300 000元应收账款的存在；最后提请被审计单位将多计的560 000元的应收账款进行调整。

[**案例4-8**]

## 一、案例回放

(一) 案例背景

ABC会计师事务所于2018年1月5日至2月10日受DZ公司的委托，对DZ公司进行2017年度财务报表审计。双方已签订审计业务约定书。

(二) 案例内容及过程

审计人员于2018年1月末对新客户DZ公司的应收账款进行函证。11月30日的应收账款余额为980 156元，明细账户为210户，审计人员从中抽取了60户进行函证，其余额为677 220元。函证的对象中除了9户以外，其余均收到回函（计51份）。在这些回函中有差异的回函有4份，对于产生差异的原因这些企业分别解释为：

(1) 甲公司：所欠的货款（余额10万元）已于2017年10月19日付清。

(2) 乙公司：所欠的货款（余额20万元）已于2017年11月11日付清。

(3) 丙公司：尚未收到货物。

(4) 丁公司：曾于2017年9月份预付过一笔货款22万元，这笔货款足以抵付账户所示的欠款16万元。

## 二、案例梳理

针对4份有差异的回函，审计人员应逐一分析。请问审计人员将分别采用什么审计程序？

## 三、案例分析

(1) 对于甲公司的回函，审计人员可以采用的审计程序是：①询问主管会计、出纳，是否已经收到甲公司在10月19日支付的货款；②抽查10月19日的银行存款日记账和该期间前后的银行存款对账单，验证是否在该期间收到了该款项，若已收到，则进一步抽查该款项的会计凭证，审查是否属于DZ公司记账错误；③若不能查清，则请甲公司进一步提供付款凭证的复印件，再根据线索进一步审查。

(2) 对于乙公司的回函，审查程序与对于甲公司的类似，目的就是为了查清乙公司所说的20万元DZ公司是否收到。

(3) 对于丙公司的回函，审计人员可以采用的审计程序是：①根据发货时间分析是否尚在运输途中；②抽查已发货物并开具发票的相关凭证，如销售合同、发票、运单、出库单等，验证货物是否已经发出；③询问相关业务人员，如销售人员、仓库保管、运输人员，明确该笔销售是否是DZ公司虚构的销售业务。

(4) 对于丁公司的回函，审计人员可以采用的审计程序是：①查阅9月份“预收账款明细账——丁公司”的记录，查明该笔款项是否确已收到；②DZ公司是否记账错误；③根据审查结果进行相应的纠正。

**［案例 4－9］**

## 一、案例回放

（一）案例背景

ABC 会计师事务所于 2018 年 1 月 20 日至 2 月 15 日受 TW 塑料制品厂的委托，对 TW 塑料制品厂进行 2017 年度财务报表审计。双方已签订审计业务约定书。

（二）案例内容及过程

审计人员在对 TW 塑料制品厂进行审计时发现在应收账款明细账中，“裕丰商场明细账”2017 年 1 月 1 日借方余额 80 000 元，本期借贷方均无发生额，2017 年末仍为借方余额 80 000 元。据明细账记录，此款是 2001 年裕丰商场向 TW 塑料制品厂购进塑料凳发生的货款。

## 二、案例梳理

（1）应收账款余额是 2001 年发生的，时间长达 16 年，应引起审计人员的重视。

（2）分析上述 TW 塑料制品厂应收账款可能存在哪些问题，并提出处理意见。

## 三、案例分析

该笔货款存在的问题可能是：

（1）此货款有纠纷。如购销双方在产品价格、质量等方面有分歧，因此裕丰商场全部拒付该厂的货款。

（2）此货款纯属虚构。该厂为了完成 2001 年的销售和利润计划，虚构应收销货款和销售收入，从而虚增当年销售收入和销售利润。

（3）可能是记账错误，如该货款为应向其他单位收取的货款。

（4）可能是该货款已收回，被人利用或工作失误未销账。

针对上述情况，审计人员可以向裕丰商场发询证函或应派人直接到裕丰商场了解其真正原因。若是双方因价格、质量方面的问题出现争执，应组织双方共同协商解决；若是记账有错误，或工作失误未销账，则应立即更正；若是虚构或款项已被收回却被人利用，则要严肃处理，并及时调整有关账目。

# 第五节　主营业务成本审计案例分析

## 知识储备与回顾

## 一、审计目标

（1）确定主营业务成本记录是否完整。

（2）确定主营业务成本的计算是否正确。

（3）确定主营业务成本与主营业务收入是否配比。

（4）确定主营业务成本在会计报表上的披露是否恰当。

## 二、审计程序

（1）获取或编制主营业务成本明细表。将明细表上的数额汇总，并与报表数、总账发生额及明细账发生额合计数相核对，如果不符，应查明原因并作出相应的调整。

（2）编制生产成本及主营业务成本倒轧表（如表4－9所示），验证主营业务成本的计算是否正确。

**表4－9　　生产成本及主营业务成本倒轧表**

| 项　目 | 未审数 | 调整数借（贷） | 审定数 | 索引号 |
|---|---|---|---|---|
| 原材料期初余额 | | | | |
| 加：本期购进 | | | | |
| 减：原材料期末余额 | | | | |
| 其他发出额 | | | | |
| 直接材料成本 | | | | |
| 加：直接人工成本 | | | | |
| 制造费用 | | | | |
| 生产成本 | | | | |
| 加：在产品期初成本 | | | | |
| 减：在产品期末成本 | | | | |
| 库存商品生产成本 | | | | |
| 加：库存商品期初余额 | | | | |
| 减：库存商品期末余额 | | | | |
| 主营业务成本 | | | | |
| 结论 | | | | |

（3）分析比较本期与前期主营业务成本总额，以及本期各月份的主营业务成本金额，如有重大波动和异常情况，应查明原因。

（4）审查主营业务成本是否与主营业务收入相配比。应抽查每一种商品的主营业务成本并与主营业务收入相核对，以查明主营业务成本与主营业务收入是否做到了商品品种、数量和结转时间上的一致性，有无人为调节成本与利润的情况。

（5）结合库存商品的审计，抽查主营业务成本结转的数额是否正确。

（6）检查主营业务成本账户中重大调整事项（如销售退回等）是否有其充分理由。

（7）确定主营业务成本在利润表中是否已恰当披露。

## 三、主营业务成本常见的错弊形式

（1）随意结转销售成本。对已销商品只记收入，不记成本，或对未销售产品视为销售，多转成本。

（2）企业采用不同的销售方式，由于不正确的结转成本，导致本期收入与成本的口径不一致。

## 四、审计要点

（1）复核主营业务成本明细表的正确性，编制生产成本与主营业务成本倒轧表，并与相关科目交叉索引。生产成本及主营业务成本倒轧表与主营业务成本审计底稿构成了交叉索引关系。在存货项目审计中运用该表，是因为该表可以充分反映和揭示存货的购销量与结存量之间的依存关系。

（2）检查某月主营业务成本结转明细账单，比较计入主营业务成本的品种、规格、数量和主营业务收入的口径是否一致，是否符合配比的要求。

（3）针对主营业务成本中重大调整事项（如销售退回）、非常规项目，检查相关原始凭证，评价真实性和合理性，检查其会计处理是否正确。

（4）结合期间费用的审计，判断被审计单位是否通过将应计入生产成本的支出计入期间费用，或将应计入期间费用的支出计入生产成本等手段调节生产成本，从而调节主营业务成本。

# 案例与分析

[案例 4 - 10]

## 一、案例回放

### （一）案例背景

ABC 会计师事务所于 2018 年 3 月 1 日至 3 月 10 日受 HR 股份有限公司（以下简称 HR 公司）董事会委托，对 HR 公司进行 2017 年度财务报表审计。双方已签订审计业务约定书。

### （二）案例内容及过程

审计人员在查阅企业会计报表时，发现 2017 年 12 月份利润额较以前各期及上年同期有明显减少，主营业务成本水平较以前各期及上年同期增加，经了解，该公司市场销售状况近两年来比较稳定。因此，审计人员询问了有关会计人员，了解到该公司采用加权平均法计算主营业务成本，查账人员调阅了“库存商品”明细账，经核对，库存商品各明细账上计算出的主营业务成本总额为 5 000 000 元，而“库存商品”总账账户及“主营业务成本”账户记录的主营业务成本总额为 6 000 000 元，其记账凭证的内容如下：

| | | |
|---|---|---|
| 借：主营业务成本 | 6 000 000 | |
| 　贷：库存商品 | | 6 000 000 |

## 二、案例梳理

（1）审计人员发现的上述问题提示给我们什么信息？

（2）审计人员应如何作出调整？

## 三、案例分析

（1）该公司为了达到偷税漏税的目的，月末虚转主营业务成本 1 000 000 元，在虚减了利润 1 000 000 元的同时虚减了库存商品 1 000 000 元，影响本期经营成果的准确性和期末资产余额的真实性和正确性。

（2）审计人员应提请 HR 公司作如下的会计调整，并调整会计报表相关的数额：

借：存货　　　　1 000 000

　　贷：营业成本　　　　1 000 000

如果 HR 公司拒绝接受调整，则把查证金额与重要性水平相比，选择相应的审计报告的类型。

# 第六节 销售费用审计案例分析

## 知识储备与回顾

销售费用是指企业在销售商品过程中发生的费用，包括企业在销售商品过程发生的运输费、装卸费、包装费、保险费、展览费和广告费，以及为销售本企业商品而专设的销售机构的职工薪酬、业务费等经营费用。

## 一、审计目标

（1）确定销售费用的内容是否完整，计算是否正确。

（2）确定销售费用的分类、归属和会计处理是否正确。

（3）确定销售费用在会计报表上的披露。

## 二、审计程序

（1）获取或编制销售费用明细表，复核加计是否正确，并与报表数、总账余额及明细账合计数核对相符，同时检查其明细项目的设置是否符合规定的核算内容与范围。

（2）确定销售费用的项目设置和开支标准是否符合有关规定，查明其项目设置是否划清了销售费用与其他费用的界限，有关费用支出是否按规定标准列支。

（3）比较本期销售费用与上期销售费用，并比较本期各个月份的销售费用，如有重大波动和异常情况应查明原因。

（4）选择重要或异常的销售费用，检查其原始凭证是否合法、会计处理是否正确。必要时，对销售费用实施截止测试，检查有无跨期入账的现象，对于重大跨期项目应建议做必要调整。

（5）确定销售费用的结转是否正确、合规，查明有无多转、少转或不转销售费用，人为调节利润的情况。

（6）确定销售费用是否已在利润表上恰当披露。

## 三、销售费用常见的错弊形式

（1）混淆生产成本和期间费用的界限。

（2）任意扩大开支范围、提高开支标准。

（3）虚列有关费用，人为降低利润水平。

（4）混淆收益性支出与资本性支出的界限。

## 四、审计要点

（1）检查广告费、宣传费、业务招待费的支出是否合理，审批手续是否健全，是否取得有效的原始凭证，若超过规定限额，应在计算应纳税所得额时调整。

（2）选择重要或异常的销售费用。

（3）抽取资产负债表日前后若干天的若干凭证，实施截止性测试。

# 案例与分析

[案例 4－11]

## 一、案例回放

（一）案例背景

ABC 会计师事务所按工作要求，于 2018 年 1 月 10 日至 1 月 25 日对 MR 有限公司进行全面审查。

（二）案例内容及过程

审计人员在审查 MR 公司销售费用明细账时，发现 2016 年 11 月 15 日 68#凭证内容摘要为“支付车辆保险费”，会计处理为：

借：销售费用——保险费　　36 000

　　贷：银行存款　　36 000

经查，该笔业务的原始凭证为保险公司保单、银行划款回单和支票存根，保费为 36 000 元。

## 二、案例梳理

（1）审计人员发现的上述问题提供给我们什么信息？

（2）审计人员应如何作出调整？

## 三、案例分析

（1）根据《企业会计制度》的规定，企业已经支出但应由本期和以后各期分别负担的分摊期在 1 年以内的各项费用，支付时借记“预付账款”，受益期摊销时再转入“销售费用”。

2016 年应当摊销 2 个月，即 6 000 元，余下的 30 000 元应该在 2017 年 1 月至 10 月进行分期摊销。这一事项使 MR 公司当期销售费用虚增了 30 000 元，“预付账款”虚减了 30 000 元。

（2）审计人员应作出以下调整：

借：预付账款　　30 000

　　贷：销售费用　　30 000

## 课后提高训练

**案例一：**

审计人员审查某钢铁厂主营业务收入时，发现 2017 年 12 月 31 日售给金属材料公司钢材 400 吨，每吨售价 1 600 元，共计 64 万元，全部以应收账款入账，但检查当时库存产品记录时发现仓库并没有这么多钢材，经函证金属材料公司，证实交货和办理货款结算均在 2017 年 1 月 15 日进行。

要求：

（1）分析该厂可能存在的问题，指出其这样做的目的是什么？

（2）说明审计人员在审计中的步骤和方法。

**案例二：**

审计人员在审查某工业企业 2017 年 5 月份“银行存款”日记账时，发现 5 月 28 日的摘要中注明预收某产品货款，但对方科目的名称是“主营业务收入”，金额 20 万元，决定进一步查证。经查阅 2017 年 5 月 28 日 26#记账凭证，记账凭证上的会计分录如下：

借：银行存款　　200 000

　　贷：主营业务收入　　200 000

该凭证所附的原始凭证仅是一张信汇收账通知，无发票记账联，经过询问当事人并调阅有关销售合同，确定该企业预收某单位产品预购款 20 万元，但因对制度规定不熟悉，会计人员已将其在收到预购款当日做了收入处理。

要求：

指出该企业存在的问题，并提出处理意见。

**案例三：**

审计人员在审查甲公司收入业务时，发现其与乙公司签订了来料加工合同。合同中规定，加工费 8 000 元，通过银行转账支付，剩余材料留归该企业。审查甲公司银行存款凭证时，收款凭证的会计分录为：

借：银行存款　　8 000

　　贷：其他应付款　　8 000

后又发现加工多余的材料 100 千克，合同标价为每千克 25 元，被加工车间出售，共得 2 500 元收入，并将此收入作为加工人员奖金私下分掉。

要求：

指出甲公司在处理上述来料加工业务中存在的问题，并提出处理意见。

**案例四：**

审计人员王明审查乙公司 2017 年 3 月份“银行存款”日记账时，发现 3 月 10 日 25#摘要中注明转让专有技术 80 000 元，但对方账户是“应付账款”，决定进一步调查。

经查阅 9 月 10 日 25#记账凭证，凭证的内容如下：

借：银行存款　　80 000

　　贷：应付账款　　80 000

该记账凭证后面附的原始凭证是一张“送款单”回单和双方的专有技术转让协议，经询问有关人员，确定该公司的无形资产转让收入计入了“应付账款”账户。

要求：

指出乙公司存在的问题并作出调账分录（假定上述问题在当期被发现）。

**案例五：**

审计人员在初次审计 YM 公司的财务报表时，决定函证部分应收账款。表 4 – 10 列示的是部分应收账款账户的情况。

**表 4 – 10**

| 客户名称 | 年末应收账款 | 全年销货金额 |
|---|---|---|
| 甲 | 0 万元 | 110 万元 |
| 乙 | 4 万元 | 8 万元 |
| 丙 | 10 万元 | 13 万元 |
| 丁 | 25 万元 | 260 万元 |

要求：

（1）如果你是审计人员，你认为 YM 公司中哪些客户最需要函证？请说明理由。

（2）如果审计人员没有收到回函，接下来应怎么做？

**案例六：**

审计人员在审计 YL 公司的财务报表时，决定函证部分应收账款。表 4 – 11 列示的是部分应收账款账户的情况。

表 4－11 单位：元

| 客户名称 | 应收账款余额 | 赊销总额 |
|---|---|---|
| 甲 | 60 000 | 900 000 |
| 乙 | 28 000 | 250 000 |
| 丙 | — | 9 200 000 |
| 丁 | 11 000 000 | 28 000 000 |

要求：

如果你是审计人员，你认为YL公司中哪些客户最需要函证？请说明理由。

**案例七：**

注册会计师对RE公司2017年财务报表审计时发现：该公司2017年12月31日的资产负债表“应收账款”数额为1 652 000元，与应收账款总账余额减去坏账准备相应明细账余额后的差额相符，应收账款甲公司明细账有贷方余额180 000元，经查，是甲公司的预付货款，尚未履行供货合同。该公司按应收账款余额的1%计提坏账准备。

要求：

根据实际情况，检查应收账款在财务报表中的列报是否恰当。

**案例八：**

注册会计师在审查M公司时发现：有一笔预收N公司351 000元的货款，产品已于2017年10月发出。M公司没有确认收入。

要求：

M公司在收入确认上存在什么问题？应如何处理？

**案例九：**

注册会计师在对HC公司2017年度产品销售成本审计中发现以下问题：

(1) 本期已入库，但未收到结算凭证的材料5 000元未作暂估价入账；

(2) 已领用的材料1 000元，未作假退料处理；

(3) 在建工程的工人工资错计入了生产成本2 000元；

(4) 本期发生的大修理费用全部计入了当期制造费用（其中不符合资本化条件的只有2 000元属于当期费用）；

(5) 经对期末在产品的查点发现，产品的实际成本为38 000元。

要求：

根据以上资料完成表4－12所示“生产成本及销售成本倒轧表”的填制，并根据计算结果得出审计结论。

表 4－12 生产成本及销售成本倒轧表 单位：元

| 项　目 | 未审数 | 调整数 | 审定数 |
|---|---|---|---|
| 原材料期初余额 | 80 000 | | |

续表

| 项　　目 | 未审数 | 调整数 | 审定数 |
|---|---|---|---|
| 加：本期购进 | 15 000 | 借 5 000 | |
| 减：本期余额 | 60 000 | 借 1 000 | |
| 其他发出额 | 10 000 | | |
| 直接材料成本 | 160 000 | 借 4 000 | |
| 加：直接人工 | 15 000 | 贷 2 000 | |
| 制造费用 | 42 000 | 贷 4 000 | |
| 生产成本 | 217 000 | 贷 2 000 | |
| 加：在产品期初成本 | 23 000 | | |
| 减：在产品期末成本 | 30 000 | 借 8 000 | |
| 库存商品生产成本 | 210 000 | 贷 10 000 | |
| 加：库存商品期初余额 | 40 000 | | |
| 减：库存商品期末余额 | 50 000 | | |
| 主营业务成本 | 200 000 | 贷 10 000 | |

**案例十：**

审计人员在审查某企业销售费用明细账时，发现如下记录：

（1）支付专设销售机构人员的工资及奖金 8 300 元；

（2）预付下年度的产品广告费 30 000 元；

（3）招待客户的费用 3 000 元；

（4）支付产品的包装费 5 000 元。

要求：

（1）说明审计方法。

（2）指出存在问题。

（3）提出处理意见。

# 5 第五章 生产与存货审计业务案例分析

## 第一节 生产与存货业务基本认知

### 一、生产与存货的主要业务活动

1. 计划和安排生产

生产部门的职责是根据客户订购单或者对销售预测和产品需求的分析来决定生产授权。如决定授权生产，即签发预先顺序编号的生产通知单。该部门通常应将发出的所有生产通知单顺序编号并加以记录控制。

2. 发出原材料

仓库部门的责任是根据从生产部门收到的领料单发出原材料。领料单通常需一式三联。仓库发料后，将其中一联连同材料交给领料部门，一联留在仓库登记材料明细账，一联交会计部门进行材料收发核算和成本核算。

3. 生产产品

生产部门在收到生产通知单及领取原材料后，据以执行生产任务。完成生产任务后，将完成的产品交生产部门查点，然后转交检验员验收并办理入库手续；或是将所完成的产品移交下一个部门，作进一步加工。

4. 核算产品成本

为了正确核算并有效控制产品成本：一方面，生产过程中的各种记录、生产通知单、领料单、计工单、入库单等文件资料都要汇集到会计部门，由会计部门对其进行检查和核对，了解和控制生产过程中存货的实物流转；另一方面，会计部门要设置相应的会计账户，会同有关部门对生产过程中的成本进行核算和控制。

5. 储存产成品

产成品入库须由仓库部门先行点验和检查，然后签收。签收后，将实际入库数量通知会计部门。

6. 发出产成品

产成品的发出须由独立的发运部门进行。装运产成品时必须持有经有关部门核准的发运通知单，并据此编制出库单。出库单一般为一式四联，一联交仓库部门，一联发运部门留存，一联送交顾客，一联作为给顾客开具发票的依据。

## 二、生产与存货的主要凭证与账户

### （一）典型的生产与存货循环涉及的主要凭证与会计记录

以制造业为例，生产与存货循环由将原材料转化为产成品的有关活动组成。该循环包括制定生产计划，控制、保持存货水平以及与制造过程有关的交易和事项，涉及领料、生产加工、销售产成品等主要环节。典型的生产与存货循环所涉及的凭证和记录主要包括：

1. 生产指令

生产指令又称“生产任务通知单”或“生产通知单”，是企业下达制造产品等生产任务的书面文件，用以通知供应部门组织材料发放，生产车间组织产品制造，会计部门组织成本计算。广义的生产指令也包括用于指导产品加工的工艺规程，如机械加工企业的“路线图”等。

2. 领发料凭证

领发料凭证是企业为控制材料发出所采用的各种凭证，如材料发出汇总表、领料单、限额领料单、领料登记簿、退料单等。

3. 产量和工时记录

产量和工时记录是登记工人或生产班组在出勤时间内完成产品数量、质量和生产这些产品所耗费工时数量的原始记录。产量和工时记录的内容与格式是多种多样的，在不同的生产企业中，甚至在同一企业的不同生产车间中，由于生产类型不同而采用不同格式的产量和工时记录。常见的产量和工时记录主要有工作通知单、工序进程单、工作班产量报告、产量通知单、产量明细表、废品通知单等。

4. 工薪汇总表及工薪费用分配表

工薪汇总表是为了反映企业全部工薪的结算情况，并据以进行工薪总分类核算和汇总整个企业工薪费用而编制的，它是企业进行工薪费用分配的依据。工薪费用分配表反映了各生产车间各产品应负担的生产工人工薪及福利费。

5. 材料费用分配表

材料费用分配表是用来汇总反映各生产车间各产品所耗费的材料费用的原始记录。

6. 制造费用分配汇总表

制造费用分配汇总表是用来汇总反映各生产车间各产品所应负担的制造费用的原始记录。

7. 成本计算单

成本计算单是用来归集某一成本计算对象所应承担的生产费用，计算该成本计算对象的总成本和单位成本的记录。

8. 存货明细账

存货明细账是用来反映各种存货增减变动情况和期末库存数量及相关成本信息的会计记录。

（二）生产与存货循环主要涉及的会计账户

该循环涉及的主要会计账户有：原材料、生产成本、制造费用、库存商品、应交税费、主营业务成本、银行存款等。

## 三、生产与存货循环可能发生错报的环节

注册会计师需要确定和了解生产与存货循环的错报在什么环节发生，即确定被审计单位应在哪些环节设置控制，以防止或发现并纠正各重要交易活动可能发生的错报。部分在生产与存货循环中可能发生错报的环节如表5-1所示。

**表5-1　生产与存货循环可能发生错报的环节**

| 主要业务活动 | 可能错报 | 关键控制点 |
| --- | --- | --- |
| 计划和控制生产 | 生产没有计划 | 由生产部门计划、安排生产 |
| 发出原材料 | 未经授权领用原材料 | 按已经批准的通知单和签字的发料单发出原材料 |
| 发出生产产品 | 生产工时可能未被记录或者未被分配至正确的生产任务 | 使用记工单记录完成的生产工时 |
| 转移已完工产品到产成品库 | 产成品库人员可能未记录接收的已完工产品；<br>接收了生产中的残次品 | 产成品库保管员收到产品时在入库单上签字 |
| 存货分类 | 以次品冒充优等产品，以旧充好，混淆不同批号、不同产地和不同价格的物资等 | 定期盘点存货 |
| 核算产品成本 | 随意变更存货计价方法；<br>存货成本项目分摊不合理；<br>虚假在产品完工程度 | 采用适用的成本计价方法，且前后期一致；<br>采用适当的费用分配方法，且前后期一致；<br>独立检查 |
| 储存产成品 | 存货可能从仓库中被盗；<br>在产品可能在生产过程中被盗；<br>虚假存货；<br>账面存货数量可能与实际数量不一致 | 存货保管人员与记录人员等职责要分离；<br>建立实物保护制度；<br>定期账实核对 |

## 四、穿行测试

注册会计师应当选择一笔或几笔生产与存货交易进行穿行测试，以证实对交易活动和相关控制的了解是否正确和完整。例如，针对生产与存货交易，追踪从计划安排生产、发出原材料、生产产品、核算产品成本、储存产成品、生产记账凭证，到过账至主营业务成本明细账和总账的整个交易流程，并确定相关控制是否得到执行。

## 五、初步评价和风险评估

注册会计师通过了解生产与存货循环的内部控制，对相关控制的设计是否得到执行

进行评价，同时结合对被审计单位其他方面的了解，评估重大错报风险，以确定进一步程序的性质、时间和范围。如果了解到相关内部控制不存在或不值得信赖，注册会计师可考虑执行实质性程序，而不进行控制测试。

# 第二节 生产成本审计案例分析

## 知识储备与回顾

### 一、审计目标

（1）确定记录的生产成本是否发生，且与被审计单位有关。

（2）确定生产成本记录是否完整。

（3）确定生产成本有关的金额及数量是否已恰当记录。

（4）确定生产成本是否记录于正确的会计期间。

（5）确定生产成本的披露是否恰当。

### 二、审计程序

生产成本审计是指对制造企业在生产过程中生产各种产品、自制材料、自制工具、自制设备等所发生的各项生产费用进行的审计，即对直接材料、直接工资、其他直接支出和制造费用等成本项目及具体业务内容进行的审计。

（1）直接材料是指企业生产过程中实际消耗的原材料、辅助材料、设备配件、外购半成品、燃料、动力、包装物以及其他直接材料。审计人员通过审阅、复核、核对等方法，对“材料耗用分配表”、有关记账凭证、“生产成本明细账”等进行审查，证实材料费用分配依据、分配方法和分配结果是否真实、正确，有无弄虚作假行为；查明有无将不应计入产品成本的材料费用计入产品成本或将应计入产品成本的材料费用计入期间费用而造成成本虚增或虚减的现象。

（2）直接人工费是指直接从事产品生产的人员的工资、奖金、津贴、社会基本保险费用和其他工资性薪酬费用等。审查时可在了解企业工资薪酬管理制度的基础上，通过审阅、核对、分析有关劳动人事资料、职工名册、考勤记录、工资结算单、工时记录、工资费用分配表等资料，查明工资内部控制是否完备，执行是否严格，工资总额及组成内容是否真实、是否合规，工资标准是否合理，计算是否正确等。

（3）制造费用是企业为组织管理产品生产而发生的间接费用，由多种费用项目构成，因与管理费用、销售费用有多种类同的费用项目，故极易被人为混淆、乱挤乱列，据以调节成本费用与利润。制造费用发生时一般不直接计入产品成本，需按一定的归集对象和分配标准进行汇总分配后计入各有关产品的生产成本中，故制造费用发生、计算、归集与分配的不当处理会对产品成本产生较大影响，检查中应予以重视。

## 三、常见的错弊形式

1. 产品成本结转不正确

（1）当产品已销售后，对库存商品明细账的贷方数量不记账，这种现象常见于月终集中结转成本的场合，在下月作产成品的盘亏处理。

（2）多记产成品明细账的出库量，在下期作产成品的盘盈处理。

2. 随意改变成本结转方法

违反成本结转一致性原则，随意改变成本结转方法，以调节当期成本。

3. 成本计算不正确

（1）用加权平均法、先进先出法、移动平均法等方法计算确定的单位成本与实际应结转的单位成本相差甚远。

（2）采用计划成本时，成本差异不在已售产品与结转产品之间进行合理分配或以计划成本代替实际成本。

（3）采用定额成本法计算销售成本的企业对定额成本的差额不进行合理分配，而是根据自身需要将其全部或大部分由销售产品或库存产品承担。

（4）采用售价金额核算的企业常常会故意减少或增加零售价与成本价的差异，或者故意抬高或降低差价分摊率，以调节当期销售成本。

## 四、审计要点

（1）审查时，应从审阅“原材料”“生产成本”“材料成本差异”等明细账入手，抽查有关费用凭证，验证企业生产产品直接耗用材料的数量、计价及材料费用的分配是否真实、合法和正确。对直接材料的审计主要审查以下三个方面：①直接材料耗用数量的真实性；②直接材料计价的准确性；③直接材料费用分配的合理性。

（2）对直接工资审计主要应审查以下三个方面：①直接工资结算的正确性；②直接工资费用分配的正确性；③社会基本保险费用计提的正确性。

（3）检查制造费用时主要从以下两个方面进行：①制造费用归集检查重点应查明有无将不应计入产品成本的非生产性支出计入制造费用，各项摊提费用的真实性、正确性，摊提依据、标准、期限是否合规、合理，有无利用这些项目多摊多提、少摊少提、不摊不提等人为虚增或虚减制造费用、调节生产成本及利润，从而达到粉饰财务成果或少交税费等目的的行为。②制造费用分配检查关键在于分配方法和分配标准的确认与计算，检查“制造费用分配表”及相关账目、凭证，审核制造费用分配方法是否合理并保持相对稳定，分配标准是否恰当、真实，分配计算是否正确。注意期末有无保留不当余额（即多分配或少分配费用）、人为调节产品成本情况。

（4）审阅“主营业务成本”和“库存商品”明细账，选择金额较大的业务，复核其结转成本的计价方法是否前后期一致。若无充分理由任意改变计价方法以致对本期利润产生较大影响的，应建议企业更正。

（5）分析比较本年度与上年度主营业务成本总额，以及本年度各月份的主营业务成本总额，如有重大波动和异常情况，应查明原因。

## 案例与分析

[案例5-1]

### 一、案例回放

（一）案例背景

ABC会计师事务所接受SL公司董事会委托，对SL公司进行年度财务报表审计。根据双方所签订的审计业务约定书，项目组对该公司2017年度的财务报表进行审计。SL公司的主营业务为汽车及其零部件的自制与开发。

（二）案例内容及过程

1. 控制测试

审计人员根据审计计划对生产成本进行了控制测试。审计人员首先通过调查表等方法对SL公司生产成本的内部控制制度进行了调查了解，以文字描述的形式对调查结果进行了描述，并运用检查凭证法、实地考察法等对生产成本内部控制进行了测试。

有关SL公司生产成本的内部控制，审计人员选择并获取成本报告期一至两种具有代表性的产品成本计算单，对其成本构成及核算过程作如下检查：

（1）SL公司直接材料的会计核算采用非定额单耗制度，审计人员获取材料费用分配汇总表、成本计算单、领料单以及材料明细账，对成本计算单中直接材料成本与材料费用分配汇总表中该产品负担的直接材料费用进行核对，确认无误。审计人员还抽取了若干领料单，将直接材料的发出总量和该种材料的实际单位成本之积与材料费用分配汇总表中该种材料费用进行比较，主要检查以下事项：领料单的签发是否经过授权批准；材料发出汇总表是否经过适当人员的复核；材料单位成本计价方法是否适当，在当年度有何重大变更。经审计人员审计确认，被审计单位的领料单的签发都有适当的授权批准手续，材料发出分配汇总表也经过适当人员复核，材料单位成本计价方法采用加权平均法，年度内无重大变更。

（2）审计人员对直接人工成本进行测试，被审计单位是采用计时工资制的企业，审计人员获取了若干实际工时统计记录、职员分类表和职员工资手册（工资率）、人工费用分配汇总表及成本计算单，将成本计算单中直接人工成本与人工费用分配汇总表中该样本的直接人工费用进行核对，确认无误；审计人员又将样本的实际工时统计记录与人工费用分配汇总表中该样本的实际工时进行核对，确认无误；审计人员还抽取了生产部门若干天的工时台账与实际工时统计记录进行核对，确认无误。

（3）审计人员对制造费用进行测试，首先获取若干制造费用分配汇总表、制造费用明细账和与制造费用分配标准有关的统计报告及其相关原始记录，然后将制造费用分配汇总表中样本分担的制造费用与成本计算单中的制造费用进行核对，确认无误；审计人员又将制造费用分配汇总表中的合计数与样本所属成本报告期的制造费用明细账总计数进行核对，确认无误；审计人员还审查了制造费用分配汇总表选择的分配标准，被审计单位采用的是按直接人工工资标准分配制造费用的方法，将其与相关的统计报告或原始记录进行核对，确认无误，经审计可以确认被审计单位制造费用分配标准的选用较适当。

（4）审计人员最后对生产成本在当年期末完工产品与在产品之间的分配进行了测试，首先将成本计算单中在产品数量与在产品盘存表中的数量进行核对，数量无误；被审计单位的在产品采用约当产量法计算，经测试分配标准较合理；计算复核样本的总成本和单位成本，最终对当年采用的成本会计制度作出评价。审计人员对从不同方面收回的生产成本内部控制调查表进行了综合分析，根据测试结果认为生产成本内部控制有的方面是健全有效的，但在某些方面还存在缺陷。

在此基础上，对 SL 公司生产成本的内部控制制度进行了评价：

（1）生产成本内部控制比较健全的方面。第一，领料单的签发经过了适当授权批准，材料发出汇总表经过适当人员的复核。第二，成本计算单中直接人工成本与人工费用分配汇总表中该样本的直接人工费用经核对相符，样本的实际工时统计记录与人工费用分配汇总表中该样本的实际工时经核对相符。第三，制造费用分配汇总表中样本分担的制造费用与成本计算单中的制造费用经核对相符，制造费用分配汇总表中的合计数与样本所属成本报告期的制造费用明细账总计数经核对相符。

（2）生产成本内部控制存在的问题。第一，审计人员在审计中发现，SL 公司生产领用材料虽有适当的授权批准手续，但材料的发出缺乏定额控制，容易造成材料领用环节的浪费。由于材料的发出缺乏定额控制，生产环节总会有一些领而未用的材料，SL 公司又没有建立“假退料”制度，这势必会影响其生产成本的核算；审计人员还发现，2017 年度内 SL 公司的材料成本在某些月份出现异常波动，究竟是什么原因导致的，审计人员决定在实质性测试环节进一步关注。第二，审计人员发现 SL 公司的制造费用采用直接人工工资标准进行分配，如果审计期间直接人工工资发生调整，将影响制造费用在不同产品间进行分配的金额。审计人员需要进一步验证制造费用的分配标准在年度内是否发生变更以及直接人工工资是否发生变动，进而确定产品成本中制造费用的金额。第三，SL 公司在将生产成本在完工产品和在产品之间进行分配时，在产品按约当产量计算。但审计人员发现在实务环节中公司并未严格遵守该项成本核算制度，因此可能会对成本计算和报表产生影响，审计人员需要在实质性程序中对其予以重点关注。

根据上述情况，审计人员决定在执行实质性程序时对生产成本重点进行分析性复核和计价测试，对差异较大的部分增加凭证的抽查数量。

2. 对生产成本实施实质性程序

（1）获取生产成本汇总明细表，复核加计正确，并与总账数、明细账合计数核对是否相符。

（2）审计人员重点对生产成本进行了分析程序，通过对比各月及前后期同一产品的单位成本，发现 R 型汽车本年度产品单位成本较上年度有较大幅度增长，其中，11 月份产品单位成本明显比其他月份和以前年度高。审计人员从了解到的情况中排除了材料价格上涨的因素，进一步抽查成本计算单后发现，R 型汽车 11 月份成本计算单中直接材料的单位用量增加异常，需要进一步抽查凭证和进行材料盘点，以确认是什么原因导致年末材料的用量较大。

（3）审计人员重点抽查了11月份的有关成本归集与分配的凭证，发现两笔凭证需要进行调整。一笔是在建工程领用的价值5 262 000元的材料，计入了R型汽车的11月份成本计算单中，另一笔在建工程工人的工资及福利费用金额为652 800元，也计入了R型汽车的成本中。经过进一步审计，审计人员了解到SL公司在12月份新上一项在建工程，有关该项工程的开支全部计入R型汽车产品成本开支中，经与有关人员询问，确认无误。审计人员经审查确定该产品年末无在产品，并且该批产品属订单生产，产品完工已于审计年度内全部销售。

（4）审计人员进一步检查了车间在产品盘存资料，与成本核算资料核对，发现被审计单位生产环节确实存在领而未用材料的情况，也没有建立"假退料"制度，这势必会影响生产成本的核算。审计人员在车间盘点材料时发现了一批材料闲置在角落中，经询问确认为一批为生产R型汽车领用而未用的材料A。需要作假退料处理，而SL公司没有进行恰当处理。经核算该批材料价值368 000元，应相应调整原材料、生产成本和单位成本。

## 二、案例梳理

（1）审计人员经审查确定该产品年末无在产品，并且该批产品属订单生产，产品完工已于审计年度内全部销售，是否应该作调整分录？

（2）如何针对生产成本项目作调整分录？

## 三、案例分析

（1）审计人员经审查确定该产品年末无在产品，并且该批产品属订单生产，产品完工已于审计年度内全部销售。因此，作以下调整分录：

借：在建工程——工程材料　　5 262 000

　　　　　——工程人工及福利费　　652 800

　贷：主营业务成本——R型汽车　　5 914 800

（2）经核算该批材料价值368 000元，应相应调整原材料、生产成本和单位成本。因此，作以下调整分录：

借：原材料——A材料　　368 000

　贷：主营业务成本——R型汽车　　368 000

## 工作反思与小结

生产成本审计既要审查直接材料、直接工资，又要审查间接费用；既要审查生产费用在各种产品之间的分配，也要审查在完工产品和在产品之间的分配；既要审查生产成本的真实正确，又要审查其是否节约、合理。总之，生产成本涉及面宽，综合性强，审计的难度较大。开展生产成本审计可以维护财经法规和财经纪律；促使企业提高成本管理水平，健全成本核算制度；促使企业挖掘内部潜力，节约劳动消耗，不断降低产品成本，提高经济效益。

## 四、思考与讨论

（1）对被审计单位的生产成本合理性进行分析的指标有哪些？

（2）如何对标准成本系统进行审查？

**[案例 5－2]**

## 一、案例回放

### （一）案例背景

SL 股份有限公司是一家以生产小型车床为主的中型企业，其生产的小型车床主要用于加工各种回转表面和回转体的端面。如车削内外圆柱面、圆锥面、环槽及成形回转表面，车削端面及各种常用的螺纹，配有工艺装备还可加工各种特形面。在车床上还能做钻孔、扩孔、铰孔、滚花等工作。ABC 会计师事务所 2018 年接受委托，对 SL 股份有限公司 2017 年度的财务报表进行审计。

### （二）案例内容及过程

（1）执行“获取或编制生产成本明细账，复核加计是否正确，并与总账余额、存货—生产成本类余额核对是否相符”程序。

①向客户索取或编制生产成本（未审数）分类余额明细表；复核加计是否正确，并将合计数与与总账余额、存货—生产成本类余额核对是否相符，并标注相应的审计标识；查验结论：生产成本明细账与总账余额、存货—生产成本类余额核对相符。

②向客户索取或编制生产成本变动表和成本项目各月汇总表。本案例中成本项目各月汇总表中根据该公司成本核算的实际情况，将成本项目分成“原材料”“包装及辅料”“工资及福利”“制造费用”四大类。为了便于与其他存货类科目勾稽关系的核对，又将“制造费用”细分成“折旧”“电费”“备件消耗”“其他”四大类。

本案例中生产成本变动表中根据该公司成本核算的实际情况，将生产成本结转项目分成“产成品入库”（即：结转至“产成品”）及“废料直接销售”（即：结转入“其他业务支出”）两大类。

③核对生产成本归集各成本项目是否相符。本案例中进行如下核对：

第一，生产成本—原材料与原材料—主料发出数进行核对，查验结论：经核对相符。

第二，生产成本—包装及辅料与原材料—辅助材料发出数进行核对，查验结论：经核对相符。

第三，生产成本—工资及福利费与应付工资发生额进行核对，查验结论：经核对相符。

第四，生产成本—制造费用与制造费用发生额进行核对，查验结论：经核对相符。

第五，完工生产成本结转与产成品入库数进行核对，查验结论：经核对相符。

第六，其他核对：制造费用—备件消耗与原材料—备品备件核对，生产成本—废料销售结转数与其他业务支出进行核对，制造费用—折旧与累计折旧—折旧计提数进行核对，查验结论：经核对相符。

（2）“生产成本——直接材料”的查验程序。直接材料成本的测试一般应结合原材料审计程序，抽查有关的凭证，验证产品直接耗用材料的数量、计价和材料费用分配是否真实、合理。其查验主要内容包括：

①分析比较同一产品前后各期的直接材料成本，如有重大变动，应查明原因。本案例中同一产品前后各期的直接材料成本无重大变动，故该程序不适用。

②抽查产品成本计算单，检查直接材料成本的计算是否正确。本案例中通过抽查12月份的成本计算单来测试直接材料成本计算的正确性，查验结论：经测试，直接材料成本计算正确。

③材料费用的分配标准与计算方法是否合理和适当，是否与材料费用分配汇总表中该产品分摊的直接材料费用相符。本案例中12月份所计算的产品原料成本与12月份“产成品成本计算表”中该材料实际记录金额核对一致。

④抽查材料发出及领用的原始凭证，检查领料单的签发是否经过授权批准。材料原始凭证抽查结论：会计处理正确，领料单的签发已经授权批准。

⑤材料发出汇总表是否经过适当的人员复核，材料单位成本计价方法是否适当。本案例中材料发出采用加权平均法，方法是适当的，月末编制的材料发出汇总表由仓库制作并由材料会计复核。

⑥采用定额或标准成本核算的，检查直接材料成本差异的计算、分配与会计处理是否正确。本案例不适用。

⑦查明直接材料的定额成本、标准成本在本年度内有无重大变更。本案例不适用。

（3）“生产成本——直接人工”的查验程序。直接人工成本的测试一般应结合应付工资、应付福利费等工薪福利科目的审计程序。其查验主要内容包括：

①直接人工成本的计算是否正确，人工费用的分配标准与计算方法是否合理和适当。本案例中人工费用的分配标准为完工产品的标准产量。由于该公司生产的机械化程度较高，合格品极高，故采用这一分配方法是合理和适当的。

②是否与人工费用分配汇总表中该产品分摊的直接人工费用相符。本案例中产品应分摊的人工成本测试计算额与“产成品成本计算表”中人工费实际分摊记录金额核对一致。

③年度直接人工成本与前期进行比较，查明其异常变动的原因。本案例直接人工成本与前期比较无异常变动，故该程序不适用。

④比较本年度各个月份的人工费用发生额，如有异常波动，应查明原因。本案例中人工费用发生额比较均衡和正常，无异常波动。

⑤与应付工资的审查交叉核对，抽查人工费用会计记录及会计处理是否正确。查验结论：凭证经抽查，未发现异常情况。

⑥用标准成本法的，应抽查直接人工成本差异的计算、分配与会计处理是否正确。本案例不适用。

⑦用标准成本法的，查明直接人工的标准在本年度内有无重大变动，是否存在异常。本案例不适用。

（4）“生产成本——制造费用”的查验程序。

①获取或编制制造费用汇总表，并与明细账、总账核对相符。查验结论：制造费用汇总表与明细账、总账发生额核对相符。

②抽查制造费用中的重大数额项目及例外项目是否合理。本案例通过对大额制造费用凭证抽查，未发现异常情况。

③审阅制造费用明细账，检查其核算内容及范围是否正确，注意是否存在异常会计事项；必要时，对制造费用实施截止日测试，期末是否如数分配进入生产成本，有无跨期现象。本案例因银行存款无未达账项，故按下期期初银行及现金日记账对制造费用进行截止测试，查验结论：未发现大额制造费用期后入账的现象。

④对采用标准成本法或定额成本法的，应抽查标准或定额制造费用的确定是否合理。

⑤对采用标准成本法或定额成本法的，制造费用差异率的计算、分配与会计处理是否正确。

⑥对采用标准成本法或定额成本法的，应查明制造费用在本年度内有无重大变动。

⑦检查制造费用中有无资本性支出。本案例结合大额制造费用的凭证测试，未发现制造费用中列支资本性支出现象。

（5）产品成本计算单的复核。本案例抽取12月的产品成本计算单进行测试，其测试主要步骤如下：

①了解企业的成本核算方法，编制成本核算说明；

②选取成本复核样本；

③对所选样本的直接材料进行测试；

④对所选样本的直接人工进行测试；

⑤对所选样本的制造费用进行测试；

⑥样本经上述测试后应作出相关结论，并形成成本复核底稿。

审计人员检查该公司A产品成本计算单时发现，A产品直接工资和其他支出的实际数比计划数超支较大，审计人员通过检查确认：基本生产成本明细账登记无误，A产品的成本计算单正确无误，A产品所负担的工资性费用在完工产品和期末产品之间的分配无误。审计人员又抽查了工资结算汇总表与工资结算单，二者核对相符，但将工资结算单与考勤记录核对，却发现考勤记录中没有加班记录，而工资结算单却有车间本月加班工资15 000元并已计入A产品成本。审计人员在采用审阅法和核对法检查该企业成本计算单时，发现工资结算单与考勤记录相矛盾。带着疑问，审计人员采用询问法调查核实事实真相，审计人员向该车间工人查询得知本月没有加班，质询有关领导及财务核算人员后确认，多计加班工资是想以此留存部分款项用于其他开支，现该款单独存放，尚未动用。经过核实证明企业违反真实性原则虚列加班工资，并提留转为“小金库”。

## 二、案例梳理

（1）审计人员对发现存在虚列加班费用的情况应提出什么处理意见？

（2）被审计单位需要作什么账项调整？

## 三、案例分析

（1）虚列加班工资 15 000 元，并提留转为“小金库”，违反规定，应追缴 15 000 元“小金库”款项，将多记的工资费用冲回重新计算 A 产品成本，调整有关账簿记录，并对该公司有关负责人等进行批评教育。

（2）该公司应调整分录如下：

借：其他应收款——追缴款　　15 000

　　贷：生产成本——A 产品　　15 000

**工作反思与小结**

直接人工费用的审计一般都是结合应付工资和生产成本明细账，通过对直接从事产品生产人员的工资、奖金、津贴和补贴的审计、评价，查明直接人工费用的组成内容的真实性、开支范围的合规性、计算的正确性和支出的合理性；检查直接人工费用的计算是否正确，人工费用的分配标准与计算方法是否合理和恰当，是否与人工费用分配汇总表中该产品分摊的直接人工费用相符。直接人工费用的审计对采用标准成本法的企业应抽查直接人工成本差异的计算、分配与会计处理是是否正确的关键。

## 四、思考与讨论

从本案例发现的情况及检查结果来看，对直接人工费用审计应注意什么问题？

# 第三节 存货审计案例分析

## 知识储备与回顾

## 一、审计目标

（1）确定资产负债表中列示的存货是否存在。

（2）确定所有应当记录的存货是否均已记录。

（3）确定列示的存货是否为被审计单位拥有或控制。

（4）确定存货是否以恰当的金额包括在财务报表中，与之相关的计价调整是否已恰当记录。

（5）确定存货是否已按规定作出恰当列报。

## 二、审计程序

（1）获取或编制存货明细表。

（2）实施分析性复核。

（3）实地监督存货盘点及函证。

（4）实施存货计价测试。

（5）实施存货截止测试。

（6）实施存货跌价准备核实。

（7）确认存货在资产负债表上的表达与披露是否恰当。

## 三、存货审计中常见的错弊形式

1. 采购成本不真实

（1）将应计入外购材料成本中的有关费用计入当期收益。例如，将各种进货费用直接以"管理费用"列支，从而造成成本不实，影响本期及以后各期经营成果的准确性。

（2）外购存货的入库价格不正确，使前后各期缺乏可比性，主要表现在存货按计划成本进行核算的企业，其计划成本的确定存在随意性和多变性，给存货的管理和核算带来一定的困难。

2. 成本计价方法选用不恰当

有些中小型企业，存货种类不多，存货管理制度不够健全，却选用按计划成本计价，造成存货计划成本的制定缺乏依据和稳定性；而一些大企业存货品种多，却采用实际成本计价，从而增加了核算工作量。

3. 随意变更发出存货的计价方法

企业人为地通过变更存货计价方法来调节生产观本，调节当期利润。例如，某企业某年初选用先进先出法计算发出的存货成本，但由于受各种因素的影响，该存货购进价格上扬时改用后进先出法计算，购进价格下降时再改用先进先出法计算。

4. 人为地多计或少计存货发出的成本

（1）按计划成本核算的企业，有意确定较高的计划成本，使计划成本远远高于实际成本，表现为"材料成本差异"贷方余额，领用存货时按计划成本数额转入"生产成本"等账户，但月末结转材料成本差异时故意以较低的成本差异率调整发出材料的计划成本，从而人为地调高了当期生产成本水平，进而加大了产成品的成本，隐匿利润。有些企业则相反，有意确定较低的计划成本，并以较低的成本差异率调整发出材料的计划成本，达到虚报利润的目的，造成企业虚盈实亏。

（2）用实际成本计价的企业，计算存货和主营业务成本时不按照规定的程序和方法正确地运用计价方法，而是故意多转或少转主营业务成本。例如，采用加权平均法计价时故意按高于或低于正确的加权平均单价的价格计算发出商品的成本。再如，根据企业的需要来确定每批商品的单价，而不是根据账面记录，按规定的程序和方法确定应采用的单价。

5. 存货购进时对增值税的处理不正确

一般纳税企业将增值税计入存货成本，造成存货成本虚增，利润不实，加大消费者的负担。

## 四、审计要点

（1）存货截止测试，检查采购存货交易的实物验收与相应会计记录入账时间是否在同一会计期间。

（2）存货计价基础与方法检查，主要检查被审计单位是否依据相关财会法规选择符合自身生产经营特点的存货计价基础与方法，若采用的存货计价方法不符合规定，必须根据重要性原则进行调整或披露。

（3）存货库存实物检查，通常应采用监盘与抽盘法结合实地检查，若有存放在外的存货，需查阅并取得相关存放地能表明存货存放情况的证明文件。

（4）存货质量检查，存货盘查不仅检查数量还包括质量，注意价值是否相当，有无毁损、变质等。

（5）对采用计划成本计价的应重点审核被审计单位所制订的计划成本的合理性，复核材料成本差异率计算的正确性，材料成本差异分摊会计处理是否正确。

（6）对于常年生产品种单一而且产销比较稳定的企业可以随机抽取某一个月份生产成本资料计算复核，若发现其产销链断裂，应关注其可持续经营能力。

# 案例与分析

［案例5-3］

## 一、案例回放

（一）案例背景

ABC会计师事务所2017年接受BL公司董事会委托，对该公司进行年度财务报表审计。根据双方所签订的审计约定书，项目组于2018年2月15日至3月16日对BL公司2017年度的财务报表进行了审计。BL公司属于轻工业类纸浆制造企业。BL公司坚持以废纸为主要原料，辅以商品木浆进行生产，减少污染，实现经济与环保双赢发展。BL公司的生产规模和经济效益连续多年居该省造纸业首位，居全国同行业前列。公司在董事会下设审计委员会，在总经理办公室下设审计部，审计委员会和审计部在业务上是上下级关系。注册会计师的审计工作得到了公司内部审计部门的协助。

（二）案例内容及过程

1. 风险评估与控制测试

项目组根据审计计划对存货进行了控制测试及风险评估。一般在存货业务循环中，由于存货的成本归集较为复杂，且存货的牵扯性强，对其他项目的影响较大，因此在准确性的认定层次存在重大错报风险。审计人员通过询问、观察、调查表等方法对BL公司存货的内部控制进行调查了解与测试，在此基础上，对BL公司存货的内部控制进行了评价。

审计人员了解到BL公司在仓储与存货环节建立了以下内部控制制度：

（1）存货管理建立了定期盘点制度，存货的盘盈、盘亏能及时报批处理，产成品的完工入库和销售发出都建立了相应的内部控制，产成品的核算采用加权平均法。

（2）BL公司存货内部控制存在的主要问题是对原材料的仓储管理较弱。原材料仓库很零乱，材料的领用也没有严格的制度。因此审计人员认为该循环内部控制的可信赖程度为“中”，决定在下一步的实质性测试中增加实质性程序。

2. 实质性程序

（1）编制存货明细表及各大类明细表，并进行账账、账表核对。编制存货明细表及各大类（原材料、包装物及低值易耗品、产成品）明细表，与明细账、总账、报表的余额进行核对，核对结果表明BL公司的存货各大类合计数与总账余额相符，各大类的明细表与存货明细表中的期初、期末余额相符。

（2）进行存货监盘。期末存货的结存数量直接影响到财务报表上的存货金额，是存货审计中的重要内容。审计人员对存货监盘是存货审计必不可少的一项审计程序。具体来讲，为了达到比较好的效果，存货监盘应做好盘点前的计划工作、盘点过程的监督工作以及盘点工作结束后的记录工作。其具体程序如下：

第一，制定存货盘点计划之前应考虑的问题。审计人员应参与被审计单位存货盘点的计划制定。具体来讲，审计人员主要考虑存货监盘的时间安排；盘点范围和场所的确定；参与人员的分工及胜任能力；存货的整理和排列；处理损毁、过时、残次及区分所有权不属于被审计单位的存货；存货的计量工具和计量方法；在产品完工程度的确定方法；存放在外单位的存货的盘点安排；检查存货的样本量和项目选取；存货收发截止的控制；盘点期间存货移动的控制；盘点结果的汇总及盘盈盘亏的分析、调查与处理等问题。在此基础上，评价能否合理确定存货的数量和状况，并与管理人员就疑虑问题交换意见。

第二，实施存货监盘。通过进行存货盘点问卷调查，审计人员可以掌握被审计单位盘点准备工作做得如何。审计人员对被审计单位进行监盘，一般采取实地观察与抽点相结合的方法。在盘点开始时，审计人员应亲临现场，密切注意企业的盘点现场以及盘点人员的操作程序和盘点过程。审计人员进入现场后，应察看被盘点部门和有关人员是否进入“状态”，有关手续是否已办理完毕；在监督盘点下，审计人员应把握盘点的进度，对有关人员所实施的盘点清查要实行全过程监控，不能只看其结果而不观察其过程；对一些重要的盘点环节还要细看，必要时要求其放慢速度或重复操作，演示其过程或者要求其解释盘点的结果，也可以对有关盘点结果进行复核和清点；同时严格记录程序，特别对盘点出现的结果要如实记录在案，并执行有关手续，填写有关的表格，写明盘点的实际数额，并签字为证。

第三，被审计单位盘点人员盘点后，审计人员应根据观察的情况，在盘点标签尚未取下之前，进行复盘抽点。抽点的样本一般不得低于存货总量的10%。在比较抽点结果与盘点单上的记录时，不仅要核对数量，还应该核对存货的编号、品种、规格及产品品质等。在抽点在产品时，还应关注其完工程度的确定是否适当。抽点如发现差异，除应督促被审计单位更正外，还应扩大抽点范围。如发现差错过大，则应要求被审计单位重新盘点。抽点结束后，应将全部盘点标签或盘点清单按编号顺序汇总并据以登记盘点表。汇总时，审计人员应注意盘点标签或盘点清单编号的连续性，以免有缺号、重号现象。所有的盘点标签、盘点清单均应由被审计单位参与盘点人员和监盘审计人员签名，并复印两份，被审计单位与会计师事务所各留一份。同时，审计人员还应向被审计单位索取存货监盘前的最后一张验收报告单（或入库单）、最后一张货运文件（或出库单），以便审计时作截止测试之用。

第四，总结盘点结果。在盘点表格的手续完毕之后，还应将盘点的结果与有关账簿记录进行核对，确定其是否账实相符。账实不符的原因有多种，有的属于在物资材料收发过程中的正常、小额的短少，即为正常的“盘盈”或“盘亏”；但超过正常的幅度和范围，出现账实不符时，审计人员不能轻易下结论，而要结合其他审计环节，进行深入的调查研究。最初的调查是询问被审计单位有关人员，让其解释账实不符的原因并查找理由，如果能作出令人信服的说明，则不作进一步追查；如果不能自圆其说，说明问题仍然存在，则应作跟踪检查，直到得到满意的结论为止。

第五，在观察盘点和抽点过程中，审计人员还应检查有无代人保存和来料加工的存货，有无未作账务处理而置于（或寄存）他处的存货，这些存货是否正确列示于存货监盘表中。同时，审计人员还应注意观察存货的残次等情况，确定其对损益的影响。对于企业存放或寄销在外地的存货、也应纳入盘点的范围。但盘点的方法可以选择，如委托当地会计师事务所负责监盘抽点或本所审计人员亲自前往监盘，如存货量不大，也可以向寄存寄销单位函证或采用其他替代程序予以确认。

经过实地监盘，审计人员得到以下结论：仓库管理人员对存货很熟悉；盘点及复盘工作很认真；积极配合审计人员；存货复盘结果正确，进而可以判断 BL 公司的存货账实相符。

（3）确定外购存货是否已经及时入账。审计人员在这一审计程序中发现以下调整事项：被审计单位年末一批外购材料已验收入库，但未及时入账，价值 328 000 元，已纳入年末盘点项目。这样做的结果是导致材料账实不符，审计人员建议被审计单位将该批材料及时入账，被审计单位接受建议。

（4）确定存货的品质状况，存货跌价准备的计提是否合理。企业应当定期或者至少于每年年度终了，对存货遭受毁损、全部或部分陈旧过时或销售价格低于成本不可收回的部分，应当提取存货跌价准备。存货跌价应该按单个存货项目的成本与可变现净值计量，如果某些存货具有类似用途并与在同一地区生产和销售的产品系列相关，且实际上难以将其与该产品系列的其他项目区别开来进行估价的，可以合并计量成本与可变现净值；对于数量繁多、单价较低的存货，可以按存货类别计量成本与可变现净值。

对于 BL 公司所用原材料和库存商品，审计人员根据市场情况，认为应降低原材料的存货跌价准备计提比率，可少提跌价准备 236 417. 50 元；应提高库存商品的存货跌价准备计提比率，可多提跌价准备 294 165. 50 元，二者合计，应补提跌价准备 57 748 元。审计人员建议对存货跌价准备进行调整，被审计单位接受建议。

调整分录如下：

借：资产减值损失——存货跌价准备　　57 748

　　贷：存货跌价准备　　57 748

（5）确定存货的计价方法是否恰当。被审计单位存货的计价方法采用加权平均法，审计人员对产品进行了计价测试，认为存货的计价方法恰当。

## 二、案例梳理

（1）采用抽点的方式进行存货盘点应注意哪些方面？

（2）审计过程中发现存货跌价准备计提不合理应该怎么处理？

## 三、案例分析

（1）采用抽点的方式进行存货盘点应注意：

第一，建议被审计单位强化存货的盘点工作。审计人员对被审计单位存货进行审计，从被审计单位存货的内部控制制度来看，主要是原材料的仓储管理较弱，但由于原材料本身价格比较低廉，发生丢失和被盗窃的可能性也很小。被审计单位应加强对存货的实地盘点制度，可以从一定程度上改善仓储环节的管理混乱的状况。

第二，对存货实地监盘和抽点。对存货的实地监盘和抽点是存货审计必要的也是非常重要的审计程序。从制订盘点计划开始，审计人员都应积极参与，提出合理化建议，审计人员应参与监督盘点，并进行一定比例的抽样盘点，对盘点中发现的账实差异应找出原因，及时处理。

（2）对于审计过程中发现存货跌价准备不合理时，应按要求计提存货跌价准备。会计准则对存货跌价准备的计提有明确要求，审计人员应就被审计单位存货的品质状况进行审查，应分别不同情况决定对存货全额计提跌价准备还是按存货账面成本与存货可变现净值的差额计提存货跌价准备。本案例中，审计人员根据本年度存货品质状况对存货跌价准备进行了调整。

### 工作反思与小结

由于存货金额的真实性会影响到当期损益及下期损益的正确性，而存货的特点是品种多，动辄有成百上千种存货，而审计时间、力量又有限，因而确认存货金额既是审计工作的重点，又是审计工作的一大难点。

## 四、思考与讨论

（1）存货的内部控制测试需要注意哪些方面？

（2）如何确定存货的所有权归属？

［案例5-4］

## 一、案例回放

### （一）案例背景

ABC会计师事务所经委托审计LJ股份有限公司（以下简称LJ公司）2017年度的财务报表。LJ公司以前年度的年报一直由CB会计师事务所审计，因负责LJ公司审计的注册会计师已离开该事务所出国进修，公司董事会决定自2018年开始改由信誉较好的ABC会计师事务所来进行审计。ABC会计师事务所接到委托后，考虑到LJ公司是新客户，对其情况还不太了解，决定委派注册会计师张越担任LJ公司前期调查的外勤主管，带领审计人员季辰、余小明、李锋三人进入LJ公司进行前期调查，以确定是否接受审计委托。

张越接到会计师事务所下达的任务后，根据上述审计目标，拟订工作实施计划，下达到调查小组的每一个成员，并与LJ公司管理当局取得联系，于次日进驻现场。调查小组根据审计准则的规定及被审计单位的具体情况，作了下述几方面了解：

（1）了解公司性质。到达现场后，调查小组立即与单位各部门有关负责人进行座谈，了解公司的基本情况，在人员安排及各部门支持上予以确认，并将需被审计单位填写的有关表格交付其填写（其他相关审计工作底稿略）。LJ公司基本情况：LJ股份有限公司成立于1996年6月30日，由3家企业共同发起，以定向募集方式设立股份公司，注册资金为20 000万元，其中法人股为16 899.9万股，内部职工股为3 100万股。2003年5月30日经中国证监会批准向社会公众发行A股6 600万股，并于同年6月12日在深交所上市。公司近年来股本扩张很快，截至2017年12月31日，总股本为99 029.6万股。公司旗下有多家全资子公司，均为环保设备制造企业。

（2）查阅前任注册会计师的审计工作底稿。张越经与LJ公司总经理协商，LJ公司原则上同意其调阅以前年度审计档案，但由于以前负责该项目审计的注册会计师已出国进修，难以取得联系，而与前任CB会计师事务所沟通时受阻，最终未能调阅前任注册会计师的审计档案。因此，调查小组无法通过与前任注册会计师的沟通来确定其调查工作的重点和主要风险领域。在此次调查中，张越安排审计人员严格按照销售与收款循环、购货与付款循环、生产与存货循环和筹资与投资循环等对该上市公司及其子公司的情况进行全面调查。

（3）了解内部控制。通过初步调查，调查小组了解到：

①LJ公司的组织结构是完善的，董事会下设的专业委员会符合《上市公司治理准则》的规定；

②LJ公司在实际生产经营中有一定的运作程序（尚未对其进行测试），但会计与财务方面的控制制度不完善，有些关键控制点没有规定与采取控制措施，如对货币资金的账账、账实、账单核对未作具体规定；

③LJ公司管理层在处理违反公司行为守则及相关制度上没能做到一视同仁，而是有的严格，有的宽松；

④LJ公司建立了管理层与治理层之间的沟通制度，但该制度较为抽象。

### （二）案例内容及过程

（1）执行“获取或编制原材料明细表，复核加计是否正确，并与总账余额、存货—原材料类合计数核对是否相符”程序。

①向客户索取或编制存货分类余额明细表；

②复核加计是否正确，并将合计数与总账余额、存货—原材料类合计数核对是否相符，并标注相应的审计标识；

③根据原材料类别向客户索取或编制原材料大类收、发、存各月明细表；

④原材料大类收、发、存各月明细表期初、期末余额与存货分类余额明细表中各大类期初、期末余额核对是否相符。

（2）执行“抽查核对明细账是否与仓库台账或卡片记录相符”程序。向客户索取或编制“原材料仓库台账或卡片记录明细清单”，抽查核对明细账是否与仓库台账、卡片记录相符，并标注相应的审计标识。查验结论：原材料明细账与仓库账核对相符。

（3）执行“比较原材料期末余额与期初余额，若有重大波动应查明原因作出记录”程序。将原材料账户期末余额与期初余额进行比较，如有大额异常波动项目，应进行重点调查。

（4）执行“查阅资产负债表日前后若干天的原材料增减变动情况，检查有无跨期现象及发票到货暂估入账的处理是否正确”程序。获取并查验本期末最后一张入库单及相关账户记录的会计凭证，未发现异常情况。

（5）执行“抽查原材料入账凭证”程序。抽查了原材料采购的记账凭证，以审核原始凭证是否合法、完整，会计处理是否正确，形成抽查记录。尤其是接受投资、债务重组、非货币性资产交易取得的原材料的入账凭证，应关注计价及审查相关协议合同，并形成专门底稿，以查验其会计处理的正确性。

选取样本应包括但不仅限于如下范围：

①通过比较原材料期末余额与期初余额，本期有重大波动的原材料项目；

②采购金额较大的原材料项目；

③期末有大额暂估入账的原材料项目；

④本期发生的大额原材料盘盈、盘亏的项目；

⑤期末余额较大的原材料项目；

⑥本期价格波动较频繁的原材料项目；

⑦通过接受投资、债务重组、非货币性交易等特殊方式取得的大额原材料项目。

抽查原材料入账凭证的主要查验内容：

①原材料采购原始凭证是否齐全；

②内容是否完整，有关审批手续是否完备；

③计价是否恰当；

④账务处理是否正确。

（6）执行“检查原材料发出计价方法是否前后期一致，抽查期末原材料计价是否正确”程序。根据被审计单位原材料计价方法，抽查期末结存余额较大的原材料的计价是否正确。具体步骤如下：

①了解原材料发出所采用的计价方法，对结转原材料所采用计价方法的合理性进行评估；

②比较上期原材料发出的计价方法，核实其计价方法的一贯性；

③选取期末结存金额较大的原材料项目作为抽查样本；

④利用 Excel 表格对发出原材料的计价正确性进行复核。

（7）执行“原材料监盘或抽盘，编制监盘或抽盘小结”程序。

（8）执行“对存放在外的原材料应现场查看或函询核实”程序。经查验，该公司不存在存放在外的原材料，本程序不适用。

(9) 执行“检查向关联方购货是否正常，关注交易价格是否公允，对集团内部购货，关注是否存在未实现最终销售的内部利润”程序。

①向客户索取或编制原材料关联采购明细及单价比较表；

②向客户索取或编制原材料关联采购余额明细表；

③结合原材料采购入账凭证测试，评估关联采购价格公允性；

④关联交易应向关联销售方审计人员进行书面或口头核对，如有差异，应查明原因并作更正。本案例中将关联采购单价与非关联采购单价进行比较，用于评估关联采购价格公允性。查验结论：经比较，该公司原材料关联采购价格是公允的。本案例中原材料关联采购事项及余额经与公司相关的审计人员口头核对，金额相符。

(10) 执行“审核有无长期挂账的原材料事项，如有，应查明原因作出记录”程序。经审核，该公司不存在长期挂账的原材料，本程序不适用。

(11) 执行“对采用计划成本计价的，应检查材料成本差异发生额、转销额是否正确”程序。审计人员在检查 LJ 的全资子公司 A 企业生产的甲产品直接材料成本项目时，从成本资料中得知，该企业计划生产甲产品 800 件，其中主要材料 K 的消耗定额为 10 千克/件，计划价格为 5 元/千克。实际生产甲产品 700 件，K 材料单耗 12 千克/件，单价 5.5 元/千克。初步看，实际成本大于计划成本。

## 二、案例梳理

(1) K 材料消耗是否正常？有无问题？

(2) 对 LJ 公司应怎样实施重点检查？

## 三、案例分析

(1) 首先要审查 K 材料的用途，对于不属于生产产品的用料，要按照成本开支范围予以剔除。其次要检查 K 材料计价的合法性，对于采用实际成本计价的材料，应重点审查它的计价方法是否遵循了一致性原则。对于采用计划成本计价的材料，应重点审查材料成本差异在不同期间的摊销额是否正确合理。最后要检查直接材料费用分配的合理性和正确性，通过对被审计单位财会部门核算结果进行复核，验证其核算是否正确。

(2) 根据本案例提供的资料，要完成该事项重点检查，先要重点分析材料成本上升的原因是什么，是否合理。下面应用因素分析法计算并分析产量、单耗、单价对直接材料成本的影响。

K 材料成本计划数为：$5\times800\times10=40\ 000$（元）

K 材料成本实际数为：$5.5\times700\times12=46\ 200$（元）

产量变动影响成本下降：$5\times(700-800)\times10=-5\ 000$（元）

单耗变动影响成本上升：$5\times700\times(12-10)=7\ 000$（元）

单价变动影响成本上升：$(5.5-5)\times700\times12=4\ 200$（元）

由以上计算分析可知，产量下降，使材料成本下降 5 000 元；单耗与单价上升，使材料成本上升 11 200（7 000 + 4 200）元，综合作用的结果使材料成本上升 6 200 元。其中，单价上升受经济环境影响可认为是正常的，而产量下降、单耗上升是不正常的。因此，应进一步将检查重点确定在产量下降及单耗上升方面，查明其中原因。

### 工作反思与小结

关注原材料消耗审计的主要内容：

（1）审查计入生产费用的各种材料数量是否真实；

（2）审查领取材料和记账手续是否完备，耗损的材料是否合理；

（3）审查投入生产的用料数量是否准确，配合的投料量是否适当；

（4）审查投产用料的计价是否正确，用料价格计算是否合理，用料成本差异率的核算是否有差错；

（5）对预算指标控制进行检查，查明有关企业的材料费用有无预算指标；

（6）检查企业材料供应部门是否根据生产任务制订了各项材料费用计划；

（7）查明企业是否制定了限额材料制度，有无超额领料和改变领料用途的事实。

## 四、思考与讨论

（1）直接材料审查的要点是什么？

（2）分析本案例中引起产量下降及单耗上升的原因可能有哪些，应怎样实施进一步检查？

### 课后提高训练

**案例一：**

LK 公司主要生产小型货车，2017 年 12 月份工资费用分配表如表 5－2 所示。

**表 5－2　工资费用分配表**

单位：元

| 部　门 | 人员类别 | 生产成本 | 制造费用 | 管理费用 | 销售费用 | 营业外支出 |
|---|---|---|---|---|---|---|
| 生产车间 | 生产工人 | 70 500 | | | | |
| | 管理人员 | | 6 700 | | | |
| 销售部门 | 门市部人员 | | | | 900 | |
| 膳食科 | 炊事人员 | | | | | 1 600 |
| 厂部 | 管理人员 | | | 1 200 | | |
| 其他 | 固定资产清理 | 600 | | | | |
| | 基建人员 | 1 800 | | | | |
| | 退休人员 | | | | | 12 000 |

要求：

根据以上材料，指出 KL 公司工资费用分配中存在的问题，并予以更正。

**案例二：**

审计人员在 2018 年 2 月份审阅某工业企业 2017 年 12 月份总分类账时，发现“制造费用”借方发生额与以前月份相比增加数额较大。进一步审查2017年12月份“制造费用”明细账，其中有一笔摘要中注明“固定资产安装费”字样，金额为18 000元。审计人员将该笔业务的记账凭证调出，会计分录为：

借：制造费用——固定资产修理费 18 000

贷：银行存款 18 000

该记账凭证所附的原始凭证是一张发票和一张转账支票存根，发票证明车间设备的安装费支付给了某施工队。

要求：

（1）根据资料提供的情况，说明审计人员应采用的审计方法。

（2）指出存在的问题。

（3）提出处理意见。

**案例三：**

审计人员受托对某企业在产品成本进行审查。该企业按约当产量法计算在产品成本，审计人员审阅基本生产成本明细账时，发现月初在产品成本为239 040元，其中，直接材料144 000元，直接工资36 000元，其他直接支出5 040元，制造费用54 000元。本月发生费用为999 000元，其中，直接材料662 400元，直接工资90 000元，其他直接支出12 600元，制造费用23 400元。本月完工产品480台，月末在产品240台，在产品投料率为80%，完工率为50%，经查实本月账面在产品实际成本为479 880元，其中，直接材料350 400元，直接工资42 000元，其他直接支出5 880元，制造费用81 600元，本月完工产品成本已经结转。

要求：

（1）说明审计人员应采用的审计方法。

（2）指出该企业在产品成本计算上存在的问题。

（3）提出处理意见。

**案例四：**

审计人员在审查某企业在产品盘点表时，发现各月的盘点表中都有一项在产品毁损，毁损的在产品金额是按照毁损在产品的数量乘以在产品的定额成本计算的。对毁损额应进行账务处理，毁损在产品是否有残料？如有，又是如何处理的？这一系列问题引起审计人员的怀疑。

鉴于上述情况，审计人员到生产车间进行查询，了解到该企业在产品毁损有残料，有关人员将收集的残料按废品每月处理一次。经查询，出纳人员称，这些收入不列入账内，作为“小金库”的资金单独保管。

审计人员指出这些问题后，财务负责人称，企业按规定计提的业务招待费不够用，毁损在产品的残料收入不入账而单独保管，可用来弥补业务招待费的不足。

审计人员通过审查证实，该企业2017年度出售在产品毁损残值的收入共计62 000元。

要求：

针对上述查实的问题，提出处理意见。

**案例五：**

ABC会计师事务所的A和B注册会计师负责审计甲公司2017年度财务报表。2017年11月，A和B注册会计师对甲公司的内部控制进行了初步了解和测试。通过对甲公司内部控制的了解，A和B注册会计师注意到下列情况：

①甲公司主要生产和销售电视机。

②甲公司生产的电视机全部发往各地办事处和境外销售分公司销售。办事处除自行销售外，还将一部分电视机在各商场寄销。各月月初，办事处将上月收、发、存的数量汇总后报甲公司财务部门和销售部门，财务部门作相应会计处理。甲公司生产的电视机约有30%出口，出口的电视机先发往境外销售分公司，再分销到世界各地。境外销售分公司历年未经审计，2017年度也计划不安排审计。

③鉴于各年年末均处于电视机销售旺季，为保证各办事处和境外销售分公司货源，甲公司本部仓库在各年末不保留产成品。

2017年12月27日，甲公司编制了存货盘点计划，并与A和B注册会计师讨论。存货盘点计划的部分内容如下：

①甲公司本部的存货由采购、生产、销售、仓库和财务等部门相关人员组成盘点小组，在2017年12月31日进行盘点。各办事处及境外存货的盘点分别由各办事处和境外销售分公司负责，在12月31日前后进行，盘点结束后分别将盘点资料报送财务部门和仓库部门。

②限于人力，在各商场寄销的电视机以办事处的账面记录为准，不进行盘点。

③由于年度前后是销售旺季，在2017年12月31日，生产34英寸背投彩电的生产线不停产，仓库除发出34英寸背投彩电之外，不再对外发出其他存货。

④各盘点单位按存货类别和相关明细记录填写盘点清单、摆放存货，并填写连续编号的盘点标签。

⑤由于XYZ公司所寄存的E材料与公司自身的E材料并无区别，故未单独摆放。E材料的库存数以盘点数扣除XYZ公司寄存E材料的账面数确定；由XYZ公司代管的C材料不安排盘点，库存数直接根据公司的记录确定。

⑥废品与毁损品不进行盘点，以财务部门和仓库部门的账面记录为准。

根据甲公司存货的内部控制情况和盘点计划，A和B注册会计师决定实施的监盘计划的部分内容如下：

①随机选择1/3的办事处进行存货监盘，其余的直接审阅其盘点记录及账面记录。

②对在各商场寄销的电视机，以经审阅的办事处的账面记录为准。

③对境外销售分公司的存货不进行监盘，直接审阅其盘点记录及账面记录。

④对XYZ公司代管的E材料，采取向XYZ公司函证的方式确认。

⑤审计人员在复盘结束后，与公司盘点人员分别在清单上签字，并视情况考虑是否索取盘点前的最后一张验收报告（或入库单）和最后一张货运单（或出库单）。

要求：

（1）甲公司编制的上述盘点计划的相关内容有无不妥之处？若有，请予以更正。

（2）A和B注册会计师编制的上述监盘计划有无不妥之处？若有，请予以更正。

**案例六：**

M公司的会计政策规定，入库产成品按实际生产成本入账，发出产成品按先进先出法核算。2015年12月31日，M公司甲产品期末结存数量为1 200件，期末余额为5 210万元。M公司2015年度甲产品的相关明细资料如表5－3所示（数量单位为件，金额单位为人民币万元，假定期初余额和所有的数量、入库单价均无误）。

**表5－3　　甲产品明细资料表**　　单位：万元

| 日　期 | 摘　要 | 入　库 | | | 发　出 | | | 结　存 | | |
|---|---|---|---|---|---|---|---|---|---|---|
| | | 数量（件） | 单价 | 金额 | 数量（件） | 单价 | 金额 | 数量（件） | 单价 | 金额 |
| 1.1 | 期初 | | | | | | | 500 | | 2 500 |
| 3.1 | 入库 | 400 | 5.1 | 2 040 | | | | 900 | | 4 540 |
| 4.1 | 销售 | | | | 800 | 5.2 | 4 160 | 100 | | 380 |
| 8.1 | 入库 | 1 600 | 4.6 | 7 360 | | | | 1 700 | | 7 740 |
| 10.3 | 销售 | | | | 400 | 4.6 | 1 840 | 1 300 | | 5 900 |
| 12.1 | 入库 | 700 | 4.5 | 3 150 | | | | 2 000 | | 9 050 |
| 12.31 | 销售 | | | | 800 | 4.8 | 3 840 | 1 200 | | 5 210 |
| 12.31 | 期末 | | | | | | | 1 200 | | 5 210 |

要求：

在进行相关测试后，指出存在的问题并提出审计调整建议。

**案例七：**

注册会计师对LO工厂2017年12月31日的存货进行截止测试时发现如下事项：

（1）2017年12月28日收到一张购货发票，已计入当年12月份账内，其会计处理为：

借：原材料　　28 000

　　应交税费——应交增值税（进项税额）　　4 760

　　贷：预付账款——A公司　　32 760

但存货实物却在次年1月3日才收到，未包括在年底盘点的范围内。

（2）2017年12月31日购入原材料200 000元，已经验收入库，包括在年底盘点的范围内，但购货发票在2018年1月5日收到，计入2018年1月份的账内。

（3）2018年1月6日收到价值为700元的物品，并于当天登记入账，该物品于2017年12月28日按供货商离厂交货条件运送，因2017年12月31日尚未收到，故未计入结账日存货。

（4）按顾客特殊订单制作的某产品，于2017年12月31日完工并送装运部门，顾客已于该日付款，该产品于2018年1月5日送出，但未包括在2017年12月31日的存货内。

要求：

你认为注册会计师应提出哪些处理意见？

# 6 第六章 筹资与投资审计业务案例分析

## 第一节 筹资与投资审计业务基本认知

### 一、筹资与投资审计的主要业务活动

筹资与投资审计主要是对企业筹资活动和投资活动的交易事项进行审计。筹资活动主要由借款交易和股东权益交易组成，不包括其他筹资活动。投资活动主要由权益性投资交易和债权性投资交易组成。筹资与投资审计业务具有如下特征：

（1）审计年度内筹资与投资的交易数量较少，而每笔交易的金额通常较大。

（2）漏记或不恰当地对一笔业务进行会计处理将会导致重大错误，从而对企业会计报表的公允反映产生较大的影响。

（3）筹资与投资交易必须遵守国家法律、法规和相关契约的规定。

#### （一）筹资环节的主要业务活动

筹资活动是指企业为满足生存和发展的需要而筹集资金的活动。筹资活动主要由借款业务和所有者权益业务组成，其主要的业务活动如下：

1. 签订合同或协议

企业向银行或其他金融机构借款必须签订借款合同或协议。企业发行债券必须签订债券契约，其内容一般包括：债券发行的标准；债券的确切表述；利息或利息率；受托管理人证书；登记和背书；所担保的财产；债券发生拖欠情况的处理，以及对偿债基金、利息支付、本金返还等的处理。

2. 保管未发行的债券

对拟发行的债券必须预先编号，由专人保管或委托外部独立机构代为保管。同时，设立债券库存登记簿，详细记录未发行债券的动用情况。已收回的到期债券必须及时注销戳记，以防不合法使用。

3. 取得资金

企业向银行或其他金融机构借入的款项，或通过发行债券、发行股票所得款项应及时如数存入其开户银行，经法定的验资机构验资并出具验资报告。

4. 计算利息和股利

企业按照有关合同、协议或债券契约的规定及时计算应付债权人的借款利息或债券利息，根据公司章程或董事会决定计算应付股东的股利。

5. 还本付息和发放股利

对于银行借款或应付债券，按有关合同、协议或债券契约的规定支付利息，到期偿还本金。债券利息通常委托外部独立机构代理发放，以便加强控制。

（二）投资环节的主要业务活动

投资活动是指企业为通过分配来增加财富，或为谋求其他利益，而将资产让渡给其他单位使用所获得另一项资产的活动。投资活动主要由权益性投资和债权性投资组成，其主要的业务活动如下：

1. 取得证券或进行其他投资

企业可以通过购买股票或债券等进行证券投资，且所有的购入投资证券以企业名义登记。企业也可以通过与其他单位联合形成投资，但必须与被投资单位签订投资合同、协议，并获取被投资单位出具的投资证明。

2. 保管投资资产

企业对投资的证券资产一般有两种保管方式：一种是委托独立的专门机构，如银行、证券公司、信托投资公司等进行保管。这些专门机构拥有专门的保存与防护措施，可以防止各种证券和单据的失窃或毁损，并且由于它与投资业务的会计记录工作完全分离，可以大大降低舞弊的可能性；另一种是由企业自行保管，在这种方式下，必须建立严格的联合控制制度。

3. 记录投资业务

企业对各项投资业务的增减变动及投资收益都要进行完整的记录与账务处理。对每一种股票或债券设立明细账，并详细记录其名称、面值、证券编号、数量、取得日期、经纪人名称和购入成本、收取的股利收入或利息收入等资料。对于联营投资类的其他投资，核算其他投资的投出、投资收益和投资收回等业务，并对投资的形式、接受投资单位、投资计价以及投资收益等作出详细的记录。

4. 转让或收回投资

企业可以通过转让证券实现投资的收回。对于其他投资，如果已经投出，则除联营合同期满，或由于其他特殊原因导致联营企业解散外，一般不得抽回投资。

## 二、筹资与投资循环的主要凭证与账户

（一）典型的筹资与投资循环所涉及的主要凭证与会计记录

1. 筹资循环所涉及的主要凭证和会计记录

（1）借款协议或合同。其是企业向银行和其他金融机构借入短期或长期款项时与其签订的协议或合同。

（2）承销或包销协议或合同。其是企业经过批准对外公开发行债券或股票时依法

与发行机构签订的承销或包销协议或合同。

(3) 批准文件。其是企业对外发行债券或股票时有关管理当局或主管机构的批准文件。

(4) 债券。其是公司依据法定程序发行、约定在一定期限内还本付息的有价证券。

(5) 股票。其是公司签发的证明股东所持股份的凭证。

(6) 债券契约。其是一张明确债券持有人与发行企业双方所拥有的权利与义务的法律性文件。

(7) 股东名册。公司应设置股东名册记载发行股票的数量及总额、股票发行日期及编号，发行记名股票的还要记载股东的姓名或者名称及住所、各股东所持股份数等内容。

(8) 公司债券存根簿。公司应设置债券存根簿记载发行债券的总额、债券票面金额、债券利率、债券偿还期限和方式、债券发行日期和债券编号。记名公司债券还应记载债券持有人的姓名或者名称及住所、持有数量等内容。

(9) 有关记账凭证。

(10) 有关总分类账和明细分类账。

2. 投资循环所涉及的主要凭证和会计记录

(1) 股票。

(2) 债券。

(3) 经纪人通知书。

(4) 债券契约。

(5) 企业的章程及有关协议。

(6) 投资协议。

(7) 有关记账凭证。

(8) 有关总分类账和明细分类账。

### (二) 筹资循环与投资循环主要涉及的会计账户

筹资循环所涉及的资产负债表和利润表项目主要有：短期借款、应付债券、应付股利、应付票据、其他应付款、预计负债、长期借款、长期应付款、递延税款、股本(实收资本)、资本公积、盈余公积、未分配利润、财务费用、营业外支出等。投资循环所涉及的资产负债表和利润表项目主要有：短期投资、短期投资跌价准备、应收股利、应收利息、其他应收款、应收补贴款、长期股权投资、长期债权投资、长期投资减值准备、无形资产、长期待摊费用、投资收益等。

# 第二节 筹资业务综合审计案例分析

## 知识储备与回顾

### 一、审计目标

（1）真实性。记录中所有与贷款有关的交易确实发生，债务确实存在；所有记录涉及权益的交易确实发生，权益余额确实存在；利息费用和已支付的股利确是本期所发生的交易和事项所引起的。

（2）完整性。所有存在的贷款和债务都已被记录完毕；所有存在的与权益有关的交易和余额都已被记录。

（3）所有权。负债确实由被审计单位承担；投入资产确实为被审计单位所有。

（4）估价。贷款和债券金额，权益余额金额正确。

（5）截止。与贷款和债券债务有关的交易已被记入适当时期；有关权益的交易记入适当的时期。

（6）准确性。日记账和分类账的交易细节与总账中有关借款、债券债务和权益的余额相一致。

（7）分类。贷款、债券债务和权益项目被恰当的分类。

（8）披露。贷款、债券债务和权益项目余额在有关会计报表上反映恰当。

### 二、审计程序

（1）获取或编制有关账户的明细表，复核其加计是否正确，并与相关明细账和总账核对是否相符。

（2）检查与筹资交易有关的原始凭证与文件。比如，借款数额、条件、借还款日期、利率。检查发行债券所收入货币资金的收据、汇款通知单、送款登记簿及相关的银行对账单和债券存根簿，确定债券发行收入是否收到，入账金额是否完整等。

（3）函证与筹资业务相关的账户。

（4）检查与筹资业务相关业务的会计处理是否正确。

（5）检查相关列报是否恰当。

### 三、审计要点

（1）筹资业务的真实性，数额的正确性，权益关系处理、业务处理、筹资成本处理等是否符合法规、政策，有无虚假筹资、隐匿筹资、违法筹资，业务处理、筹资成本处理是否符合政策法规、准则制度，筹资信息情况是否恰当披露等。

(2) 尤其要关注隐匿债务、债务过重可能导致的非持续经营情况的发生，以及违法筹资等重大错报行为。

(3) 要完成筹资业务审计，实现筹资审计目标，审计中需要针对不同筹资类型、来源形式、权益关系等恰当应用审计程序方法，检查构成筹资业务涉及的有关业务资料、账证记录、计价处理，并函询筹资业务事项、筹资数额等，计算分析筹资数额与筹资成本关系，寻查有无异常现象，观察、盘查筹资资产及其权益归属等。

(4) 对发现的错弊问题尤其是重大错报应予关注，并作出定性、定量结论，提出处理意见，调整应调整账项。

## 四、筹资审计中常见的错弊形式

(1) 低估债务，低估成本、费用，高估利润，抽逃出资款等。

(2) 长期借款利息不入费用，长期挂账。

(3) 混淆资本性支出和收益性支出的界限。

(4) 以陈旧、落后的机器设备和技术出资。

(5) 混淆无形资产的使用权和所有权转让，账务处理不当。

(6) 对投入的实物和无形资产未经注册会计师验资出具报告，而是企业或投资者任意作价。

## 案例与分析

**[案例 6－1]**

## 一、案例回放

(一) 案例背景

ABC 会计师事务所于 2018 年 2 月 10 日至 3 月 5 日受 FH 股份有限公司（以下简称 FH 公司）董事会委托，对 FH 公司进行 2017 年度财务报表审计。双方已签订审计业务约定书。

FH 公司主营业务是节能电设备、照明电器、仪器设备的开发、制造和销售。2017 年主导产品销售量稳步增长，特种灯投放市场创造了良好利润。主营业务收入比上年增长 132.66%，主营业务利润比上年增长 100.12%。

FH 公司按照《中华人民共和国公司法》的要求，设有董事会、监事会。董事会下设有审计委员会，总经理下设有审计部，审计委员会和审计部在业务上是指导与被指导关系。注册会计师的审计工作得到了公司内部审计的协助。根据审计计划，注册会计师李益负责负债融资的审计测试与取证工作。

(二) 案例内容及过程

审计人员通过调查表等方法对 FH 公司负债融资的内部控制进行了调查了解，根据了解的业务活动及控制设计并评估其执行情况所获取的审计证据，进一步实施了审计程序。根据有关控制测试结果，李益认为FH公司负债融资的内部控制有的方面是健全有效的，有的方面还存在缺陷。负债融资的内部控制存在的问题主要有：虽然编制了借款计划，但没有按计划使用借款。综合上述情况，项目组认为，FH公司负债融资环节存在一定的重大错报风险。

对负债融资环节实施实质性程序，函证被审计单位的贷款银行，以核实借款的实有数额，另外还发现了以下问题：

(1) 在短期借款方面，李益发现FH公司2017年7月1日借入短期借款的56#记账凭证，其记录为：

借：银行存款　　280 000

　　贷：短期借款　　280 000

后附“入账通知”和“借款合同”复印件2份原始凭证。

李益根据上述情况，追踪调查存款的去向，在审阅银行存款日记账时发现，7月25日“银付字”218#凭证，减少银行存款270 000元。调阅该凭证时，其记账凭证分录为：

借：其他应收款——张山　　270 000

　　贷：银行存款　　270 000

其摘要为“汇给华丰公司货款”。经核实，以上凭证所记的汇出款是FH公司为职工垫付购买热水器的款项，张山是负责向职工收回垫付款的负责人，款项已于2017年8月至12月陆续收回。

(2) 在长期借款方面，李益发现FH公司2017年5月31日从银行借入技术改造借款900 000元，但在“在建工程”账户中没有相应的增加支出数。从6月至7月的会计报表看，FH公司增加长期投资800 000元。查问资金来源时，FH公司承认是银行借入的技术改造借款。

(3) 李益对FH公司的财务费用检查后发现，2017年12月30日90#记账凭证分录为：

借：财务费用　　250 000

　　贷：长期借款　　250 000

其摘要为“工程借款利息支出”。经与原始凭证核对，并实际查验该工程，审计人员发现该工程尚未竣工。

(4) 李益在对FH公司应付债券业务进行审查时，了解到FH公司于2017年1月1日以94万元价格发行面值为80万元的5年期债券，票面利率为10%，实际利率6%。经审查，该公司2017年12月30日92#凭证的会计分录为：

借：财务费用　　80 000

　　贷：应付债券——应计利息　　80 000

其摘要为“计提应付债券的利息费用”。经与原始凭证核对，计提的是2017年1月1日以94万元价格发行的、票面利率为10%、面值为80万元的5年期债券的利息费用。

## 二、案例梳理

（1）FH 公司上述短期借款存在什么问题？

（2）FH 公司上述长期借款涉嫌什么行为？

（3）FH 公司上述财务费用和债券利息摊销存在什么问题？

（4）审计人员应作出哪些调整？

## 三、案例分析

（1）FH 公司为职工垫付热水器款，实际是占用短期借款，未按借款合同使用借款，擅自改变了借款用途，同时增加了企业的财务费用。

**工作反思与小结**

企业所筹资金到位后，筹资活动并没有结束。为了实现筹资的目的，应把筹资与投资有机地结合起来，对资金运作的全过程进行有效控制和监督。因此，资金到位后，有关人员必须审慎、合理地使用资金，不能随意改变资金投向。本案例中的现象在很多贷款企业中比较常见，应引起审计人员的特别关注。

（2）FH 公司有挪用借款的行为。该公司虚设技术改造项目，从银行套取现金用于投资，违反长期借款合同的约定。

（3）经审查的 2017 年 12 月 30 日 $90^{\#}$记账凭证工程借款利息支出的会计处理是违反准则规定的，因为经查验该工程尚未竣工。根据有关规定，该工程借款利息支出在尚未完工并办理竣工手续之前应计入“在建工程”。FH 公司应作出如下调整：

借：在建工程　　250 000

　　贷：财务费用　　250 000

（4）FH 公司的债券是溢价发行的，实际收到的款项与面值的差额应计入“利息调整”明细科目，利息调整的金额应在债券存续期内采用实际利率法进行摊销。按摊余成本和实际利率计算确定的债券利息为 56 400 元，审计人员应要求该公司作出如下调整：

借：应付债券——利息调整　　23 600

　　贷：财务费用　　23 600

**工作反思与小结**

根据《企业会计准则第 17 号——借款费用》规定，借款费用确认的基本原则是：企业发生的借款费用，可直接归属于符合资本化条件的购建或生产的，应予以资本化，记入相关资本成本；其他借款费用，应在发生时根据其发生额确认为费用，记入当期损益。因此，审计人员应审阅、核对“长期借款”“固定资产”“在建工程”“财务费用”等账户和相应的会计凭证等会计资料，以查明问题。

[案例6-2]

## 一、案例回放

（一）案例背景

ABC会计师事务所于2018年3月10日至3月25日受GM公司委托，对GM公司进行2017年度财务报表审计。双方已签订审计业务约定书。

（二）案例内容及过程

审计人员在对GM公司2017年财务报表审计中发现了以下情况：

（1）该公司设立于2005年5月，设立时注册资本与实收资本为500万元，2017年4月增资到700万元。该公司组建以来，承接了一些小型建筑工程项目，工程收益微利。

（2）经审计人员核查，该公司“预付账款——D公司”长期挂账余额为350万元，“其他应收款——张其”账户长期挂账余额为100万元。经检查核实，“预付账款——D公司”账户的350万元发生于2007年7月，以“预付购料款”的名义挂账；“其他应收款——张其”账户的100万元发生于2017年5月，以个人借款的名义挂账。审计人员对此进行了积极式函证，回函内容为：D公司回复350万元是GM公司之前借款注册的还款，不是购料款。张其回复100万元也是借款增资的还款，而非借款。

（3）经调阅公司章程、设立的验资报告、变更的验资报告并检查核对实收资本账证记录，核实验证出资500万元属实。检查核对上述款项的账证记录，并查询出资人，核实结果为：当时只筹集到注册资金150万元，因资金不足向D公司借了350万元，通过银行转款至出资人账户，再投入到GM公司账户用于验资。公司注册后以预付款转账归还。向张其借的100万元也是如此运作。

## 二、案例梳理

（1）从上述“预付账款”和“其他应收款”两个明细账户中能发现什么问题？这属于什么行为？

（2）审计人员应如何作出审计调整？

## 三、案例分析

（1）根据上述检查核实结果，审计人员进一步检查分析了公司资产总额及构成，发现若扣除负债额和挂账的债权额，公司资产总额不足350万元，不到注册资本的50%。据此，审计人员作出如下审计结论：

该公司借款验资注册，事后以预付款、借款名义抽资还款挂往来账，实际注册资金不足。至审计检查结束时，仍未补回抽资款。依据《公司法》规定，上述情况已构成抽逃注册资本，属于违法行为。

（2）根据审计结论，审计人员应作出调整意见，反映出各股东出资不足部分的应收额，并在近期缴足被抽逃的资本金450万元。调整分录为：

借：其他应收款——欠缴股金 4 500 000

贷：预付账款——D公司 3 500 000

其他应收款——张其 1 000 000

**工作反思与小结**

我国财务制度明确了资本保全原则，要求企业筹集资本后，在生产经营期间，投资者除转让外，不得以任何方式抽走，转让也应依照法定的程序进行。另外对企业的增减资行为，我国有关法律也有明确的规定。现实中，投资者抽逃资本的情况时有发生，审计人员应通过审阅"实收资本"账户和相关往来账户发现是否存在抽逃资本的情况，并询证有关投资者，以验证出资的真实性与合法性。

## 四、思考与讨论

我国《公司法》规定股东可以用哪些财产作价出资？

**[案例6－3]**

## 一、案例回放

（一）案例背景

ABC会计师事务所于2018年1月12日至1月25日受GN公司委托，对GN公司进行2017年度财务报表审计。双方已签订审计业务约定书。

（二）案例内容及过程

审计人员在对GN公司2017年财务报表审计中发现了以下情况：

（1）该公司成立时注册资本1 000万元，股东出资情况分别为：货币资金400万元，制冷设备360万元，外贸商品240万元，检查账证记录，实物出资有相关的发票，其中：制冷设备460万元、外贸商品240万元按评估价入账。账证记录与验资报告、评估报告记载一致。

（2）但在检查实物资产时发现，账面记录的外贸商品240万元余额两年来未发生任何变动，审计人员盘查时也被借故推脱，因此无法查证制冷设备和外贸商品的存在。鉴于这种情况，审计人员继续追查，原来，该公司成立时注册资本1 000万元，但因资金不足，缺口600万元，从外地私下购买了假发票，并由拥有同类实物的关系人拟定了存放依据，蒙骗了评估验资，骗取了评估报告和验资报告，完成了注册验资事项。

## 二、案例梳理

（1）审计人员应从哪些方面怀疑GN公司存在变相造假、虚假出资的问题？

（2）审计人员应如何作出审计调整意见？

## 三、案例分析

（1）审计人员可以从以下三个方面有理由怀疑GN公司注册验资时实物资产的真实性：

①投资人可以用实物资产出资，但按规定，资产持有人用超过购买日一定时限的实物资产出资应经过价值评估。而评估、验资时必须查验核对相应的实物资产，由此出资人购买了假发票，伪造了购买凭证，并借用了相关实物作为评估、验资查验依据，骗取了评估、验证报告。

②出资资产入账的重要原始凭证，即发票，取得属于伪造，本身就存在违法行为。

③投资入账后的资产应能够查证实物变动依据、去向，如销售、生产等，但在盘查时都被借故推脱无法查证，表明实物存在证据不足。以上情况充分表明，实物出资存在虚假性。

（2）审计人员应提出以下审计意见：

①责成公司股东按出资协议、章程规定近期内补足600万元资本金，并重新验资和注册登记。同时，在未补足投资之前对虚假出资额600万元作减少实收资本和相关资产调账处理，补足投资并验资注册后，再调增实收资本及相关资产。

②调整分录如下：

| | | |
|---|---|---|
| 借：实收资本——××股东 | 6 000 000 | |
| 　　贷：固定资产——制冷设备 | | 3 600 000 |
| 　　　　库存商品——外贸商品 | | 2 400 000 |

补足投资之后：

| | | |
|---|---|---|
| 借：银行存款/固定资产/库存商品等 | 6 000 000 | |
| 　　贷：实收资本——××股东 | | 6 000 000 |

### 工作反思与小结

对权益性融资进行审计时还应特别关注的其他违规问题：入账的实收资本或资本公积缺乏应有的法律手续，如资产评估资料未经必要的确认程序或评估机构本身不具备资格；出资期限超过合同或法律规定的时间界限；增资或减资不符合规定或会计处理不当；资本公积转增资本手续不完备；利润分配不当，向投资者分配过高，提取法定盈余公积或任意盈余公积不合规定，弥补以前年度亏损不合规等。

## 四、思考与讨论

如果审计人员怀疑的问题属实，则对被审计单位的筹资可以得出怎样的审计结论？

# 第三节
# 短期借款审计案例分析

## 知识储备与回顾

### 一、审计目标

（1）确定所记录的短期借款在特定期间是否确实存在，是否为被审计单位所承担。

（2）确定在特定期间内发生的短期借款业务是否记录完整。

（3）确定所有短期借款的借入、偿还及计息和付息的会计处理是否正确。

（4）确定各项短期借款的发生是否符合有关法律法规的规定，被审计单位是否履行了有关债务契约的规定。

（5）确定短期借款余额在会计报表上的表达与披露是否恰当。

### 二、审计程序

（1）获取或编制短期借款明细表，复核其加计数是否正确，并与明细账合计数和总账核对相符。

（2）函证短期借款的实有数额。如果期末短期借款余额较大或者审计人员认为必要时，应向银行或其他债权人进行函证，检查短期借款的正确性。

（3）审查短期借款增减变动及账务处理是否真实正确。

（4）检查有无到期尚未偿还的短期借款。

（5）复核短期借款利息。

（6）审查外币借款的折算。

（7）检查短期借款在资产负债表上的反映是否恰当。

### 三、审计要点

（1）短期借款的真实性、数额的正确性等。

（2）对借款事项的披露，尤其是因借款而涉及的其他重要事项的披露，对借款的审计工作而言，显得特别重要。审计人员应在综合评价被审计单位资信度和偿债能力的基础上做好相应的披露。

### 四、短期借款审计中常见的错弊形式

（1）虚提银行借款利息，调节利润。

（2）将短期借款（特别是展期的短期借款）记录反映为长期借款，导致短期借款

信息失真。

(3) 通过连续展期将应由长期借款解决的资金，如购置固定资产等，变通为短期借款，使短期借款信息失真等。

## 案例与分析

[案例6-4]

### 一、案例回放

(一) 案例背景

ABC会计师事务所于2018年1月15日至1月28日受XM公司委托，对XM公司进行2017年度财务报表审计。双方已签订审计业务约定书。

(二) 案例内容及过程

审计人员审计时发现，XM公司2017年10月取得短期借款300 000元，为期3个月，月利率0.5%。其会计处理为：

(1) 取得借款时：

| | | |
|---|---|---|
| 借：银行存款 | 300 000 | |
| 　　贷：短期借款 | | 300 000 |

(2) 每月计提短期借款利息时：

| | | |
|---|---|---|
| 借：营业外支出 | 2 000 | |
| 　　贷：短期借款 | | 2 000 |

(3) 借款到期，用银行存款偿还时：

| | | |
|---|---|---|
| 借：短期借款 | 306 000 | |
| 　　贷：银行存款 | | 306 000 |

### 二、案例梳理

(1) XM公司该项短期借款行为的会计处理是否有不当之处？

(2) 你认为应如何加以纠正？

### 三、案例分析

(1) XM公司该项短期借款行为的会计处理有以下错误：

①该公司对利息的处理不当，短期借款的利息应计入“财务费用”，不应计入“营业外支出”。

②每月利息计算也不正确，金额应为1 500元而不是2 000元。

③对借款利息的计提，应计入“应付利息”，不应计入“短期借款”，到期偿还的金额是304 500元。

(2) 审计人员应建议该公司调整会计记录如下：

借：银行存款　　1 500
　　财务费用　　4 500
　　贷：营业外支出　　6 600

[案例6－5]

## 一、案例回放

（一）案例背景

ABC会计师事务所于2018年1月15日至1月28日受XM公司委托，对XM公司进行2015年度财务报表审计。双方已签订审计业务约定书。

（二）案例内容及过程

注册会计师李明在对该公司的短期借款进行审计时，计划将公司的短期借款额与发放贷款的银行对账。在查阅短期借款明细账时发现一部分借款项目有余额。另外一些年度内发生的和以前年度发生的借款项目，借贷已经结平，没有余额。

## 二、案例梳理

（1）注册会计师李明应就审查时有余额的短期借款项目与银行对账？还是应将对账范围扩大到所有发生过的业务的借款项目？为什么？

（2）对账时，应向银行函证哪些内容？

## 三、案例分析

（1）应重点检查有余额的短期借款，逐笔核对还款的日期、金额是否与合同相符，是否有逾期的短期借款。同时，对近期已经归还借款的利息进行审计，防止借款已还，仍然发生利息费用。

（2）向银行函证的内容有：短期借款的实有数额；借款条件、借款日期；借款利率、还款期限等。

### 工作反思与小结

借款的函证可以结合银行存款询证一并进行。函证信息应包括贷款性质、贷款金额、贷款条件、对外担保金额、期间等项目，在备注栏注明“未欠息”或欠息金额。对应计利息的分析性复核，目的是查验利息费用列支的正确性。如发现重大的差异，应查明原因，并作审计调整。同时，应分清利息的费用性支出与资本性支出，对关联公司间互相结转利息费用的，应追加核对程序。

# 第四节 长期借款审计案例分析

## 知识储备与回顾

### 一、审计目标

（1）确定所记录的长期借款在特定期间是否确实存在，是否为被审计单位所承担。

（2）确定在特定期间内发生的长期借款业务是否记录完整。

（3）确定所有长期借款的借入、偿还及计息和付息的会计处理是否正确。

（4）确定各项长期借款的发生是否符合有关法律法规的规定，被审计单位是否履行了有关债务契约的规定。

（5）确定长期借款余额在会计报表上的表达与披露是否恰当。

### 二、审计程序

（1）获取或编制长期借款明细表，复核其加计数是否正确，并与明细账合计数和总账核对相符。

（2）审查长期借款业务是否合法。

（3）函证长期借款。

（4）审查长期借款增减变动及账务处理是否真实。

（5）复核长期借款利息。

（6）审查长期借款的使用是否符合借款合同的规定，重点审查长期借款使用的合理性。

（7）检查长期借款是否已在资产负债表上充分披露。

### 三、审计要点

（1）长期借款会有较多的专用借款，审计中应取证、关注相关的授权批准文件；检查长期借款的使用是否符合借款合同的规定。

（2）应关注长期借款的还款时点，注意划分“长期借款”与“一年内到期的长期负债”。

（3）应结合在建工程的审计，重点检查长期借款利息资本化是否符合规定，相应的会计处理是否正确。

（4）检查长期借款合同中关于利息支付的规定，查验企业是否按期计提长期借款的利息，如属到期一次还本、按期付息的长期借款，按期计提的利息可以在“应付利息”科目核算。企业按期计提利息时，借记“财务费用”或“在建工程”科目，贷记“应付利息”科目。

## 四、长期借款审计中常见的错弊形式

（1）长期借款利息不入费用，长期挂账。

（2）混淆资本性支出和收益性支出的界限。

# 案例与分析

**［案例 6-6］**

## 一、案例回放

（一）案例背景

ABC 会计师事务所于 2018 年 3 月 2 日至 3 月 15 日受 KY 公司委托，对 KY 公司进行 2017 年度财务报表审计。双方已签订审计业务约定书。

（二）案例内容及过程

KY 公司长期借款共一笔，年初余额（已经本事务所审计）为 400 万元，年末余额（未审数）为 100 万元。

（1）审计人员向 KY 公司索要审计期间长期借款明细账，编制了长期借款余额明细表，经复核加计，与总账、明细账、审前报表核对一致。

（2）审计人员索取获得“贷款证”资料与将长期借款余额明细表中贷款本金逐一核对，发现其中 2017 年 1 月 10 日 KY 公司归还建设银行长期借款 20 万元，在 1 月 23 日查询的银行贷款证余额清单中已登记。审计人员追加实施了查验付款凭证的审计程序，证实了该笔付款真实无误，并在贷款证余额清单中对上述记录作了相应的说明。调整了这一差异后，全部核对一致。

（3）审计人员根据明细表和借款合同的记录，分别按贷款银行发函询证。对借款询证的发函、回函情况，审计人员编制了借款函询结果汇总比较情况表，对询证函回函进行整理、汇总、统计。

（4）审计人员发现 KY 公司向工商银行的借款属于抵押借款；实施了追查测试，经查阅相关的抵押合同，抵押物是本公司的一个仓库。审计人员取得了抵押物登记证及抵押物清单，并取得了该仓库的房地产权证原件，查验到有关抵押资产的所有权归属本公司，再核对借款合同规定，未见有限制条件的记录。审计人员查验了相关资料的原件后，又取得了复印件。

（5）审计人员对 KY 公司本年的每笔借款实施详细的分析性复核程序，并将复核过程记录于长期借款余额明细表。

（6）审计人员逐一核对借款合同，发现年末未还的短期借款中有两笔已经逾期，实施了以下的查验程序：了解 KY 公司对逾期借款的处理情况，获取了该公司的书面说明与相关资料，分析了逾期借款对被审计单位的影响和在报表附注的披露，并考虑了对审计意见的影响。

## 二、案例梳理

（1）本案例是审计人员对长期借款审计实施的基本程序，请大家从中学习。

（2）你认为审计人员对 KY 公司长期借款实施的审计程序，分别是从哪些方面考虑问题的？你总结出了什么经验？

## 三、案例分析

（1）编制长期借款余额明细表时，纵向按贷款人将每一笔借款按时间顺序依次排列，横向按贷款人、借款金额、借款条件、借款币种、借款起止日期、利率、本期增加、本期减少、期末余额分别列示。

（2）如未能获取资产负债表日的贷款证资料，则可考虑利用期后企业贷款证资料，并将清单中的借款余额与账面余额进行核对；如有差异，及时查找借款增减变动原因，或请企业作出合理解释。

（3）函证信息应包括贷款性质、贷款金额、贷款条件、对外担保金额、期间等项目，在备注栏注明“未欠息”或欠息金额。

（4）在对借款的审计中，审计人员应当关注容易引发诉讼的事件，如逾期的银行借款、提供借款担保（以本单位的不动产抵押）等。这些诉讼事项往往具有重大不确定性，是企业发展中的“隐形炸弹”，严重影响着会计报表的公允反映。如果被审计单位隐瞒诉讼事实，不及时披露诉讼事项及其对会计报表的影响，会造成会计信息披露不真实、不充分，影响会计报表使用者的决策。一旦发现被审计单位存在这些事项，审计人员应该谨慎取证，需要从各方面搜集证据，如检查公司的原始凭证（合同、产权证明等），向银行询证，向律师询证，从媒体了解公司诉讼状况等，来查证清楚被审计单位在审计年度内所有的诉讼事项及其对会计报表的影响。

（5）对应计利息的分析性复核，目的是查验利息费用列支的正确性。如发现重大的差异，应查明原因，并作审计调整。同时，应分清利息的费用性支出与资本性支出，对关联公司间互相结转利息费用的，应追加核对程序。

（6）查验逾期借款，应向相关贷款银行了解与沟通，必要时应结合被审计单位诉讼事项的披露作出判断。如逾期借款的金额较大，应充分考虑对审计意见的影响。

# 第五节 应付债券审计案例分析

## 知识储备与回顾

### 一、审计目标

一般来说，企业应付债券业务不多，但每笔业务都非常重要。因此，审计人员应重视此项负债业务的审计工作。

（1）存在。资产负债表中记录的应付债券是存在的。

（2）完整性。所有应记录的应付债券都已被记录。

（3）权利和义务。记录的应付债券是被审计单位应当履行的现时义务。

（4）计价和分摊。应付债券以恰当的金额包括在财务报表中，与之相关的计价调整已恰当记录。

（5）列报。应付债券已按照企业会计准则的规定在财务报表上反映恰当。

### 二、审计程序

（1）审计人员应获取或编制应付债券明细表，复核其加计数是否正确，并与有关明细账合计数和总账核对相符。

（2）检查债券交易的有关原始凭证。检查债券交易的各项原始凭证是确定应负债金额及其合法性的重要程序。

（3）审查应计利息、债券折价（溢价）摊销会计处理是否正确。审计人员应要求被审计单位编制债券利息、债券折价（溢价）账户分析表，或者由审计人员自行编制，由审计人员通过这些账户分析表，验证企业对债券利息及债券折价（溢价）的计算和会计处理是否正确，是否与相关的会计记录相符。

（4）函证应付债券期末余额。为了确定应付债券的期末余额是否真实正确，审计人员若认为有必要的话，可以直接向债权人及债务的承销商或包销商进行函证，以检验债券发行相关事项的真实性。

（5）审查到期债权的偿还及借款费用的处理情况。

（6）确定应付债券是否已在资产负债表上充分披露。应付债券在资产负债表上列示于长期负债类下，该项目应根据“应付债券”科目的到期余额扣除将于一年内到期的应付债券后的数额填列，该扣除数应当填列在流动负债类下的“一年内到期的长期借款负债项目”单独反映。审计人员应根据审查结果，确定被审计单位应负债券在会计报表上的反映是否充分，还应注意有关应付债券的类别是否已在会计报表附注中作了充分的说明。

## 三、审计要点

（1）检查企业现有的债券副本，确定其发行是否合法，各项内容是否与相关的会计记录一致。

（2）检查企业发行债券所收入的现金、汇款通知单、送款登记簿及相关的银行对账单。

（3）检查用以偿还债券的支票存根。

（4）检查已偿还债券的数额同应付债券借方发生额是否相符。

（5）如果企业发行债券数额时已做抵押或担保，还应审查相关契约的履行情况。

## 四、应付债券审计中常见的错弊形式

（1）未经批准，擅自发行。

（2）变相提高债券利率。

（3）混淆资本性支出与收益性支出的界限。

（4）溢价、折价不摊销。

（5）债券使用超出章程范围等。

# 案例与分析

［案例6－7］

## 一、案例回放

（一）案例背景

ABC会计师事务所于2018年2月18日至1月27日受ZY公司委托，对ZY公司进行2017年度财务报表审计。双方已签订审计业务约定书。

（二）案例内容及过程

审计人员在审查ZY公司应付债券时发现，ZY公司于2017年1月1日发行3年期面值为600万元的债券，票面利率为3%，该公司按570万元的价格出售。该公司发行的债券用于购建固定资产，固定资产将于2018年底交付使用。该公司在2017年末计提利息并摊销折价时，账务处理如下：

借：在建工程　　80 000

　　应付债券——债券折价　　100 000

　　贷：应付债券——应计利息　　180 000

## 二、案例梳理

（1）你认为ZY公司在上述账务处理上存在什么问题？

（2）你认为审计人员应如何提请该公司调整有关账户记录？

## 三、案例分析

（1）根据以上资料，可以计算出该公司期末应计提的债券利息为 180 000 元（6 000 000 × 3%），该公司发行债券是以折价的方式发行的，折价总额为 300 000 万元，3 年期分摊，每年分摊额为 100 000 元。

（2）审计人员可以认定，YZ 公司在对摊销折价的账务进行处理时记账方向错记在借方，从而使当期在建工程减少了 200 000 万元，影响了会计报表资产项目信息的真实性。因此，审计人员应提请该公司调整有关账户记录。

借：在建工程　　　　200 000

　　贷：应付债券——债券折价　　　　200 000

# 第六节 投资业务综合审计案例分析

## 知识储备与回顾

### 一、审计目标

（1）真实性。记录中所有有关投资的交易确实发生，记录的投资确实存在。

（2）完整性。所有存在的投资金额和交易都已被记录。

（3）所有权。确定投资余额为被审计单位所有。

（4）估价。投资余额金额记录正确，能恰当反映其真实价值。

（5）截止。影响投资的交易被适时记录。

（6）准确性。日记账和分类账的交易细节与总账中有关投资的余额相一致。

（7）分类。投资项目被恰当的分类。

（8）披露。有关投资的项目余额在有关会计报表上反映恰当。

### 二、审计程序

要完成投资业务审计，实现投资业务审计目标，审计中需要注意：

（1）针对不同投资类型、投资方式、投资权益关系等恰当应用审计程序方法。

（2）检查构成投资业务涉及的有关业务资料、账证记录、计价处理，函询投资业务事项、投资数额等。计算分析投资数额与投资收益的关系，寻查有无异常现象。

（3）对持有的有价证券实施盘查或向证券商函询证券交易情况。

（4）向被投资方函证投资情况及收益分配、利息支付情况并索取相关资料等。

## 三、审计要点

（1）投资业务合同协议签订的合法合规性与投资业务及其项目的可行性。

（2）投资各方权益关系是否公平合理、有无损害他方利益。

（3）投资交易资产与交易额是否合法合规、计价及记录是否正确。

（4）有无隐匿投资收益或掩盖重大投资损失问题，以及借对外投资之机损害企业利益捞取个人利益行为。

（5）有无利用不当投资交易、关联方投资交易等虚增投资价值和收益，粉饰财务成果等行为。

## 四、投资审计中常见的错弊形式

（1）对外投资，尤其是重大投资项目未进行可行性研究，盲目投资造成重大损失和浪费。

（2）为了截留投资收益和偷漏所得税，而采取了计入“其他应付款”账户挂账的舞弊手法。

（3）随意改变长期投资会计核算方法，将成本法和权益法混淆使用，以达到调节利润的目的。

（4）通过利润表中的股权投资收益与现金流量表中因股权投资收益而收到现金之间差异的分析，判断是否存在隐藏联营投资利润的问题。

（5）通过利润表中的债权投资收益与现金流量表中因利息收入而收到现金之间差异的分析，判断是否存在截留利息收入的问题。

# 案例与分析

**［案例6-8］**

## 一、案例回放

（一）案例背景

ABC会计师事务所于2018年2月8日至3月3日受CF公司董事会委托，对CF公司进行2017年度财务报表审计。双方已签订审计业务约定书。

CF公司主营业务范围是：水产品养殖、加工、销售及深度综合开发，生物工程研究、开发及食品、饮料的销售。2017年，CF公司把经营工作的重点继续放在拓展主营业务，除了抓好传统养殖和引进新的养殖品种外，合理利用水面资源，发展“三网”养殖，增加名特优新水产品养殖投入，使水产养殖继续保持稳定增长的势头。1月至12月，公司共计实现主营业务收入5 212万元，实现净利润520万元，分别比上年同期增长136.28%和40.21%。

CF公司按照《中华人民共和国公司法》的要求，设有董事会、监事会。在职能科室中设有审计部，注册会计师的审计工作得到了该公司内部审计的协助，根据审计计划，审计注册会计师陈蒙负责投资的审计测试与取证工作。

（二）案例内容及过程

注册会计师陈蒙对投资进行内部控制测试后，对其进行了评价。陈蒙认为，CF 公司的投资内部控制有较好的方面，也存在一定的问题。投资的内部控制方面存在的问题主要是：没有对长期投资资产（股票、债券）进行定期盘点，即由证券公司代为保管的股票和债券，没有建立定期的核对制度；对存放在公司内部的有价证券，也没有建立定期的盘点制度，且未能对核对和盘点的结果与账簿记录进行比较，确保有价证券的安全、完整。为此，陈蒙指出，CF 公司应建立并完善对长期投资资产（股票、债券）定期盘点制度，强调核对和盘点工作应由公司的内部审计人员或不参与有价证券保管、记录和买卖的其他财会工作人员进行，以防止舞弊行为的发生。综合以上情况，项目组认为，CF 公司投资环节存在重大错报风险。

在实施实质性程序时发现了如下问题：

（1）注册会计师陈蒙对 CF 公司长期投资业务进行审查时，将“长期股权投资”账户与有关货币资金及“应收股利”等账户相互核对，用以判断其入账的价值是否合规适当。结果发现 3 月 10 日购入甲公司股票 100 000 股，实际买价为 400 000 元，其中买价中包含已宣告但尚未支付的股利 9 000 元，另支付印花税 3 200 元，经纪人佣金 1 200 元，该公司将所支付的款项全部作为权益资本，计入“长期股权投资”账户。

（2）注册会计师陈蒙发现该公司于 2017 年 4 月购入乙公司的股票 20 000 股，预计持有时间为 4 个月。每股面值为 1 元，每股购入价 1.2 元，实际支付金额为 25 500 元，其中包含已宣告发放，但未支付的股利 1 500 元，该公司作以下分录：

借：交易性金融资产　　24 000

　　投资收益　　1 500

　　贷：银行存款　　25 500

陈蒙审阅了该笔投资业务的原始凭证。发现投资收益借方所反映的是已宣告发放，但未支付的股利。

（3）注册会计师陈蒙发现 CF 公司 2017 年 1 月 8 日购买丙股份有限公司发行的股票 3 000 000 股，准备长期持有，占丙股份有限公司股份的 30%。每股买入价为 5 元，另外，购买该股票时发生有关税费 400 000 元，款项已由银行存款支付。CF 公司在取得对丙股份有限公司的股权后，派人参与了丙股份有限公司的生产经营决策。因能够对丙股份有限公司的生产经营决策施加重大影响，CF 公司对该投资按照权益法核算。2016 年 12 月 31 日，丙股份有限公司的所有者权益的账面价值（与其公允价值不存在差异）为 100 000 000 元。CF 公司作如下会计处理：

计算原始投资成本：

股票成交金额 = 3 000 000 × 5 = 15 000 000 元

加：相关税费　　400 000 元

合计：　　15 400 000 元

编制购入股票的会计分录：

借：长期股权投资——成本　　15 400 000

贷：银行存款　　15 400 000

## 二、案例梳理

（1）CF公司上述有关的投资的处理是否正确？为什么？

（2）如果上述处理不正确，如何进行审计调整？

## 三、案例分析

（1）CF公司的此项投资成本不真实。企业在以货币资金购买股票时，如果企业实际支付的价款中含有已宣告尚未发放的股利，应按认购股票实际支付的价款扣除已宣告尚未发放的股利作为长期股权投资的入账价值；对于已宣告尚未发放的股利，应在"应收股利"科目核算。

（2）会计处理错误。根据上述情况，注册会计师陈蒙认为CF公司把本应作为"应收股利"的1 500元错计入"投资收益"账户。后查明，该公司为了少纳所得税，故意冲减投资收益。应作如下调整：

借：应收股利　　1 500

　　贷：投资收益　　1 500

（3）陈蒙指出，长期股权投资的初始投资成本15 400 000元小于投资时应享有被投资单位可辨认净资产公允价值份额30 000 000（100 000 000 × 30%）元，其差额14 500 000元应调整已确认的初始投资成本。同时按其差额，贷记"营业外收入"科目。

借：长期股权投资——成本　　14 600 000

　　贷：营业外收入　　14 600 000

因此，陈蒙要求CF公司进行调整。

此外，审计人员发现，2017年丙股份有限公司实现净利润10 000 000元，而且其可供出售金融资产的公允价值增加了4 000 000元。对此，CF公司并未按照持股比例确认与调整投资收益与资本公积。

审计人员指出，CF公司应根据被投资单位实现的净利润计算应享有的份额，即按照持股比例确认投资收益3 000 000元。CF公司应作如下调整分录：

借：长期股权投资——损益调整　　3 000 000

　　贷：投资收益　　3 000 000

丙股份有限公司除净损益以外所有者权益的其他变动，CF公司应按持股比例计算应享有的份额，借记"长期股权投资——其他权益变动"科目，贷记"资本公积——其他资本公积"科目。即CF公司应按照持股比例确认相应的资本公积1 200 000元。CF公司应作如下调整分录：

借：长期股权投资——其他权益变动　　1 200 000

　　贷：资本公积——其他资本公积　　1 200 000

对这笔投资业务，陈蒙认为CF公司为了少纳所得税，没有正确使用权益法核算，故意减少投资收益和营业外收入。

CF公司在取得对丙公司的股权后，派人参与了丙股份有限公司的生产经营决策。

因此能够对丙股份有限公司的生产经营决策实施重大影响，CF 公司对该投资按照权益法核算。由于权益法下，企业“长期股权投资”账户反映的投资额要随着接受投资企业净资产的增减变动而变动。但是，在 2017 年丙股份有限公司实现净利润 10 000 000 元，而且其可供出售金融资产的公允价值增加了 4 000 000 元的情况下，CF 公司并未按照持股比例确认和调整投资收益和资本公积，从而对 CF 公司的净利润产生了很大的影响。

**工作反思与小结**

在股权投资形成后，也就产生了关联公司。关联公司间的幕后交易，给审计人员增加了审计测试和判断的工作量。特别是有些投资企业利用投资方法的不同，人为调节损益和隐瞒投资收益或损失。应注意审查企业有哪些投资项目适合权益法核算，并通过询问管理当局或函证接受投资企业等方式，确认企业是否确实对接受投资企业具有共同控制或重大影响，检查企业是否对这些项目采用了权益法。在权益法下，审计人员除了应注意审查接受投资企业净资产增减变化数额是否真实、准确以外，还要注意审查投资企业投资额占被投资企业实收资本或股本的比例及按此比例分享的净资产增减额是否真实、准确。为了检查上述问题，审计人员应尽量取得被投资企业经过审计的年度财务报表，如被投资企业是上市公司，其年度财务报表可以从公开渠道取得。否则，审计人员应与担任被投资企业审计工作的审计人员或与被投资企业联系，函证获得所需情况或数据。

## 四、思考与讨论

长期股权投资的核算方法有几种？分别是什么？它们是如何规定的？

## [案例 6－9]

## 一、案例回放

### （一）案例背景

ABC 会计师事务所于 2018 年 3 月 1 日至 3 月 12 日受 GK 公司董事会委托，对 GK 公司进行 2017 年度财务报表审计。双方已签订审计业务约定书。本案例主要针对长期股权投资业务的审计进行分析与讨论。

### （二）案例内容及过程

审计人员在检查 GK 公司长期股权投资业务时，发现该公司于 2017 年 9 月 1 日增发 1 200 万股普通股，从而取得 W 公司 20% 的股权，该 1 200 万股股份的公允价值为 7 800 万元，GK 公司向证券承销商支付了 70 万元佣金和手续费。经核实，GK 公司通过增发新股取得 W 公司股权后能对该公司施加生产经营决策上的重大影响。对此，审计人员认为该事项已构成重点关注的重要事项，并进一步查阅了相关账证记录，并发现长期股权投资入账价值为 7 870 万元，其凭证记录如下：

借：长期股权投资——W 公司　　78 700 000
　　贷：股本——W 公司　　12 000 000
　　　　资本公积——股本溢价　　66 700 000

## 二、案例梳理

（1）你认为 GK 公司的投资计价是否正确？为什么？

（2）如果上述投资计价不正确，你可以得出什么结论？

（3）如何进行审计调整？

## 三、案例分析

（1）GK 公司的投资计价不正确。根据《企业会计准则》的规定，为发行权益性证券支付给证券承销商的手续费、佣金等证券发行的直接费用，不构成长期股权投资的成本，应先从权益性证券的溢价发行收入中扣除。GK 公司将发行费用计入投资成本，违反了《企业会计准则》的规定。

（2）GK 公司没有按照《企业会计准则》的规定对长期股权投资正确计价，将股票发行费用 70 万元违规计入投资成本，虚增了投资成本和股本溢价 70 万元。

（3）审计人员应建议 GK 公司调减长期股权投资成本和股本溢价 70 万元，调整分录如下：

借：资本公积——股本溢价　　700 000
　　贷：长期股权投——W 公司　　700 000

### 工作反思与小结

在投资审计中，审计人员首先要关注的就是投资成本的真实性和合法性。不同的投资形式，其入账价值也不相同。审计人员应结合企业取得长期股权投资的方式来审查其初始投资成本的正确性，并将“长期股权投资”账户与有关“银行存款”“资本公积”等账户相互核对，判断其入账价值是否合规恰当。

## 四、思考与讨论

企业常见的投资业务有哪些？一般会有哪些错弊？

**[案例 6－10]**

## 一、案例回放

（一）案例背景

ABC 会计师事务所于 2018 年 1 月 15 日至 1 月 26 日受 GX 公司董事会委托，对 GX 公司进行 2017 年度财务报表审计。双方已签订审计业务约定书。本案例主要针对债权投资业务的审计展开分析与讨论。

（二）案例内容及过程

审计人员在审查 GX 公司债权投资业务时发现以下内容：

（1）审计人员在检查中查阅到 GX 公司“持有至到期投资——F 债券”账户有余额 100 万元，“持有至到期投资——委托贷款”账户有余额 600 万元。审计人员查阅了该公司董事会会议纪要和相关业务交易资料，查明购入的 F 债券面值 90 万元，实付款 105 万元，该债券为 5 年期，每半年付息一次，票面利率 5%。其中购入时含有已到期但未收到的利息 5.2 万元，交易费用 0.3 万元；委托银行贷款 600 万元，3 年期，分成年利率为 6%，每半年付息一次。相关凭证记录如下：

①购入 F 债券时：

| | | |
|---|---|---|
| 借：持有至到期投资——F 债券 | 1 000 000 | |
| 投资收益——交易费用 | 50 000 | |
| 贷：其他货币资金——存出投资款 | | 1 050 000 |

所附原始凭证：债券交易凭证及付款凭证一份。

②委托贷款时：

| | | |
|---|---|---|
| 借：持有至到期投资——委托贷款 | 6 000 000 | |
| 贷：银行存款 | | 6 000 000 |

所附原始凭证：委托贷款交易凭证、付款凭证各一份。

（2）检查核实 GX 公司 2017 年 6 月末计算的相关利息收益及会计处理，相关凭证记录如下：

| | | |
|---|---|---|
| 借：应收利息——F 债券 | 25 000 | |
| 应收利息——委托贷款 | 180 000 | |
| 贷：投资收益——利息收益 | | 205 000 |

## 二、案例梳理

（1）你认为 GX 公司购入的 F 债券投资初始入账计价、投资收益处理是否正确？为什么？

（2）如果上述问题会计处理不正确，你认为正确的会计处理是怎样的？

（3）GX 公司 2017 年 6 月末计算的 F 债券利息收益及会计处理是否正确？为什么？

（4）如果上述问题会计处理不正确，你认为应该如何调整？

（5）审计人员针对 GX 公司债权投资的问题应该给出什么意见？

## 三、案例分析

（1）GX 公司购入的 F 债券初始入账计价、投资收益处理不正确。按《企业会计准则》的规定，债券初始成本由面值、交易费用、折溢价构成，其中：债券成本按面值计价，交易费用与折溢价作为利息调整。本案例中，F 债券实付款 105 万元，扣除面值 90 万元、已到期未收到的利息 5.2 万元、交易费用 0.3 万元，差额 9.5 万元应为债券溢价。交易价格中含有的已到期未收到利息作为应收债权处理，不能计入初始成本。

（2）GX 公司购入的 F 债券的入账成本应为面值 90 万元，利息调整 9.8 万元，已到期未收到的利息5.2万元应作为应收利息入账。正确的会计处理应为：

借：持有至到期投资——F债券 900 000

　　持有至到期投资——利息调整（F债券溢价） 98 000

　　应收利息——F债券 52 000

　　贷：其他货币资金——存出投资款 1 050 000

（3）GX公司2017年6月末计算的F债券利息收益及会计处理错误。因为按《企业会计准则》的规定，债券在计息时应按实际利率法计算摊销折溢价，摊销的折溢价作为利息调整处理，但该公司在计息时未按规定进行处理。

（4）假设审计人员核实的实际利率为4%，则：

应计的利息收益额 =（900 000 +98 000） ×4% ×50% =19 960（元）

按票面面值及利率计算的应收利息额 = 900 000 ×5% ×50% =22 500（元）

溢价摊销额 =22 500 -19 960 =2 540（元）

该债券计息时正确的会计处理应为：

借：应收利息——F债券 22 500

　　贷：投资收益——利息收益 19 960

　　　　持有至到期投资——利息调整（F债券溢价） 2 540

（5）GX公司未按《企业会计准则》的规定对其债券投资初始成本正确计价，计息时也未按规定计算和作出摊销调整，致使“持有至到期投资”账面价值多计0.2（100 -99.8）万元，投资收益少计44 960（19 960 +50 000 -25 000）元，应收债券利息少计5.2万元。

为此，审计人员提出了如下审计意见：

增持有至到期投资账面价值0.2万元，应收债券利息调增5.2万元，相应调增当期投资收益44 960元。调整分录为（其他调整略）：

借：持有至到期投资——利息调整（F债券溢价） 98 000

　　应收利息——F债券 52 000

　　贷：持有至到期投资——F债券（面值） 100 000

　　　　投资收益——交易费用 50 000

借：应收利息——F债券 2 500

　　贷：投资收益——利息收益 5 040

　　　　持有至到期投资——利息调整（F债券溢价） 2 540

## 工作反思与小结

审查企业取得的持有至到期投资时，应重点关注是否暗改投资的面值，计入“持有至到期投资——成本”科目。支付的价款中包含额已到付息期但尚未领取的利息，是否作为应收项目单独核算；实际支付的金额与上述项目的差额是否在“持有至到期投资——利息调整”科目中核算。

还要特别注意分析被投资对象的实际运营状况，判断是否存在重大投资损失风险。

同时，对检查情况及结果应予以恰当记录，对发现的错弊问题尤其是重大错报应予关注，提出处理意见和调整应调整账项等。

## 四、思考与讨论

结合本案例，说说对债权投资进行审计时应重点关注哪些事项？

## [案例 6-11]

## 一、案例回放

（一）案例背景

ABC 会计师事务所于 2018 年 2 月 1 日至 2 月 25 日受 LM 公司董事会委托，对 LM 公司进行 2017 年度财务报表审计。双方已签订审计业务约定书，并派出注册会计师王峰和审计助理小葛对 LM 公司进行 2017 年度财务报表审计。

（二）案例内容及过程

审计中发现，该公司用剩余现金购置了数量较大的长期投资有价证券，并存放于当地工商银行的保险箱，并规定只有公司总经理或财务部经理可以开启保险箱。由于 12 月 31 日公司的总经理和财务部经理不能共同去银行盘点有价证券，经约定，2018 年 2 月 10 日由审计人员和财务部经理一同前往银行盘点。小葛盘点后得知，公司财务部经理于 1 月 24 日曾开启保险箱，并声称开启保险箱是为了查阅一份文件。

## 二、案例梳理

（1）假定审计助理小葛以前未进行过有价证券盘点，注册会计师王峰应要求在盘点时执行哪些审计程序？

（2）财务部经理 1 月 24 日曾开启保险箱，并声称开启保险箱是为了查阅一份文件。针对这一情况，注册会计师王峰应增加哪些审计程序？

## 三、案例分析

（1）应当执行的审计程序有：

①询问保险箱开启的内部管理制度。比如，保险箱在什么情况下可开启？开启时需有几人同时在场？是否要求应当作出记录，并作出哪些记录？一般保险箱内所保管的物品是什么？

②注意观察保管条件，是否确能保证物品的安全、完整。

③查阅保险箱开启的记录，检查是否作出完整、详细的记录。

④审查所保管物品的书面记录，验证其增减变动是否已作出详细记录。

⑤认真清点所保管物品的数量，并作出详细记录，对于有价证券，还应记录其数量、面值、编号、户名、发行单位等。

⑥编制盘点表，并请相关人员签名、盖章。

⑦核对保险箱内的实存物品是否与书面记录一致。

（2）应当补充执行程序：

①审查开启记录，是否有1月24日开启的记录，并验证其开启记录是否符合相关规定。

②是否有财务部经理所称的文件？该份文件现在何处？

③当前所保管的证券与1月24日之前的证券是否相同？若不符，应进一步查明其原因。

**[案例6－12]**

## 一、案例回放

（一）案例背景

ABC会计师事务所于2018年2月6日至2月28日受WM公司委托，对WM公司进行2017年度财务报表审计。双方已签订审计业务约定书，并派出注册会计师对WM公司进行2017年度财务报表审计。

（二）案例内容及过程

WM公司2017年10月购入DY公司的股票6万股，每股面值12元，购买价20元，准备赚取差价。支付经纪人佣金及手续费4 000元，实付款1 215 000元，含已宣告未发放股利11 000元，WM公司作分录如下：

| | | |
|---|---|---|
| 借：短期投资 | 1 200 000 | |
| 投资收益——出售短期股票 | 11 000 | |
| 财务费用 | 4 000 | |
| 贷：银行存款 | | 1 215 000 |

年底，WM公司的股票上升到每股22元，公司将市价同成本差额调增投资收益并增加短期价值，在资产负债表中“短期投资”项目列示数为1 320 000元（该公司仅有DY公司股票短期投资）。

## 二、案例梳理

（1）指出上述WM公司存在的问题。

（2）针对上述问题作出财务调整并说明报表应如何列示。

## 三、案例分析

（1）存在的问题：

①购买短期股票包含的已宣告未发放股利应计入“应收股利”账户，不应计入“投资收益”账户，该公司这样做属虚减资产，虚减收益。

②购买短期股票发生的佣金、手续费应增加短期投资成本，不应增加财务费用，该公司这样做属虚减资产，虚增费用。

③由于市价高于成本，因而短期投资应当按成本在资产负债表中列示。该公司按市价在资产负债表列示“短期投资”项目属虚增资产，虚增收益。

（2）账务调整：

①借：应收股利　　11 000

　　贷：投资收益——出售短期股票　　11 000

②借：短期投资　　4 000

　　贷：财务费用　　4 000

③借：投资收益　　12 000

　　贷：短期投资——跌价准备　　12 000

年末该公司的资产负债表中“短期投资”项目应按成本价（1 204 000元）列示，不应按市价列示。

# 第七节 资本公积审计案例分析

## 知识储备与回顾

### 一、审计目标

（1）存在。资产负债表中记录的资本公积是存在的。

（2）完整性。所有应记录的资本公积均已被记录，资本公积的增减变动符合法律、法规和合同、章程的规定。

（3）计价和分摊。资本公积以恰当的金额包括在财务报表中。

（4）列报。资本公积已按照企业会计准则的规定在财务报表上反映恰当。

### 二、审计程序

（1）编制资本公积明细表，核对资本公积明细表、总账余额与报表数是否相符。

（2）检查资本溢价或股票溢价。

（3）检查接受非现金资产捐赠准备，接受现金捐赠。

（4）检查股权投资准备。审计人员应检查被审计单位是否按接受投资单位所反映的资本公积及实际持股比例确定资本公积，是否进行了正确的会计处理。

（5）检查拨款转入。

（5）检查外币资本折算差异。

（7）测试资本公积的使用情况。

### 三、审计要点

（1）审查资本公积明细账的借方发生额及有关凭证、账户的对应关系，查明资本公积使用的合法性。

（2）资本公积转增资本时，查明有无企业权力机构的正式决议，有无有关政府部门的批准文件，经办手续是否完备。

（3）审查有无挪用资本公积的情况。如将资本溢价用作集体、职工福利，或利用资本公积进行各种营私舞弊活动。对于发现的擅自使用或挪用资本公积的问题，应提请企业管理部门（如董事会）调整有关账户，并在审计工作底稿中予以说明。

（4）在审查股权投资准备时，注册会计师应结合长期股权投资账户的审计进行。注册会计师在审查时应注意审查以下问题：被投资企业有关资本公积增减变动数额是否真实、准确；投资企业的投资比例和依此分享的有关资本公积增减变动数额是否真实、准确。

## 四、资本公积审计中常见的错弊形式

（1）企业在未由具有法定资产评估资格的评估机构进行资产评估的情况下，通过虚假资产评估来虚增企业所有者权益。

（2）将资本溢价或股本溢价作为当期收益或计入实收资本，损害其他投资者的利益。

（3）企业不符合增资条件、在未经批准和办理相关手续的情况下，擅自将资本公积转增资本。

（4）接受财产捐赠，记入当期损益等。

（5）将本应列入资本公积的内容不列入或将不应列入资本公积的内容列入。

# 案例与分析

**［案例 6－13］**

## 一、案例回放

（一）案例背景

ABC 会计师事务所于 2018 年 1 月 5 日至 1 月 15 日受 LM 公司委托，对 LM 公司进行 2017 年度财务报表审计。双方已签订审计业务约定书。

（二）案例内容及过程

审计人员在审查 LM 公司资本公积明细账中发现，股票溢价金额 296 000 元。该公司实际发行股票 100 000 股，股票面值 12 元，每股发行价格 15 元，佣金 15 000 元，股票发行手续费 20 000 元。

## 二、案例梳理

（1）请复核该公司股票溢价计算是否正确？

（2）审计人员应作出什么审计结论？

## 三、案例分析

（1）复核该公司股票溢价的计算：

股票溢价 =（15 - 12）×100 000 - 15 000 - 20 000 = 265 000（元）

由此可见不是公司资本公积明细账上的 296 000 元。

（2）审计人员可以得出的审计结论是：该公司资本公积中的股票溢价计算错误，导致资本公积账户记录不真实，审计人员应提请公司作出账务调整，冲减多记的股本溢价。

# 第八节 盈余公积审计案例分析

## 知识储备与回顾

### 一、审计目标

（1）存在。资产负债表中记录的盈余公积是存在的。

（2）完整性。所有应记录的盈余公积均已被记录，盈余公积的增减变动符合法律、法规和合同、章程的规定。

（3）计价和分摊。盈余公积以恰当的金额包括在财务报表中。

（4）列报。盈余公积已按照企业会计准则的规定在财务报表上反映恰当。

### 二、审计程序

（1）编制或获取盈余公积明细表，分别列示法定盈余公积、公益金、任意盈余公积，并与报表数和总账、明细表余额核对相符。

（2）对盈余公积各明细项目发生额逐项审查其原始凭证。

（3）检查盈余公积各明细项目的提取比例是否符合有关规定。

（4）检查盈余公积的减少是否符合相关规定，会计处理是否正确。

### 三、审计要点

（1）审查法定余额公积和任意盈余公积的计提顺序、计提基数、计提比例是否符合有关规定，会计处理是否正确。

（2）审查盈余公积的减少是否符合有关规定，取得董事会会议纪要、股东大会会议记录，予以核实，检查有关会计处理是否正确。

（3）如属于外商投资企业，应对储备基金、企业发展基金的发生额逐项审查至原始凭证，审查是否符合有关规定，会计处理是否正确。

## 四、盈余公积审计中常见的错弊形式

（1）企业为了逃避所得税，将应该计入当期损益的项目计入盈余公积。

（2）提取的基数或顺序不正确。

（3）列支渠道不正确，有些企业直接从成本费用中提取。

（4）将盈余公积金挪作他用，如用于发放奖金等。

（5）盈余公积使用不合规，违反国家规定的条件或原计划用途而未经适当审批程序。

# 案例与分析

**[案例 6－14]**

## 一、案例回放

（一）案例背景

ABC 会计师事务所于 2018 年 1 月 9 日至 1 月 19 日受 ZM 公司委托，对 ZM 公司进行 2017 年度财务报表审计。双方已签订审计业务约定书。

（二）案例内容及过程

审计人员发现 ZM 公司 2017 年度提取法定盈余公积 120 000 元，任意盈余公积 120 000 元。本年净利润 1 200 000 元，以前年度尚未弥补亏损 600 000 元，法定盈余公积、任意盈余公积提取比例为 10%。

## 二、案例梳理

（1）请你复核该公司各项盈余公积提取是否正确？

（2）你认为审计人员应作出什么审计结论？

## 三、案例分析

（1）复核该公司各项盈余公积提取的计算：

法定盈余公积应提取 =（120 000 − 600 000）×10% =60 000（元）

任意盈余公积应提取 =（120 000 − 600 000）×10% =60 000（元）

（2）审计人员可以得出的审计结论是：该公司多提取法定盈余公积 60 000 元，多提取任意盈余公积 60 000 元。建议调整：

| | | |
|---|---|---|
| 借：盈余公积——法定盈余公积 | 60 000 | |
| 　　　　　　——任意盈余公积 | 60 000 | |
| 　贷：利润分配——提取法定盈余公积 | | 60 000 |
| 　　　　　　　——提取任意盈余公积 | | 60 000 |

# 第九节 未分配利润审计案例分析

## 知识储备与回顾

### 一、审计目标

（1）存在。资产负债表中记录的未分配利润是存在的。

（2）完整性。所有应记录的未分配利润均已被记录，未分配利润的增减变动符合法律、法规和合同、章程的规定。

（3）计价和分摊。未分配利润以恰当的金额包括在财务报表中。

（4）列报。未分配利润已按照企业会计准则的规定在财务报表上反映恰当。

### 二、审计程序

（1）检查利润分配比例是否符合合同、协议、章程以及董事会会议纪要的规定，利润分配数额及年末余额是否正确。

（2）根据其他项目审计结果调整本年损益数，直接增加或减少未分配利润，确定调整后的未分配利润。

### 三、审计要点

（1）了解本年利润弥补以前年度亏损的情况，确定本期未弥补亏损金额。如果已经超过弥补期限，且已因为抵扣亏损而确认递延所得税资产的，应当进行调整。

（2）检查本期未分配利润变动除净利润转入以外的全部相关凭证，结合所获取的文件资料，确定其会计处理是否正确。

（3）结合以前年度损益科目的审计，检查以前年度损益调整的内容是否真实、合理，注意对以前年度所得税的影响。对重大调整事项应逐项核实其发生原因、依据和有关资料，复核数据的正确性。

（4）检查未分配利润是否已按照企业会计准则的规定在财务报表中作出恰当的列报，检查对资产负债表日后至财务报告批准报出日之间由董事会或类似机构所制定利润分配方案中拟分配的股利，是否在财务报表附注中单独披露。

### 四、未分配利润审计中常见的错弊形式

（1）企业将本应计入当期损益的收益直接计入未分配利润以逃避所得税。

（2）企业未经企业权力机构的批准就分配利润，如企业将未分配利润用于发放奖

金等，损害投资者利益。

## 案例与分析

［案例 6－15］

### 一、案例回放

（一）案例背景

ABC会计师事务所于2018年3月5日至3月15日受HD公司委托，对HD公司进行2017年度财务报表审计。双方已签订审计业务约定书。

（二）案例内容及过程

HD公司是一家上市公司，在股东大会召开前，根据董事会决议编制了2017年度利润分配表，如表6－1所示。

表6－1 HD公司2017年度利润分配表（简表） 单位：元

| 项 目 | 本年实际 |
|---|---|
| 一、净利润 | 200 000 |
| 加：年初未分配利润 | 0 |
| 二、可供分配利润 | 200 000 |
| 减：提取法定盈余公积金 | 20 000 |
| 三、可供股东分配的利润 | 180 000 |
| 减：已分配优先股股利 | 20 000 |
| 提取任意公积金 | 50 000 |
| 已分配普通股股利 | 65 000 |
| 四、未分配利润 | 45 000 |

该公司经股东大会批准的利润分配方案如下：

（1）提取法定公积金20 000元。

（2）分配优先股利20 000元。

（3）提取任意公积金47 000元。

（4）分配普通股股利60 000元。

### 二、案例梳理

（1）审计人员发现，股东大会批准的利润分配方案与董事会提请批准的报告年度利润分配方案不一致。在这种情况下，是重新编制并披露2017年的利润分配表，还是调整2018年初未分配利润数额，为什么？

（2）如果你认为应该调整2018年初未分配利润，请计算2018年初未分配利润的数额。

## 三、案例分析

（1）按照我国现行制度的有关规定，对于股东大会最终批准的利润分配方案与董事会原先提请批准的利润分配方案的差异，应采取调整当期利润分配项目年初数的方法进行处理。

（2）2018 年初未分配利润 = 45 000 + 3 000 + 5 000 = 53 000（元）。

## 课后提高训练

**案例一：**

某注册会计师对家丽公司 2017 年会计报表进行审计。在该年度内，家丽公司向银行申请到了一笔长期贷款。贷款合同规定：

（1）贷款以公司存货和应收账款为担保。

（2）家丽公司债务与所有者权益之比应经常保持不高于 2:1。

（3）非经银行同意不得派发股利。

（4）自 2017 年 7 月 1 日起分期偿还贷款。

要求：

如果不考虑相关的内部控制制度，该注册会计师审查上述长期贷款项目时，应包括哪些审计程序？

**案例二：**

审计人员在审查某公司时发现，该公司取得生产周转借款 300 000 元，计划用于购买生产产品所需的原材料，但经过审计人员查阅“物资采购”明细账发现，该公司在借款期内并没有购入原材料，而“银行存款日记账”中显示，用该款项支付了办公楼扩建费，经请示厂长，作修理费入账。

要求：

（1）该公司这种做法是否正确？

（2）审计人员应提出什么建议？

**案例三：**

审计人员在审查某企业时发现，长期借款账面的期末余额为 3 600 000 元，其中，一年内到期的长期借款为 1 900 000 元。该企业在会计报表“长期借款”项目下披露长期借款为 3 600 000 元。

要求：

（1）试分析说明企业的该项披露是否恰当。

（2）审计人员应提出什么建议？

**案例四：**

某会计师事务所对某公司2017年度资产负债表进行审计。注册会计师发现长期借款明细记录如表6－2所示。

**表6－2**

| 贷款单位 | 金　额 | 借款期限 | 年利率 | 借款条件 | 借款用途 |
|---|---|---|---|---|---|
| 工商银行 | 3 000万元 | 2012.8～2016.8 | 6.4% | 以存货抵押借款 | 改扩建厂房 |
| 农业银行 | 6 000万元 | 2015.6～2019.6 | 6% | 以设备抵押借款 | 流动资金 |
| 合计 | 9 000万元 | | | | |

要求：

针对该公司向工商银行的借款，注册会计师应该在接下来的审计程序中作哪些规划？为什么？

**案例五：**

审计人员在审查某公司2017年的资本公积明细账时发现，该公司接受外公司捐赠机床设备一台，金额150万元，会计记录为：

借：固定资产　　　　1 500 000

　　贷：资本公积——接受非现金资产捐赠准备　　　　1 500 000

要求：

（1）试分析说明企业的该项会计记录的正确性。

（2）审计人员应提出什么建议？

# 7 第七章 利润形成与分配审计业务案例分析

## 第一节 利润形成与分配业务基本认知

### 一、利润及其构成

（一）利润的概念

利润是指企业一定期间内获得的经营成果。它包括收入减去费用后的净额、直接计入当期利润的利得和损失等。

（1）直接计入当期利润的利得是指企业非日常活动形成的，会导致所有者权益增加的，与所有者投入资本无关的经济利益的流入。

（2）直接计入当期利润的损失是指由企业非日常活动所发生的，会导致所有者权益减少的，与向所有者分配利润无关的经济利益的流出。

（二）利润的构成

在利润表中，利润的金额由营业利润、利润总额和净利润三个层次计算确定（如图7-1所示）。

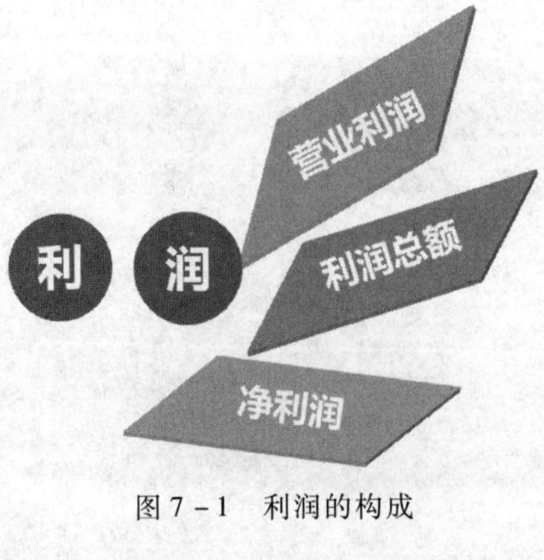


图7-1 利润的构成

1. 营业利润

营业利润是指企业在一定期间的日常活动取得的利润。营业利润的具体构成可以用公式表示如下：

营业利润 = 营业收入 - 营业成本 - 税金及附加 - 销售费用 - 管理费用 - 财务费用 - 资产减值损失 ± 公允价值变动净损益 ± 投资净损益 + 基他收益

其中，营业收入 = 主营业务收入 + 其他业务收入

营业成本 = 主营业务成本 + 其他业务成本

（1）税金及附加核算企业经营活动发生的消费税、城市维护建设税、资源税、教育费附加及房产税、土地使用税、车船使用税、印花税等相关税费。

（2）资产减值损失是指企业计提各项资产减值准备形成的损失。

（3）公允价值变动损益（或损失）是指企业交易性金融资产等公允价值变动形成的应计入当期损益的利得（或损失）。

（4）投资损益是指企业用各种方式对外投资取得的收益（或发生的损失）。

（5）其他收益主要是指与企业日常活动相关，除冲减相关成本费用以外的政府补助。

2. 利润总额

利润总额是指企业在一定期间的营业利润加上营业收入减去营业外支出后的利润总额。它可用公式表示为：

利润总额 = 营业利润 + 营业外收入 - 营业外支出

其中，营业外收入是指企业发生的与日常活动无直接关系的各种利得。营业外支出是指企业发生的与日常活动无关的各项损失。例如，处置非流动资产形成的利得或损失、非货币性资产交换形成的利得或损失、负债重组形成的利得或损失等。

3. 净利润

净利润是指企业在一定期间的利润总额减去所得税费用后的净额。它可用公式表示为：

净利润 = 利润总额 - 所得税费用

其中，所得税费用是指企业确定的应从当期利润总额中扣除的所得税费用。

### （三）利润形成的业务处理

在会计期末，应归集各损益科目的本期发生额合计数，将其全部转入“本年利润”科目，结转后，各损益科目期末应无余额。具体步骤如下：

1. 将各收益类科目本期发生额转入“本年利润”账户

在会计期末，将各类收益类科目的本期贷方发生额合计数全部转入“本年利润”科目的贷方，形成当期利润的增加数额；同时，分别借记“主营业务收入”“其他业务收入”“营业外收入”“投资收益”“公允价值变动损益”等科目。结转前，应先归集各收入、收益科目本期发生额合计数，结转后，各收益类科目期末应无余额。

2. 将各支出类科目本期发生额转入“本年利润”账户

将各支出类科目的本期借方发生额合计数全部转入“本年利润”科目的借方，形成当期利润的减少数额；同时分别贷记“主营业务成本”“其他业务成本”“营业外支

出”“税金及附加”“销售费用”“管理费用”“财务费用”“资产减值损失”等科目；结转前，应先归集各支出类科目本期发生额合计数，结转后，各支出类科目期末应无余额。

3. 期末结转利润后，“本年利润”账户方向判定

如果“本年利润”科目为贷方余额，反映的是年初至期末累计实现的净利润；如果为借方余额，反映的是年初至期末累计实现的净亏损。年度终了，企业将本年利润科目余额转入“利润分配”科目进行后续利润分配。

## 二、利润分配

### （一）利润分配的概念

利润分配是指企业将实现的利润，包括当期实现的净利润加上年初未分配利润（或减去年初弥补亏损）和其他转入后的金额，按国家的有关规定和投资人的决议，在各方利益人之间进行分配的过程。

### （二）利润分配的顺序

根据《公司法》等有关法律规定，企业取得的净利润应按照以下规定顺序进行分配：提取法定盈余公积；提取任意盈余公积；向投资者分配利润。

1. 盈余公积

盈余公积是指企业按规定从净利润中提取的企业积累资金。公司制企业的盈余公积包括法定盈余公积和任意盈余公积。

（1）计提比例。

①盈余公积。按照《公司法》的规定，公司制企业应按照当期净利润（减弥补以前年度亏损）的10%提取盈余公积，法定盈余公积累计额已达注册资本的50%时，可以不再提取。非公司制企业的计提比例可超过10%。

②任意盈余公积。公司制企业根据股东大会决议的计提比例提取任意盈余公积，非公司制企业经类似权力机构批准，也可提取任意盈余公积。

（2）用途。企业提取的盈余公积可用于弥补亏损、转增资本、发放现金股利及发放利润。

①弥补亏损。企业发生亏损时，应由企业自行弥补。弥补亏损的渠道主要有：一是用以后年度税前利润弥补。按照现行制度规定，企业发生亏损时，可以用以后5年内实现的税前利润弥补，即税前利润弥补亏损的期间为5年；二是用以后年度税后利润弥补。企业发生的亏损经过5年期间未弥补足额的，尚未弥补的亏损应用所得税后的利润弥补；三是用盈余公积弥补亏损。企业用提取的盈余公积弥补亏损时，应当由公司董事会提议，并经股东大会批准。

②转增资本。企业将盈余公积转增资本时，必须经股东大会决议批准。在实际将盈余公积转增资本时，要按股东原有持股比例结转。盈余公积转增资本时，转增后留存的盈余公积的数额不得少于注册资本的25%。

2. 向投资者分配利润

可供分配的利润减去提取的法定盈余公积后，为可供投资者分配的利润。

（1）分配顺序。可供投资者分配的利润按下列顺序分配（如图7－2所示）：

①应付优先股股利。其是指企业按照利润分配方案分配给优先股股东的现金股利。

②提取任意盈余公积。其是指企业按股东大会或类似机构决定提取的任意盈余公积。

③应付普通股股利。其是指企业按照利润分配方案分配给普通股股东的现金股利，包括分配给投资者的利润。

④转做资本（或股本）的普通股股利。其是指企业按照利润分配方案用分派股票股利的形式转做资本（或股本），包括企业用利润转增的资本。

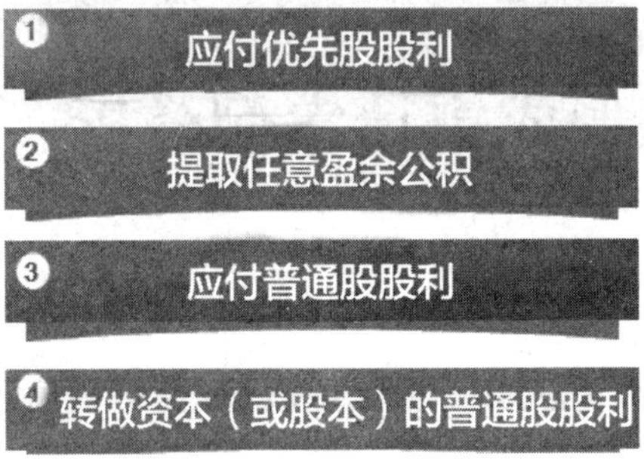


图7－2　利润分配顺序

（2）未分配利润。可供投资者分配的利润经过上述分配后，余额为未分配利润（或未弥补的亏损）。未分配利润可留待以后年度进行分配。企业如果发生亏损，可以按规定由以后年度利润进行弥补。企业的未分配利润（或未弥补的亏损）应在资产负债表的所有者权益项目中单独反映。

（三）利润分配的业务处理

1. 账户设置

“利润分配”科目借方反映利润分配的各项内容，如提取法定盈余公积和应付股利等以及发生的亏损的结转。“利润分配”科目贷方反映本年利润的结转及用盈余公积弥补的亏损等。“利润分配”科目的期末余额如果在借方，表示历年积存的未弥补的亏损，如果余额在贷方，则表示历年积存的未分配利润。

同时，企业应在“利润分配”科目下设置“提取法定盈余公积”“提取任意盈余公积”“应付现金股利或利润”“转做股本的股利”“盈余公积补亏”“未分配利润”等明细科目核算。年度终了，应将“利润分配”所有各明细科目的余额全部转入“未分配利润”明细科目，结转后，其他各明细科目无余额。

2. 利润分配的核算

（1）企业按有关法律规定提取的法定盈余公积，借记“利润分配——提取法定盈余公积”科目，贷记“盈余公积——法定盈余公积”科目；按股东大会或类似机构决议提取的任意盈余公积，借记“利润分配——提取任意盈余公积”科目，贷记“盈余公积——任意盈余公积”科目。

（2）股东大会或类似机构决议分配给股东的现金股利，借记“利润分配——应付现金股利（或利润）”科目，贷记“应付股利”科目。

(3) 按股东大会或类似机构决议分配给股东的股票股利，在办理增资手续后，借记“利润分配——转作股本的股利”科目，贷记“股本”或“实收资本”科目。如果有差额，贷记“资本公积——资本溢价（或资本溢价）”科目。

(4) 企业用盈余公积弥补亏损，借记“盈余公积——法定盈余公积（或任意盈余公积）”科目，贷记“利润分配——盈余公积补亏”科目。

(5) 年度终了，企业应将“利润分配”科目所属其他明细科目余额转入“未分配利润”明细科目，结转后，除“未分配利润”明细科目外，其他明细科目应无余额。

# 第二节 利润形成审计案例分析

## 知识储备与回顾

### 一、审计目标

(1) 评价利润形成内部控制的健全性与有效性。

(2) 审定利润形成会计处理的合法性、公允性、真实性。

(3) 揭示利润形成核算中的会计差错和弊端。

### 二、审计程序

(1) 整理、分析、归纳各项审计工作底稿及其他相关审计工作记录。

(2) 汇总影响利润变动各构成要素的错报差异调整额。

(3) 核实差异调整结果。

(4) 计算、调整利润表各要素项目的错报数。

(5) 形成正确的审定数。

### 三、利润形成常见的错弊形式

(1) 有些企业为了逃避所得税，将本应该计入当期损益的其他业务收入、营业外收入、汇兑损益、投资收益等直接计入未分配利润。

(2) 有些企业通过“多计费用、少计收益”的方式减少账面的未分配利润数额。

(3) 有些企业好大喜功，虚夸利润，故意多计收入，少计费用，多计未分配利润。

### 四、审计要点

(1) 分析、计算、核实构成要素对利润总额增减变动的影响及数额。

(2) 调整审计前错报利润额。

（3）确定实际的利润总额。

（4）重新分析、计算、核定年度应纳税所得额。

# 案例与分析

[案例7-1]

## 一、案例回放

（一）案例背景

ABC会计师事务所于2018年2月20日至3月20日受LX股份有限公司（以下简称LX公司）董事会委托，对LX公司进行2017年度审计。双方已签订审计业务约定书。

LX公司成立于2001年7月2日，由H投资公司、Q电器集团和D咨询公司共同发起设立，2005年5月27日经中国证监会批准向社会公众发行A股，并于次年6月在上交所上市。

LX公司按照《中华人民共和国公司法》的要求，设有董事会、监事会。在职能科室中设有审计部，注册会计师的审计工作得到了该公司内部审计的协助，尤其是中期测试较多地依赖了内都审计提供的资料。

（二）案例内容及过程

注册会计师接受委托对LX公司2017年财务报告进行审计，发现下列事项：

（1）公司某职工反映公司领导只抓利润忽视安全，该公司2017年木工车间失火，损失巨大。经查公司为修复厂房及核销火灾损失共付63 000元，该公司将该项支出列入“管理费用——其他管理费用”。

（2）该公司技术科2017年租入试验设备4台，按合同规定每月支付租金30 000元，并按设备原价3600 000元逐月计提折旧，折旧率为5%，共计180 000元，已计入管理费用。

（3）由于2017年出纳员岗位轮换，全年银行存款利息收入15 000元一直未作处理。

（4）职工宿舍全年生活用水用电共计52 200元，社会摊派款18 000元，企业自行组织职工外出休养所开支车船费、住宿费等共计3 360元，均已列入管理费用。

## 二、案例梳理

（1）根据本案例，请谈谈如何审查利润形成的真实性、合法性？

（2）指出上述事项存在的问题，并提出审计意见，以及上述事项对会计利润总额、应纳所得税额有何影响？

## 三、案例分析

（1）根据检查结果，审计人员在核定时应先按企业会计准则、会计制度规定核定审计年度会计利润总额，在此基础上依据企业所得税法规定核定审计年度应纳税所得额，进而核定全年度应缴纳的所得税额，并比较该年度已计缴的所得税额确定多交或少交的所得税额。本案例就是通过以上方法审查利润形成的真实性、合法性。

（2）上述事项存在的问题及对会计利润总额、应纳所得税额的影响是：

①该公司木材车间失火，按会计制度规定其损失应作营业外支出处理，而该公司将损失挤占管理费用，造成管理费用虚增 63 000 元，对此应提请公司予以更正。此项支出应列入营业外支出，所以不影响利润总额。

②由于经营性租入的固定资产不计提折旧，而该公司对租入固定资产提取折旧 180 000 元，造成管理费用虚增 180 000 元，利润虚减 180 000 元，漏交所得税 45 000 元，对此审计人员应提请该公司予以调整。

③企业全年银行存款利息收入 15 000 元应冲减企业的财务费用，由于未作会计处理，使财务费用虚增 15 000 元，利润虚减 15 000 元，漏交所得税 3 750 元。

④职工宿舍水电费应由职工个人负担，社会摊派款应从税后利润中列支或向摊派单位索回，职工休养支出应由职工福利费列支，这三项费用使企业管理费用虚增 73 560 元，利润虚减 73 560 元，漏交所得税 18 390 元。

由于上列事项存在的问题，致使企业的期间费用虚增 331 560 元，其中应由“营业外支出”负担 63 000 元。由于期间费用虚增使利润虚减 268 560 元，应提请企业调整后，补交企业所得税 67 140 元。

**工作反思与小结**

利润形成的相关计算公式：

利润总额 = 营业利润 + 营业外收入 − 营业外支出

营业利润 = 营业收入 − 营业成本 − 税金及附加 − 销售费用 − 管理费用 − 财务费用 − 资产减值损失 ± 公允价值变动损益 ± 投资损益 + 其他收益

应纳税所得额 = 应纳税所得额 = 税前会计利润 + 纳税调整增加额 − 纳税调整减少额

应交所得税 = 应纳税所得额 × 所得税税率

## 四、思考与讨论

（1）通过以上案例，请归纳出利润形成环节控制测试的特定程序和内容。

（2）利润形成环节与其他业务环节的实质性程序有何相同点和不同点？

（3）利润形成审计与其他审计环节相比有何特殊性？

# 第三节 利润分配业务审计案例分析

## 知识储备与回顾

### 一、审计目标

（1）评价利润分配内部控制的健全性与有效性。
（2）确定利润分配会计处理的合规合法性、真实性和公允性。

### 二、审计程序

（1）利润分配的风险评估和控制测试。
（2）对违反规定在税前分配利润的测试。
（3）对不按规定确认应税利润的测试。
（4）对利润分配项目不真实的测试。
（5）调整并审定利润分配的构成项目。

### 三、利润分配常见的错弊形式

（1）有些企业不经过企业权力机构的批准就分配利润。
（2）有些企业将未分配利润用于发放奖金和职工福利，损害企业投资者的利益。
（3）随意进行利润分配，分配的比例不合理。

### 四、审计要点

（1）检查利润分配过程中是否遵循了利润分配的合法顺序。
（2）检查分配利润的来源是否真实合法。
（3）检查利润的决策程序是否合法，有无决策依据。
（4）检查分配项目及标准有无违反法规。
（5）检查分配后留存的未分配利润是否正确。

## 案例与分析

［案例 7－2］

### 一、案例回放

（一）案例背景

ABC 会计师事务所于 2018 年 2 月 20 日至 3 月 20 日受 LX 股份有限公司（以下简称

LX公司）董事会委托，对LX公司进行2017年度审计。双方已签订审计业务约定书。

LX公司成立于2001年7月2日，由H投资公司、Q电器集团和D咨询公司共同发起设立，2005年5月27日经中国证监会批准向社会公众发行A股，并于次年6月在上交所上市。

LX公司按照《中华人民共和国公司法》的要求，设有董事会、监事会。在职能科室中设有审计部，ABC会计师事务所的审计工作得到了该公司内部审计的协助，尤其是中期测试较多地依赖了内部审计提供的资料。

（二）案例内容及过程

（1）ABC会计师事务所在审计LX公司2017年度的会计报表时了解到，LX公司2017年1月5日召开了公司董事会，董事会制定的利润分配方案如下：2017年实现净利润675万元，按2017年实现净利润的10%提取法定盈余公积，按5%提取任意盈余公积，分派普通股股利150万元。据此，LX公司调整了2017年度的会计报表，并作如下处理：

借：利润分配——提取法定盈余公积　　675 000
　　　　　　——提取任意盈余公积　　337 500
　贷：盈余公积——法定盈余公积　　675 000
　　　　　　——任意盈余公积　　337 500

借：利润分配——应付普通股股利　　1 500 000
　贷：应付股利——应付普通股股利　　1 500 000

结转利润分配的明细账：

借：利润分配——未分配利润　　2 512 500
　贷：利润分配——应付普通股股利　　1 500 000
　　利润分配——提取法定盈余公积　　675 000
　　利润分配——提取任意盈余公积　　337 500

（2）经ABC会计师事务所审计，确认LX公司2017年实现净利润675万元。ABC会计师事务所2018年4月25日向LX公司提交了审计报告，2018年4月29日，LX公司财务报告实际报出。股东大会在5月15日召开，经股东大会确认，新调整的利润分配方案如下：按2017年实现净利润的10%提取法定盈余公积、按10%提取任意盈余公积，分派普通股股利225万元。现金股利于5月22日具体发放。

## 二、案例梳理

（1）根据本案例，思考当股东大会或类似权力机构的利润分配方案与董事会或类似管理层机构提请批准的报告年度利润分配方案不一致时，该如何进行调整？

（2）根据本案例，说明应对2018年5月报告的年初数进行怎样的修订调整？

## 三、案例分析

（1）根据《公司法》《企业会计准则》《企业会计制度》有关规定，企业董事会或类似权力机构决议提请股东大会或类似权力机构批准的年度利润分配方案，在股东大会或类似管理层机构召开前应当将其列入报告年度的利润分配表。

股东大会或类似权力机构的利润分配方案与董事会或类似管理层机构提请批准的报告年度利润分配方案不一致时，其差额应当调整批准年度会计报表有关项目的年初数，调整增加的利润分配，借记“利润分配——未分配利润”，贷记“盈余公积”等科目，调整减少的利润分配，作相反会计分录。

（2）ABC 会计师事务所认可了 LX 公司对 2017 年度会计报表的调整及其披露。对此，LX 公司在召开股东大会后，对于股东大会批准的利润分配方案与当初董事会提请批准的方案不一致的地方，该公司应作出相应的调整，并修改 2018 年度财务报告的年初数。LX 公司所作会计处理应为：

借：利润分配——提取任意盈余公积　　337 500
　　利润分配——应付普通股股利　　750 000
　　贷：盈余公积——任意盈余公积　　337 500
　　　　应付股利——应付普通股股利　　750 000

并对 2018 年 5 月报告的年初数作出如下修订：

资产负债表项目：年初未分配利润调减 108.75 万元，盈余公积调增 33.75 万元，应付股利调增 75 万元。在具体发放普通股股利时：

借：应付股利　　2 250 000
　　贷：银行存款　　2 250 000

### 工作反思与小结

（1）提取法定盈余公积。其是指按照企业净利润和法定比例计提的盈余公积。它的提取比例一般为净利润的 10%，当法定盈余公积累计金额达到企业注册资本的 50% 以上时，可以不再提取。

（2）任意盈余公积金。其是根据公司章程及股东会的决议，从公司盈余中提取的公积金。《公司法》第 166 条第 3 款规定：“公司从税后利润中提取法定公积金后，经股东会或者股东大会决议，还可以从税后利润中提取任意公积金。”任意公积金的提取与否及提取比例由股东会根据公司发展的需要和盈余情况决定，法律不作强制规定。企业提取的盈余公积可用于弥补亏损、扩大生产经营、转增资本或派送新股等。

（3）普通股利分派。公司制企业依据公司章程规定发放给股东的投资报酬，其实质是公司财富中属于股东收益盈余的一部分。

## 四、思考与讨论

（1）请你谈谈公司制企业按照什么顺序和标准分配本年实现的净利润？

（2）利润分配控制测试的特定程序和内容分别是什么？

（3）通过学习利润分配业务的相关审计案例，你发现利润分配环节与其他环节实质性程序有何相同点和不同点？

## 课后提高训练

**案例一：**

注册会计师在审查DX公司2017年度利润情况时，发现DX公司6月份亏损3 051元，7月份扭亏为盈实现利润76 800元，并发给主要领导人扭亏为盈奖金6 000元，经初步了解该公司并没有明显改善生产经营，产品品种、产量和6月份基本相同，审计人员怀疑其实现利润不实。审查该公司费用明细账发现6月份有固定资产修理费66 000元，7月份却没有发生任何修理费，同时“递延资产——固定资产大修理支出”明细账则有78 000元的开支，账务处理为：

借：递延资产　　78 000

　贷：银行存款　　60 000

　　　应付职工薪酬　　18 000

并且该递延资产并没有在7~12月份进行摊销，查阅2016年有关账簿发现2016年刚发生固定资产大修理支出150 000元。经进一步查问有关人员得知，该公司领导为了实现扭亏为盈任务，让相关会计人员把固定资产修理费转为递延资产处理，从而少计成本78 000元，虚增了利润，并发给领导奖金。

要求：

请指出DX公司存在的问题，并提出处理意见。

**案例二：**

DF公司是一家上市公司，在股东大会召开前根据董事会决议编制的2017年度利润分配表如表7-1所示。

**表7-1　　利润分配表**

编制单位：DF公司　　2017年度　　单位：元

| 项目 | 本年实际 | 调整后金额 |
| --- | --- | --- |
| 一、净利润 | 225 000 | |
| 加：年初未分配利润 | 0 | |
| 二、可供分配的利润 | 225 000 | |
| 减：提取法定公积金 | 22 500 | |
| 提取法定公益金 | 11 250 | |
| 三、可供股东分配的利润 | 191 250 | |
| 减：已分配优先股股利 | 26 250 | |
| 提取任意公积金 | 56 250 | |
| 已分配普通股股利 | 90 000 | |
| 四、未分配利润 | 18 750 | |

该公司经股东大会批准的利润分配方案如下：

（1）提取法定公积金22 500元。

（2）提取法定公益金 18 000 元。

（3）分配优先股股利 26 250 元。

（4）提取任意公积金 51 750 元。

（5）分配普通股股利 82 500 元。

要求：

假设股东大会批准的上述利润分配方案与董事会提请批准的报告年度利润分配方案不一致。在这种情况下是重新编制并披露 2017 年的利润分配表，还是调整 2016 年初未分配利润数额，为什么？

**案例三：**

会计师事务所接受委托对 HG 公司 2017 年度会计报表进行审计。假定经项目组注册会计师审查后发现下情况：

（1）HG 公司当年结转主营业务成本为 61 683 万元，而实际应结转 61 022 万元。

（2）HG 公司外销商品一批，销售成本 30 万元，已于 12 月 29 日运出，此项商品是在途货物，会计部门对此已贷记销售收入 35 万元。

（3）HG 公司 12 月 6 日支付了 2018 年度广告费 11 万元，均已计入当年的期间费用。

要求：

（1）分析 HG 公司上述情况中存在的问题。

（2）参照表 7 – 2，编制调整后的利润表，计算出新的审定金额。

**表 7 – 2** 单位：万元

| 项　　目 | 未审金额 |
|---|---|
| 一、营业收入 | 77 648 |
| 减：营业成本 | 64 483 |
| 税金及附加 | 999 |
| 销售费用 | 2 600 |
| 管理费用 | 3 176 |
| 财务费用 | 2 132 |
| 资产减值损失 | 250 |
| 加：公允价值变动收益（损失以“ – ”号填列） | 0 |
| 投资收益（损失以“ – ”号填列） | 323 |
| 二、营业利润（亏损以“ – ”号填列） | 4 331 |

**案例四：**

假定 2018 年 1 月 12 日，WQ 公司董事会根据 2017 年初未分配利润余额和 2017 年度审计后的净利润，审议通过如下分红派息预案：“按 2017 年度审计后净利润的 10% 和 5% 分别提取法定盈余公积和法定公益金；以 2017 年 12 月 31 日总股本 30 000 万股（每股面值 1 元）为基数，每 10 股送 3 股、派现金 0.50 元；剩余未分配利润滚存至下一年度；资本公积每10股转2股”。

要求：

对上述利润分配方案，审计人员应如何向WQ公司提出审计调整意见？

**案例五：**

审计人员在审查某公司“利润分配——应付普通股利”时，发现该公司已按股票面值10%的比率发放了普通股股利，减除发放股利后的账面余额，不足注册资本的5%。审计人员向股东和公司内部管理人员进行调查，结合使用审阅和分析性复核方法，了解到该公司连续两年发生亏损，2017年度在用任意公积金弥补亏损后，公司的法定盈余公积金已接近法律规定的最低界限，近期股票价格一直处于下跌状态，如果今年不按时发放股利，其股票价格可能发生狂跌。于是经董事会研究决定，拟议股票面值10%的比率发放股利；按此比率计算，动用后的法定盈余公积剩余额将不足注册资本总额的5%。尽管如此财务部还是按董事会的决议发放股利。

要求：

该公司分配利润的方法存在哪些问题？违背了哪些制度规定？

**案例六：**

注册会计师于2018年2月对HT公司2017年度财务报表进行审计时审查发现，HT公司2017年5月销售给B企业一批产品，价款为8 700万元（含应向购货方收取的增值税税额），B企业于6月份收到所购物资并验收入库。按合同规定B企业应于收到所购物资后一个月内付款。HT公司于12月31日编制2017年度财务报表时，已为该项应收账款提取坏账准备435万元（假定坏账准备提取比例为5%），12月31日资产负债表上“应收账款”项目的余额是11 400万元，其中8 265万元是该项应收账款。HT公司于2018年2月1日收到B企业通知，B企业已进行破产清算，无力偿还所欠部分货款，预计HT公司可收回应收账款的40%。该事项属于资产负债表日后事项中的调整事项，但HT公司未予调整。（该公司适用的所得税税率为25%；按10%和5%计提法定盈余公积金和任意盈余公积）

要求：

指出注册会计师对此事项的处理意见。

**案例七：**

注册会计师对YQ公司进行2017年度财务报表审计时发现，该公司于2017年10月8日为客户定制一套软件，工期为6个月，合同总收入为750万元，至2017年12月31日已发生成本360万元，预计开发完软件还将发生150万元成本，该项目已预收款375万元，其余款项于软件完工并运行后支付。2017年12月31日经专业测量师测量，软件的开发完成程度为60%（附有测量报告）。从销售记录中查到，该公司对这一合同确认的收入为375万元，成本按实际支出确认。（该公司适用的所得税税率为25%；按10%和5%计提法定盈余公积金和任意盈余公积金）

要求：

（1）审查说明上述资料中该公司关于收入和成本的确认是否恰当，并提出审计意见。

（2）计算对公司利润总额的影响程度，并列示相应的调整分录。

# 8 第八章 终结审计与审计报告案例分析

## 第一节 终结审计与审计报告基本认知

### 一、审计报告的定义

审计报告是指注册会计师根据中国注册会计师审计准则的规定，在实施审计工作的基础上对被审计单位财务报表发表审计意见的书面文件。审计报告是审计工作的最终成果，具有法定的证明效力。

### 二、审计报告的作用

审计报告是对审计工作的全面总结，是评价被审计单位受托经济责任履行情况的重要工具。它的主要作用是鉴证、保护和证明（如图 8 - 1 所示）。

图 8 - 1

（一）鉴证作用

注册会计师签发的审计报告不同于政府审计和内部审计的审计报告，是以独立的第三者身份对被审计单位会计报表合法性、公允性发表意见。这种意见具有鉴证作用，并得到了政府及各部门和社会各界的普遍认可。

政府的有关部门，如财政部门、税务等部门了解和掌握企业财务状况和经营成果的主要依据是企业提供的会计报表。会计报表是否合法、公允主要依据注册会计师的审计报告作出判断；股份制企业的股东主要依据注册会计师的审计报告来判断被投资企业的会计报表是否公允地反映了财务状况和经营成果，以此进行投资决策。

（二）保护作用

注册会计师通过审计可以对被审计单位出具不同类型的审计意见的审计报告，以提高或降低会计报表信息使用者对会计报表的信赖程度，能够在一定程度上对被审计单位的财产、债权人和股东的权益及企业利害关系人的利益起到保护作用。投资者根据注册会计师的审计报告作出投资决策，可以减小其投资风险。

（三）证明作用

审计报告是对注册会计师审计任务完成情况及其结果所做的总结，它可以表明审计工作的质量并明确注册会计师的审计责任。因此，审计报告可以对审计工作质量和注册会计师的审计责任起证明作用。通过审计报告可以证明注册会计师在审计过程中是否实施了必要的审计程序，是否以审计工作底稿为依据发表审计意见，发表的审计意见是否与被审计单位的实际情况相一致，审计工作的质量是否符合要求。通过审计报告可以证明注册会计师审计责任的履行情况。

## 三、审计报告的分类

审计报告可按不同标准进行分类，如图 8－2 所示。

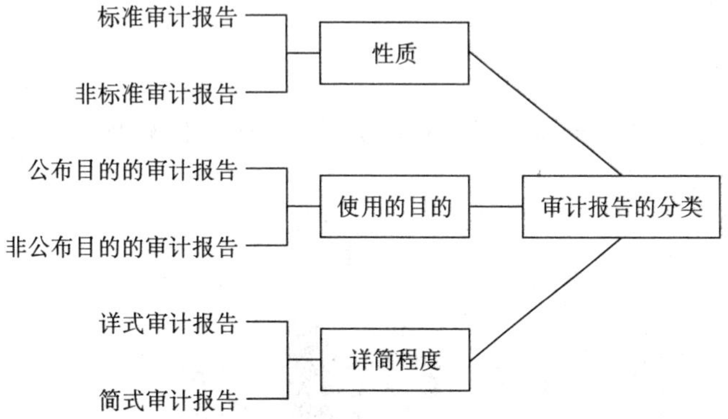


图 8－2

（一）按照审计报告的性质分类

按照审计报告的性质不同可以分为标准审计报告和非标准审计报告。

（1）标准审计报告是指格式和措辞基本统一的审计报告。一般适用于对外公布。

（2）非标准审计报告是指格式和措辞不统一，可以根据具体审计项目的问题来决定的审计报告。一般适用于非对外公布。

（二）按照审计报告使用的目的分类

按照审计报告使用的目的可分为公布目的的审计报告和非公布目的的审计报告。

（1）公布目的的审计报告，一般是用于对企业股东、投资者、债权人等非特定利益关系者公布的附送会计报表的审计报告。

（2）非公布目的的审计报告，一般是用于经营管理、合并或业务转让、融资等特定目的而实施的审计报告，这类审计报告是分发给特定使用者的。

（三）按照审计报告的详细程度分类

按照审计报告的详简程度分为详式审计报告和简式审计报告。

（1）详式审计报告，又称长式审计报告，它是指对审计对象所有重要事项都要作详细说明和分析的审计报告。详式审计报告一般适用于非公布目的，具有非标准审计报告的特点，主要用来帮助企业改善经营管理。

（2）简式审计报告，又称短式审计报告，它是指注册会计师对应公布的会计报表进行审计后所编制的简明扼要的审计报告。简式审计报告所反映的内容是非特定多数的利害关系人共同认为必要的审计事项，它具有记载法规或审计准则所规定的特征，属于标准的审计报告，一般适用于公布目的。

通过上述分类，审计报告可以概括如下：

（1）标准审计报告——公布目的的审计报告——简式审计报告——适用范围为注册会计师审计。

（2）非标准审计报告——非公布目的的审计报告——详式审计报告——适用范围为政府审计和内部审计。

## 四、审计报告的内容

《中国注册会计师审计准则第 1501 号——审计报告》规定，审计报告应包括的要素如图 8－3 所示。

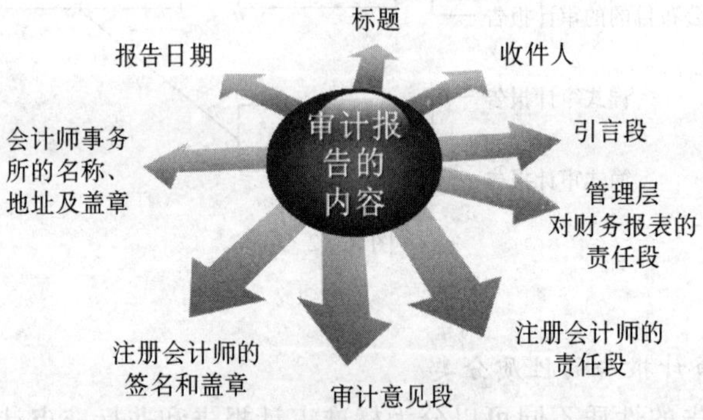


图 8－3

### （一）标题

审计报告的标题应当统一规范为“审计报告”。

### （二）收件人

审计报告的收件人是指注册会计师按照业务约定书的要求致送审计报告的对象，一般是指审计业务的委托人。审计报告应当载明收件人的全称。

### （三）引言段

审计报告的引言段应当说明被审计单位的名称和财务报表已经过审计，并包括下列内容：

（1）指出构成整套财务报表的每张财务报表的名称。

（2）提及财务报表附注。

（3）指明财务报表的日期和涵盖的期间。

### （四）管理层对财务报表的责任段

管理层对财务报表的责任段应当说明按照适用的会计准则和相关会计制度的规定编制财务报表是管理层的责任，这种责任包括：

（1）设计、实施和维护与财务报表编制相关的内部控制，以使财务报表不存在由于舞弊或错误而导致的重大错报。

（2）选择和运用恰当的会计政策。

（3）作出合理的会计估计。

### （五）注册会计师的责任段

（1）注册会计师的责任是在实施审计工作的基础上对财务报表发表审计意见。注册会计师按照《中国注册会计师审计准则》的规定执行审计工作。《中国注册会计师审计准则》要求注册会计师遵守职业道德规范，计划和实施审计工作以对财务报表是否不存在重大错报获取合理保证。

（2）审计工作涉及实施审计程序，以获取有关财务报表金额和披露的审计证据。选择的审计程序取决于注册会计师的判断，包括对由于舞弊或错误导致的财务报表重大错报风险的评估。在进行风险评估时，注册会计师考虑与财务报表编制相关的内部控制，以设计恰当的审计程序，但目的并非对内部控制的有效性发表意见。审计工作还包括评价管理层选用会计政策的恰当性和作出会计估计的合理性，以及评价财务报表的总体列报。

（3）注册会计师相信已获取的审计证据是充分、适当的，为其发表审计意见提供了基础。如果接受委托，结合财务报表审计对内部控制有效性发表意见，注册会计师应当省略“但目的并非对内部控制的有效性发表意见”的术语。

（六）审计意见段

审计意见段应当说明财务报表是否按照适用的会计准则和相关会计制度的规定编制，是否在所有重大方面公允反映了被审计单位的财务状况、经营成果和现金流量。

（七）注册会计师的签名和盖章

审计报告应当由注册会计师签名并盖章。

（八）会计师事务所的名称、地址及盖章

审计报告应当注明会计师事务所的名称和地址，并加盖会计师事务所公章。

（九）报告日期

审计报告应当注明报告日期。审计报告的日期不应早于被审计单位管理当局签署会计报告的日期。

## 五、审计报告的基本类型

注册会计师根据审计结果及被审计单位对有关事项的处理情况，提出不同的审计意见，形成七种类型的审计报告（如图8-4所示），即无保留意见审计报告、带强调事项段的审计报告、保留意见审计报告，否定意见审计报告、无法表示意见的审计报告、政府审计报告和内部审计报告。

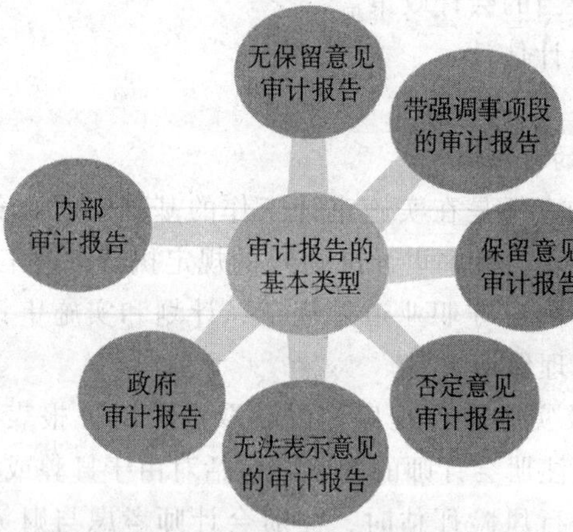


图8-4

（一）无保留意见审计报告

1. 出具无保留意见的审计报告的条件

（1）财务报表已经按照适用的会计准则和相关会计制度的规定编制，在所有重大方面公允反映了被审计单位的财务状况、经营成果和现金流量。

（2）注册会计师已经按照《中国注册会计师审计准则》的规定来计划和实施审计

工作，在审计过程中未受到限制。

2. 无保留意见审计报告的专业术语

当出具无保留意见的审计报告时，注册会计师应当以“我们认为”作为意见段的开头，并使用“在所有重大方面”“公允反映”等术语。

（二）带强调事项段的审计报告

审计报告的强调事项段是指注册会计师在审计意见段之后增加的对重大事项予以强调的段落。

1. 强调事项应同时符合的条件

（1）可能对财务报表产生重大影响，但被审计单位进行了恰当的会计处理，且在财务报表中作出充分披露。

（2）不影响注册会计师发表的审计意见。

2. 带强调事项段的情况

（1）当存在可能导致对持续经营能力产生重大疑虑的事项或情况、但不影响已发表的审计意见时，注册会计师应当在审计意见段之后增加强调事项段。

（2）当存在可能对财务报表产生重大影响的不确定事项（持续经营问题除外）、但不影响已发表的审计意见时，注册会计师应当考虑在审计意见段之后增加强调事项段。

不确定事项是指其结果依赖于未来行动或事项，不受被审计单位的直接控制，但可能影响财务报表的事项。

除上述两种情形以及其他审计准则规定的增加强调事项段的情形外，注册会计师不应在审计报告的审计意见段之后增加强调事项段或任何解释性段落，以免财务报表使用者产生误解。注册会计师应当在强调事项段中指明，该段内容仅用于提醒财务报表使用者关注，并不影响已发表的审计意见。

（三）保留意见审计报告

1. 出具保留意见审计报告的条件

（1）会计政策的选用、会计估计的确定或会计报表的披露不符合国家颁布的企业会计准则及相关会计制度的规定，虽影响重大，但不至于出具否定意见审计报告。

（2）因审计范围受到限制，无法获取充分、适当的审计证据，虽影响重大，但不至于出具无法表示意见的审计报告。

2. 保留意见审计报告的专业术语

保留意见审计报告的基本内容除了包括标准无保留意见审计报告的基本内容外，还应当在审计报告的范围段与意见段之间增加说明段，清楚地说明直接导致所发表意见的所有主要原因，并在可能情况下，指出其对会计报表反映的影响程度。保留意见审计报告的关键措辞：在意见段中使用“除……的影响外”等专业术语。

（四）否定意见审计报告

1. 出具否定意见审计报告的条件

如果认为报表没有按照适用的会计准则和相关会计制度的规定编制，未能在所有重大方面公允反映被审计单位的财务状况、经营成果和现金流量，注册会计师应当出具否定意见的审计报告。这是双方都不希望发表的审计报告类型。

2. 否定意见审计报告的专业术语

否定意见审计报告的专业术语在意见段中使用“由于上述问题造成的重大影响”“由于受到前段所述事项的重大影响”“会计报表的编制不符合……未能公允反映”等专业术语。

### （五）无法表示意见的审计报告

1. 出具无法表示意见审计报告的条件

如果审计范围受到限制可能产生的影响非常重大和广泛，不能获取充分、适当的审计证据，以至于无法对财务报表发表审计意见，注册会计师应当出具无法表示意见的审计报告。

2. 无法表示意见审计报告的基本内容与专业术语

当出具无法表示意见的审计报告时，在审计意见段中使用“由于审计范围受到限制可能产生的影响非常重大和广泛”“我们无法对上述财务报表发表意见”等专业术语。

### （六）政府审计报告

1. 政府审计报告的含义

由于各国政治体制和法律环境不同，审计模式不同，因而审计报告制度也不同。根据我国《审计法》规定，审计报告是审计机关实施审计后，对被审计单位的财政收支、财务收支的真实、合法、效益发表审计意见的书面文件。我国政府审计的审计报告包括审计组的审计报告和审计机关的审计报告两种。审计组的审计报告是审计组对审计事项实施审计后，就审计实施情况和审计结果向派出的审计机关提出的书面报告。审计机关的审计报告是审计结果的最终载体和全面反映，是审计机关对被审计单位或者财务收支的真实、合法、效益发表审计意见的审计结论性法律文书。二者在报告主体、报告对象、报告格式、法律效力等方面存在着明显的差别。

2. 政府审计报告的基本要素

尽管审计组的审计报告与审计机关的审计报告存在着一些不同，但是在主要内容方面二者是相同的，主要包括以下方面：

（1）审计依据，即实施审计所依据的法律、法规、规章的具体规定。

（2）被审计单位的基本情况，包括被审计单位的经济性质、管理体制、财政、财务隶属关系或者国有资产监督管理关系，以及财政收支、财务收支状况等。

（3）被审计单位的会计责任，一般表述为被审计单位应对其提供的与审计相关的会计资料、其他证明材料的真实性和完整性负责。

（4）实施审计的基本情况，一般包括审计范围、审计方式和审计实施的起止时间。审计范围应说明审计所涉及的被审计单位财政收支、财务收支所属的会计期间和有关审计事项。

（5）审计评价意见，即根据不同的审计目标，以审计结果为基础，对被审计单位财务收支、财政收支真实、合法和效益情况发表意见。

（6）审计查出被审计单位违反国家规定的财政收支、财务收支行为的事实和定性、处理处罚决定以及法律、法规、规章依据，有关移送处理的决定。

（7）必要时可以对被审计单位提出改进财政收支、财务收支管理的意见和建议。

### （七）内部审计报告

1. 内部审计报告的含义

内部审计报告是指内部审计师根据审计计划对被审计单位实施必要的审计程序后，就被审计单位经营活动和内部控制的适当性、合理性和有效性出具的书面文件。审计报告是对被审计单位经营活动及内部控制的适当性、合法性和有效性所作出的相对保证。内部审计师应在审计实施工作结束后，以经过核实的审计证据为依据，形成审计结论与建议，出具审计报告。如有必要，内部审计师可以在审计过程中提交期中报告，以便及时采取有效的纠正措施，改善经营活动和内部控制。

2. 内部审计报告的基本要素

内部审计报告应当包括以下基本要素和内容：①标题；②收件人；③正文；④附件；⑤签章；⑥报告日期。

内部审计报告的正文应包括以下内容：

（1）审计概况：说明审计立项依据、审计目的和范围、审计重点和审计标准等内容。

（2）审计依据：应说明内部审计是按照内部审计准则的规定实施，若存在未遵循该准则的情形，应对其作出解释和说明。

（3）审计结论：根据已查明的事实，对被审计单位经营活动和内部控制所作的评价。

（4）审计决定：针对审计发现的主要问题提出的处理、处罚意见。

（5）审计建议：针对审计发现的主要问题提出的改善经营活动和内部控制的建议。

审计报告的附件应包括对审计过程与审计发现问题的具体说明、被审计单位的反馈意见等内容。

## 六、审计报告的编制程序

审计师在完成审计的实质性程序工作以后，要整理复核审计工作底稿；编制审计差异调整表及试算平衡表；取得管理层声明书及律师声明书；撰写审计总结：确定利用专家及其他注册会计师的工作；与管理层沟通；评价审计结果；编写审计报告。审计报告的编制程序如图 8 -5 所示。

### （一）整理复核审计工作底稿

审计意见是以审计工作底稿为基础的，而审计工作底稿又是以审计师在实施审计过程中，按规定程序，运用科学方法取得的审计证据为依托。为了使收集到的分散的、个别的审计证据形成具有充分证明力的证据体系，并在此基础上恰当地形成整体的审计意见，审计师必须对审计证据进行分类、整理和分析，使之条理化、系统化。根据审计项目的要求，全面复核审计工作底稿中所记录的审计事项及相应的审计证据。

对审计工作底稿的复核分为三个层次（如图 8 -6 所示）。

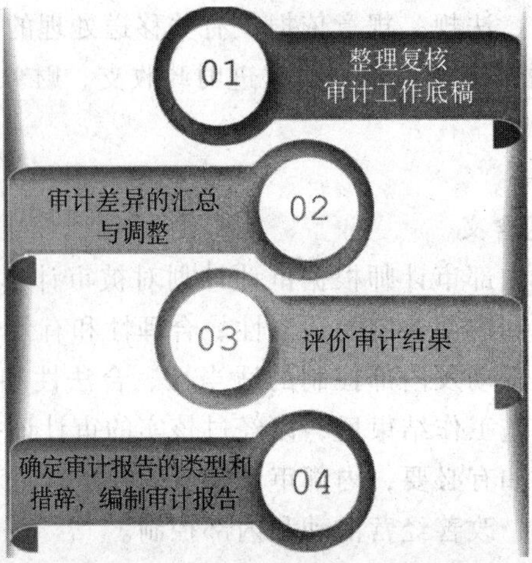


图 8－5

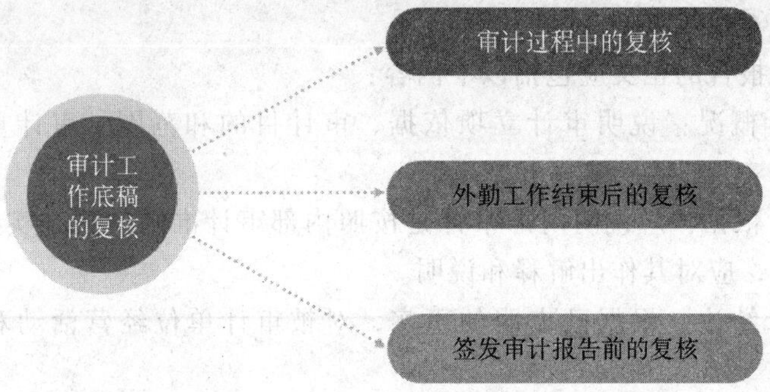


图 8－6

1. 审计过程中的复核

在审计过程中，由审计项目负责人根据委托审计的内容、范围和要求，对审计工作底稿进行全面复核。这一层次的复核主要是评价已完成的审计工作、所获得的审计证据及审计工作底稿编制人员所形成的审计结论，发现问题，及时指出，并督促审计师及时修改完善。

2. 外勤工作结束后的复核

审计外勤工作结束后，则需部门经理完成审计工作底稿的二级复核。二级复核是对审计项目负责人复核的再监督，也是对重要审计事项的把关。复核的主要内容包括：

（1）审计程序是否得以较好的实施，审计范围是否充分，是否实现了审计目标。

（2）重点审计项目的审计证据是否充分。

（3）建议调整的不符事项和未调整不符事项的处理是否恰当。

（4）审计工作底稿中重要的勾稽关系是否正确。

（5）检查审计工作中发现的问题及财务报表和审计报告的影响，审计项目组对这些问题的处理是否恰当。

（6）已审计财务报表总体上是否合理、可信。

3. 签发审计报告前的复核

签发审计报告前，为了实施对审计工作结果的最后质量控制，确认审计工作已达到审计机构的工作标准，还应由审计机构负责人（或主任会计师）对审计工作底稿进行最终复核。复核的内容包括：

（1）所采取审计程序的恰当性和完整性。

（2）审计工作是否已按审计业务约定书的要求完成。

（3）在审计工作中出现的所有重大会计、审计等问题是否都已得到适当解决，是否存在重大遗漏。

（4）审计工作底稿是否支持审计师的意见。

（5）是否遵循了现行审计准则和审计机构的质量控制政策和程序。

### （二）审计差异的汇总与调整

审计师在完成内部控制测试及财务报表项目的实质性程序后，应对审计过程中发现的被审计单位会计处理方法与有关会计准则、会计制度不一致的内容，即审计差异，根据重要性原则予以初步确定，汇总，并建议被审计单位调整，使所审计财务报表的内容能够真实地反映被审计单位的财务状况、经营成果和现金流量。

1. 审计差异的汇总

审计师在完成实质性程序后，为确定被审计单位财务报表是否合法、公允，应当汇总已发现但尚未调整的错误，并考虑其金额与性质是否对财务报表的反映产生重大影响。审计差异一般包括以下几类：

（1）已发现的错误，即通过对交易和财务报表项目实施的性质性程序所确定的未调整错报。如计算错误、记录错误或重分类错误。

（2）推断的错误，即通过抽样技术所估计的未调整的错报。

（3）通过分析性复核程序和其他程序所发现量化的其他未估计、未调整的错报。审计差异将直接影响被审计单位财务报表的公允表达，因此，审计师必须予以关注。

2. 审计差异的调整

审计差异内容按是否需要调整账户记录可以分为核算误差及重分类误差。核算误差是因为企业对经济业务进行了不正确的会计核算而引起的误差；重分类误差是因为企业未按有关会计准则、会计制度规定编制财务报表而引起的误差。对于审计差异，通常都是在审计工作底稿中以会计分录的形式加以反映并调整的。审计差异的调整有以下三种情况：

（1）建议调整的不符事项。根据审计重要性原则，将核算误差分为建议调整的不符事项和不建议调整的不符事项。财务报表项目存在重要错报（单笔金额超过财务报表层次重要性水平，或金额虽未超过报表项目层次重要性水平，但性质重要，如涉及舞弊与违法行为的错报；可能引起履行合同义务的错报；影响收益趋势的错报；现金和股本等不期望出现的错报等），应编制调整分录并调整账户和报表。调整分录登记在调整分录汇总表中。其基本格式如表 8 - 1 所示。

表 8-1　审计差异调整表——调整分录汇总表

| | | |
|---|---|---|
| 客户______<br>项目 调整分录汇总表<br>______<br>会计期间______ | 签名　　　日期<br>编制人______ ______<br>复核人______ ______ | 索引号______<br>页次______ |

| 序号 | 调整内容及项目 | 索引号 | 调整金额 | | 备注 |
|---|---|---|---|---|---|
| | | | 借方 | 贷方 | |
| | | | | | |
| | | | | | |
| | | | | | |
| | | | | | |
| | | | | | |

（2）不建议调整的不符事项。财务报表项目存在不重要错报（金额未超过财务报表层次重要性水平，性质也不重要），可不编制调整分录调整账户和报表，但考虑到如果不需调整的不符事项过多，其累计错误可能较大，所以可将不需调整的不符事项汇总登记在未调整不符事项汇总表中。其基本格式如表 8-2 所示。

表 8-2　审计差异调整表——未调整不符事项汇总表

| | | |
|---|---|---|
| 客户______<br>项目 未调整不符事项汇总表<br>______<br>会计期间______ | 签名　　　日期<br>编制人______<br>复核人______ | 索引号______<br>页次______ |

| 序号 | 调整内容及项目 | 索引号 | 调整金额 | | 备注 |
|---|---|---|---|---|---|
| | | | 借方 | 贷方 | |
| | | | | | |
| | | | | | |
| | | | | | |
| | | | | | |

未予调整的影响：

| 项　目 | 金额 | 百分比 | 计划百分比 |
|---|---|---|---|
| 1. 净利润 | ______ | ______ | ______ |
| 2. 净资产 | ______ | ______ | ______ |
| 3. 资产总额 | ______ | ______ | ______ |
| 4. 主营业务收入 | ______ | ______ | ______ |

结论：

（3）重分类误差。根据会计制度的规定，在编制财务报表时，需要对一些项目进行重分类，通常只有资产负债表的若干项目才涉及重分类的问题。对于重分类误差，需要编制重分类分录。重分类分录只要求调整财务报表，不需要调整账户。为了汇总重分类分录，应编制“重分类分录汇总表”。其基本格式如表 8－3 所示。

**表 8－3　　　　审计差异调整表——重分类汇总表**

| | | |
|---|---|---|
| 客户＿＿＿＿<br>项目＿重分类汇总表＿<br>＿＿＿＿<br>会计期间＿＿＿＿ | 签名　　日期<br><br>编制人＿＿＿ ＿＿＿<br>复核人＿＿＿ ＿＿＿ | 索引号＿＿＿＿<br>页次＿＿＿＿ |

| 序号 | 重分类内容及项目 | 索引号 | 调整金额 | |
|---|---|---|---|---|
| | | | 借方 | 贷方 |
| | | | | |
| | | | | |
| | | | | |
| | | | | |
| | | | | |

审计师在确定了建议调整的不符事项和重分类误差后，应以书面形式及时征求被审计单位对需要调整财务报表事项的意见。若被审计单位予以采纳，应取得被审计单位同意调整的书面确认；若被审计单位不予采纳，应分析原因，并根据未调整事项的性质和重要程度，确定是否在财务报表中反映以及如何反映。

（三）评价审计结果

评价审计结果是审计师在最终评价重要性和审计风险的基础上确定将要发表的审计类型。最终评价重要性和审计风险主要包括以下步骤：

1. 确定财务报表项目的可能错报金额

审计师如果发表无保留意见的审计报告，必须确定财务报表发生重要错报的风险很低。在评价这个风险时，审计师必须对财务报表中全部可能的错报进行评价。其主要由以下三部分组成：

（1）实质性程序发现的未更正的错报，包括低于重要性水平的错报以及高于重要性水平而被审计单位拒绝调整的错报。

（2）通过抽样技术预计的未更正的错报。例如，如果被审计单位应收账款的账面价值为 1 283 万元，审计师采用审计抽样估计的被审计价值是 1 245 万元，预计错报即是二者的差额 38 万元。

（3）运用分析程序及其他审计程序所量化的其他估计错报。这些估计错报的一个重要来源就是和会计估计有关的差异，例如，存货陈旧损失、无法收回的应收账款和产品质量担保负债等。对于这些项目，估计错报就是被审计单位的估计和审计师认为的最接近值的差额。

此外，可能错报金额中也包括上一会计期间任何未更正可能错报金额对本期财务报表的影响。

2. 确定可能错报的总金额是否超过财务报表层次重要性水平

把可能错报的总金额与财务报表层次的重要性水平对比，并据此发表审计意见。这里所说的重要性水平可以是计划阶段确定的重要性水平，也可能是在审计过程中已作过修正的重要性水平。

3. 确定实际审计风险是否超过了可接受的审计风险

审计师将实际的审计风险与所确定的可接受的审计风险对比（即可能错报的总金额与

财务报表层次的重要性水平对比）可以有两种结果：

（1）如果实际的审计风险低于可接受的审计风险，那么审计师可以直接提出审计结果所支持的审计结论。

（2）如果实际的审计风险高于可接受的审计风险，那么审计师应追加额外的实质性程序，或提请被审计单位调整已知错报，否则，审计师不能发表无保留意见的审计报告。

（四）确定审计报告的类型和措辞，编制审计报告

审计师通过整理、分析审计工作底稿，并根据被审计单位是否接受其提出的调整意见和是否作了调整等情况，确定审计意见的类型和措辞。审计项目负责人根据确定的审计意见类型、措辞编制审计报告，经审计机构的复核，提出修改意见。如果审计证据不足以表示审计意见时，还应要求审计师追加相应的审计程序，以确保审计证据的充分性和适当性。审计报告定稿后由专职复核人员和审计机构复审后送交委托人。如为政府审计，则由审计机关根据审计报告所反映的内容作出审计决定，并送达被审计单位。

# 第二节 终结审计案例分析

## 知识储备与回顾

### 一、审计目标

（1）审定财务报表是否公允地反映了财务状况和经营成果。
（2）审定会计政策和会计处理方法是否符合公认会计准则。
（3）审定财务收支的真实性、合法性和效益性。

### 二、审计程序

（1）依据审计工作、审计记录和审计工作底稿等资料进行归纳汇总。
（2）形成审计结果、审计结论和审计意见。
（3）编制审计报告。
（4）整理归档有关资料、工作记录底稿。

### 三、审计要点

（1）汇总、整理、归纳审计记录、审计工作底稿。
（2）与被审计单位沟通并完善审计结果。
（3）形成审计结论和意见，撰写审计报告。

（4）审计资料整理归档形成审计档案。

## 案例与分析

［案例 8－1］

### 一、案例回放

（一）案例背景

ABC 会计师事务所于 2018 年 2 月 20 日至 3 月 20 日受 LX 股份有限公司（以下简称 LX 公司）董事会委托，对 LX 公司进行 2017 年度财务报表审计。双方已签订审计业务约定书。

LX 公司成立于 2001 年 7 月 2 日，由 H 投资公司、Q 电器集团和 D 咨询公司共同发起设立，2005 年 5 月 27 日经中国证监会批准向社会公众发行 A 股，并于次年 6 月在上交所上市。

LX 公司按照《中华人民共和国公司法》的要求，设有董事会、监事会。在职能科室中设有审计部，注册会计师的审计工作得到了该公司内部审计的协助，尤其是中期测试较多地依赖了内部审计提供的资料。

（二）案例内容及过程

ABC 会计师事务所对 LX 公司财务报表实施了审计，整理有关的审计记录及审计工作底稿后，对所查明的有关问题汇总如下：

（1）LX 公司对合营企业 DQ 有限公司的应收账款为 480 万元，长期股权投资为 600 万元，按其 50% 计提资产减值准备 540 万元。审计人员认定不符合计提条件，不能提取，应予转回。

（2）LX 公司采取不正当手段隐匿主营收入，其中：①账外产品出售收入 270 万元；②压单未作收入处理 180 万元；③挂账预收账款的应计收入 135 万元；④内部领用未计收入 7.5 万元。共计隐匿金额 592.5 万元。审计人员认定重要性金额为 15 万元，未结转主营成本 195 万元。偷漏销售税费 109.395 万元。

（3）偷漏所得税 69.801 万元。

（4）因计算错误，管理用固定资产折旧多计提 3 000 元。审计人员认定重要性金额为 1.5 万元。

（5）因一笔购入材料质量未达标尚欠货款 150 万元未付，于是产生了债务纠纷。供货方上诉法院要求偿还货款并赔偿损失 15 万元。法院已受理，尚无结果，但 LX 公司未予披露。

根据汇总结果，ABC 会计师事务所讨论决定，除上述（2）中④的内部领用未计收入 7.5 万元和（4）中因计算错误，管理用固定资产折旧多计提 3 000 元可以提请 LX 公司在以后注意改正，本处不予调账外，其他应作为重要事项问题予以反映和披露，并调整有关账务。

## 二、案例梳理

（1）结合本案例，谈谈对达不到重要性条件的单一事项，会计师事务所应该如何处理？

（2）请谈谈本例中哪些事项属于非重要性错报，哪些事项属于重要性错报，分别应该如何处理？

## 三、案例分析

（1）依据审计准则及相关法规规定，审计结果、结论和意见应抓住主要问题，对达不到重要性条件的单一事项应提请被审计单位改进，可不调整账务。

（2）上述事项中内部领用未计收入 7.5 万元和因计算错误，管理用固定资产折旧多计提 3 000 元分别低于其重要性金额，故责成被审单位以后改进，本次可不调整。涉及的债务纠纷，因上诉法院已受理尚无结果，应在报表附注中予以披露。其余事项属于重要性错报，应予以反映和调整。

### 工作反思与小结

审计人员在评价审计结果时，首先应当汇总已发现但尚未调整的错报或漏报，将其与会计报表层次的重要性水平相比较，以考虑其金额与性质是否对会计报表的反映产生重大影响。汇总时注意包括以下错报或漏报：

（1）已发现的错报或漏报。即通过对账户或交易实施详细的实质性测试所确认的未调整错报或漏报。

（2）推断的错报或漏报。即通过审计抽样或分析性程序所估计的未调整的错报或漏报。

必须指出，审计人员在汇总时也可能包括前期尚未调整的错报或漏报。一般情况下，如果前期尚未调整的错报或漏报尚未消除，且导致本期会计报表严重失实，审计人员在汇总时，就应将其包括进来。此外，在汇总时审计人员还应考虑期后事项和或有事项是否已进行适当处理。

## 四、思考与讨论

（1）谈谈重要性原则对评价审计结果有何具体应用？

（2）评价报表的合法性和公允性应分别考虑什么内容？

（3）错报或漏报的汇总数超过或接近重要性水平该如何处理？

# 第三节
# 审计业务审计报告案例分析

## 知识储备与回顾

### 一、审计目标

（1）审计财务报表金额的真实性、合法性、完整性。
（2）审计财务报表总体的合理性、计量的正确性。
（3）审计被审计单位内部控制的有效性。
（4）审计财务报表是否公允地反映了财务状况和经营业绩。
（5）审计会计政策和会计处理方法是否符合公认会计准则。

### 二、审计程序

（1）编制审计差异调整表。
（2）编制试算平衡表。
（3）评价是否已对财务报表整体不存在重大错报，并进一步评价财务报表的合法性和公允性。
（4）撰写审计总结，形成审计结论。
（5）与被审计单位进行沟通。
（6）签发审计报告。

### 三、审计要点

（1）评价所选择和运用的会计政策的合法性。
（2）评价所作出的会计估计的合法性。
（3）评价财务报表所反映信息的质量的合法性。
（4）评价财务报表的披露的合法性。

## 案例与分析

[案例 8－2]

### 一、案例回放

（一）案例背景

ABC 会计师事务所于 2018 年 2 月 20 日至 3 月 20 日受 LX 股份有限公司（以下简称

LX公司）董事会委托，对LX公司进行2017年度财务报表审计。双方已签订审计业务约定书。

LX公司成立于2001年7月2日，由H投资公司、Q电器集团和D咨询公司共同发起设立，2005年5月27日经中国证监会批准向社会公众发行A股，并于次年6月在上交所上市。

LX公司按照《中华人民共和国公司法》的要求，设有董事会、监事会。在职能科室中设有审计部，ABC会计师事务所的审计工作得到了该公司内部审计的协助，尤其是中期测试较多地依赖了内部审计提供的资料。

（二）案例内容及过程

LX公司在2017年度向其子公司以市场价格销售产品5 000万元，成本为3 800万元，LX公司当年向其关联方的销售占到全部收入的35%，LX公司已在财务报表附注中进行了适当披露。注册会计师认定该事项构成重大事项，注册会计师通过审计主营业务收入相关联方的应收账款的最长账龄、最大金额、相关联的原始凭证，发现其中账龄最长，金额最大的与主营业务收入相比有差异，超过重要性水平100万元，注册会计师要求LX公司作出调整，LX公司同意并进行正确的调整。

## 二、案例梳理

结合本案例，请谈谈注册会计师应当出具何种类型的审计报告？

## 三、案例分析

依据《中国注册会计师审计准则》相关规定，在被审计单位对审计查明问题予以认同并同意按审计意见调整账务的情况下，审计后重新编制的财务报表已不存在应调整而未调整的错报事项，对此，注册会计师以为发现的错报事项已改正消除，审计后的财务报表信息在重大方面能恰当反映被审计单位实际情况，财务报告编报已符合准则制度规定，能合理保证审计结论的可靠，此时若不存在其他重要事项，则注册会计师应当发表无保留意见，出具标准无保留意见报告。

### 工作反思与小结

1. 出具无保留意见的审计报告的条件

（1）财务报表已经按照适用的会计准则和相关会计制度的规定编制，在所有重大方面公允反映了被审计单位的财务状况、经营成果和现金流量。

（2）注册会计师已经按照《中国注册会计师审计准则》的规定来计划和实施审计工作，在审计过程中未受到限制。

2. 无保留意见审计报告的基本内容与专业术语

当出具无保留意见的审计报告时，注册会计师应当以“我们认为”作为意见段的开头，并使用“在所有重大方面”“公允反映”等术语。

［案例8－3］

## 一、案例回放

### （一）案例背景

ABC会计师事务所于2018年2月20日至3月20日受LX股份有限公司（以下简称LX公司）董事会委托，对LX公司进行2017年度财务报表审计。双方已签订审计业务约定书。

LX公司成立于2001年7月2日，由H投资公司、Q电器集团和D咨询公司共同发起设立，2005年5月27日经中国证监会批准向社会公众发行A股，并于次年6月在上交所上市。

LX公司按照《中华人民共和国公司法》的要求，设有董事会、监事会。在职能科室中设有审计部，ABC会计师事务所的审计工作得到了该公司内部审计的协助，尤其是中期测试较多地依赖了内部审计提供的资料。

### （二）案例内容及过程

（接［案例8－2］）LX股份有限公司同意对上述审计结果按照审计意见调整账务。注册会计师审计中已注意到该公司正在投巨资搞房地产开发，分析该公司负债较重，资产负债率已达到81%，资金流运转不畅，所欠货款金额较大，占到负债总额的48%，供应厂商意见极大。经与LX公司管理层沟通，确定将该情况予以披露。

## 二、案例梳理

（1）结合本案例，请谈谈注册会计师应当出具何种类型的审计报告？

（2）出具带强调事项段无保留意见审计报告的结构、形式是怎样的？

（3）请根据本案例编制带强调事项段无保留意见审计报告。

## 三、案例分析

（接［案例8－2］）在注册会计师确认应当出具无保留意见报告的情况下，注册会计师已注意到该公司债务较重，资金转投房产，造成资金运转困难，呈现出财务信用危机，将可能影响公司未来正常经营，属于应予关注的其他重要事项。此时，注册会计师应在考虑出具无保留意见审计报告的同时，在报告中强调事项说明段，即出具带强调事项段的无保留意见报告（属于非标准报告类型）。其报告结构、形式如下：

## ABC会计师事务所有限公司

## 审计报告

桂ABC所审字（2018）第81号

LX股份有限公司全体股东：

我们审计了后附的LX股份有限公司（以下简称LX公司）财务报表，包括2017年12月31日的资产负债表、2017年度的利润表、股东权益变动表和现金流量表以及财务报表附注：

一、管理层对财务报表的责任（内容相同，略）

二、注册会计师的责任（内容相同，略）

三、审计意见（内容相同，略）

四、强调事项（增加本段说明）

我们提醒财务报表使用者关注，如财务报表附注××中所述，LX公司在2017年债务较重，资产负债率已达到81%。较多资金被投入到房地产开发，资金流运转不畅，所欠货款金额较大，占负债总额的48%，供应厂商已在追收货款，公司已在财务报表附注负债项目中充分披露了拟采取的改善措施。若不能妥善缓解，将导致财务信用危机，影响公司未来的正常经营，其持续经营能力将存在重大不确定性。

本段内容不影响已发表的审计意见。

（结尾及落款部分略）

### 工作反思与小结

1. 强调事项应同时符合的条件

（1）可能对财务报表产生重大影响，但被审计单位进行了恰当的会计处理，且在财务报表中作出充分披露；

（2）不影响注册会计师发表的审计意见。

2. 带强调事项段的情况

（1）当存在可能导致对持续经营能力产生重大疑虑的事项或情况、但不影响已发表的审计意见时，注册会计师应当在审计意见段之后增加强调事项段。

（2）当存在可能对财务报表产生重大影响的不确定事项（持续经营问题除外）、但不影响已发表的审计意见时，注册会计师应当考虑在审计意见段之后增加强调事项段。

不确定事项是指其结果依赖于未来行动或事项，不受被审计单位的直接控制，但可能影响财务报表的事项。

除上述两种情形以及其他审计准则规定的增加强调事项段的情形外，注册会计师不应在审计报告的审计意见段之后增加强调事项段或任何解释性段落，以免财务报表使用者产生误解。注册会计师应当在强调事项段中指明，该段内容仅用于提醒财务报表使用者关注，并不影响已发表的审计意见。

[案例 8-4]

## 一、案例回放

（一）案例背景

ABC 会计师事务所于 2018 年 2 月 20 日至 3 月 20 日受 LX 股份有限公司（以下简称 LX 公司）董事会委托，对 LX 公司进行 2017 年度财务报表审计。双方已签订审计业务约定书。

LX 公司成立于 2001 年 7 月 2 日，由 H 投资公司、Q 电器集团和 D 咨询公司共同发起设立，2005 年 5 月 27 日经中国证监会批准向社会公众发行 A 股，并于次年 6 月在上交所上市。

LX 公司按照《中华人民共和国公司法》的要求，设有董事会、监事会。在职能科室中设有审计部，ABC 会计师事务所的审计工作得到了该公司内部审计的协助，尤其是中期测试较多地依赖了内部审计提供的资料。

（二）案例内容及过程

ABC 会计师事务所在对 LX 股份有限公司 2017 年度财务报表审计过程中实施了相关审计程序，审计中发现该公司存在如下问题事项：

（1）LX 股份有限公司对合营企业 DQ 有限公司的应收账款 9 394.845 万元、长期股权投资 2 666.64 万元，共计 12 061.49 万元全额计提了资产减值准备。ABC 会计师事务所无法取得 DQ 有限公司经审计的财务报表、应收账款询证回函等资料，也无法实施其他审计程序，以获取充分、适当的审计证据来判断 LX 股份有限公司计提上述资产减值准备的合理性。

（2）对预收款项中部分余额 2 014.59 万元，ABC 会计师事务所无法实施函证及其他审计程序，以获取充分、适当的审计证据。

ABC 会计师事务所认为上述未发现的错报（如存在）对财务报表可能产生的影响重大，但不具有广泛性。

此外，ABC 会计师事务所注意到，自 2014 年以来 LX 股份有限公司面临多宗诉讼并陷入财务困境，濒临破产境地，尽管该公司采取了生产自救、积极配合重整等改善措施，但其持续经营能力仍然存在重大不确定性，可能无法在正常的经营过程中变现资产、清偿债务。

## 二、案例梳理

（1）结合本案例，请谈谈注册会计师应当出具何种类型的审计报告？

（2）注册会计师是否应当在该审计报告中增加强调事项段？强调事项段的作用是什么？

## 三、案例分析

依据《中国注册会计师审计准则》的相关规定，当存在下列情形之一时，注册会计师应当发表保留意见：

（1）在获取充分、适当的审计证据后，注册会计师认为错报单独或累计起来对财务报表影响重大，但不具有广泛性；

（2）注册会计师无法获取充分、适当的审计证据作为形成审计意见的基础，但认为未发现的错报（如存在）对财务报表可能产生的影响重大，但不具有广泛性。

结合本案例，ABC会计师事务所对LX股份有限公司计提12 061.49万元的资产减值准备，以及预收款项中部分余额2 014.59万元，未能实施相关的审计程序，无法获取充分、适当的审计证据作为形成审计意见的基础。同时认为未发现的错报（如存在）对财务报表可能产生的影响重大，但不具有广泛性。因此，应该出具保留意见的审计报告。

此外，注册会计师注意到，自2014年以来，LX股份有限公司面临多宗诉讼并陷入财务困境，濒临破产，尽管该公司采取了生产自救、积极配合重整等改善措施，但其持续经营能力仍然存在重大不确定性，可能无法在正常的经营过程中变现资产、清偿债务。依据《中国注册会计师审计准则》的规定，如果认为有必要提醒财务报表使用者关注已在财务报表中列报或披露，且根据职业判断认为对财务报表使用者理解财务报表至关重要的事项，注册会计师在已获取充分、适当的审计证据证明该事项在财务报表中不存在重大错报的条件下，应当在审计报告中增加强调事项段。其报告结构、形式如下：

**ABC会计师事务所有限公司**

**审计报告**

桂ABC所审字（2018）第80号

LX股份有限公司全体股东：

我们审计了后附的LX股份有限公司（以下简称LX公司）财务报表，包括2017年12月31日的资产负债表、2017年度的利润表、股东权益变动表和现金流量表以及财务报表附注。

一、管理层对财务报表的责任（内容相同，略）

二、注册会计师的责任（内容相同，略）

三、导致保留意见的事项（增加的说明段）

由于贵公司对合营企业DQ有限公司的应收账款9 394.845万元、长期股权投资2 666.64万元，共计12 061.49万元，全额计提了资产减值准备，我们无法取得DQ有限公司经审计的财务报表、应收账款询证回函等资料，以及预收款项中有部分余额计2 014.59万元也无法实施函证程序获取资料，同时也无法实施其他有效审计程序，以获取充分、适当的审计证据判断LX股份有限公司上述资产计提减值准备的合理性和负债的恰当性及其影响。

四、审计意见（采用专业术语表述）

我们认为，除了前段所述未能实施函证和其他审计程序等可能产生的影响外，贵公司财务报表已经按照《企业会计准则》和《企业会计制度》的规定编制，在所有重大方面公允地反映了贵公司2017年12月31日的财务状况以及2017年度的经营成果和现金流量。

五、强调事项（注：增加本段说明）

我们提醒财务报表使用者关注，如财务报表附注××所述，自2014年以来该公司面临多宗诉讼并陷入财务困境，濒临破产，尽管该公司采取了生产自救、积极配合重整等改善措施，但持续经营能力仍然存在重大不确定性，可能无法在正常的经营过程中变现资产、清偿债务。

附件：财务报表及附注（略）

（结尾及落款部分略）

保留意见涉及多种情形，上述保留意见属于审计程序受到限制情形，其他情形还有：与注册会计师意见有分歧，不同意注册会计师对某些账项的调整意见，不同意注册会计师要求披露的某些重要事项等，只要其影响不具广泛性，不会对财务报表整体产生重大的错报影响，并不至于误导财务信息使用者的恰当判断，均可以考虑出具保留意见类型审计报告。

例如，结合［案例8-4］，若ABC会计师事务所实施相关的审计程序已获取的充分、适当的审计证据证明LX股份有限公司计提12 061.49万元的资产减值准备不恰当，核定合理计提减值准备的金额为6 000万元，预收款项中部分余额2 014.59万元经实施其他程序可以认定无错报。ABC会计师事务所建议该公司调减计提的资产减值准备额6 061.49万元，但公司不同意调整。在此情形下，出具的保留意见如下：

……

三、导致保留意见的事项（增加的说明段）

贵公司对合营企业DQ有限公司的应收账款9 394.845万元、长期股权投资2 666.64万元，共计12 061.49万元全额计提了资产减值准备。经我们实施函证等审计程序获取资料核实，有充分、适当的审计证据表明贵公司对上述资产合理计提减值准备的金额为6 000万元，贵公司未能接受我们的调整建议。

四、审计意见（采用专业术语表述）

我们认为，除了前段所述事项可能产生的影响外，贵公司财务报表已经按照《企业会计准则》和《企业会计制度》的规定编制，在所有重大方面公允地反映了贵公司2017年12月31日的财务状况以及2017年度的经营成果和现金流量。

……

## 工作反思与小结

如果认为财务报表整体是公允的，但还存在下列情形之一，注册会计师应当出具保留意见的审计报告：

（1）会计政策的选用、会计估计的作出或财务报表的披露不符合适用的会计准则和相关会计制度的规定，虽然影响重大，但不至于出具否定意见的审计报告；

（2）因审计范围受到限制，不能获取充分、适当的审计证据，虽影响重大，但不至于出具无法表示意见的审计报告。

当出具保留意见的审计报告时，注册会计师应当在审计意见段中使用“除……的影响外”等术语。如果因审计范围受到限制，注册会计师还应当在注册会计师的责任段中提及这一情况。

如果会计政策的选用、会计估计的作出或财务报表的披露不符合适用的会计准则和相关会计制度的规定，注册会计师在判断其影响是否重大时，应当考虑该影响所涉及的金额或性质并与确定的重要性水平进行比较。

注册会计师因审计范围受到限制而出具保留意见的审计报告，取决于无法实施的审计程序对形成审计意见的重要性。注册会计师在判断重要性时，应当考虑有关事项潜在影响的性质和范围以及在财务报表中的重要程度。当注册会计师因审计范围受到限制而出具保留意见的审计报告时，意见段的措辞应当表明保留意见是针对审计范围对财务报表可能产生的影响而不是针对审计范围限制本身。

**[案例8-5]**

## 一、案例回放

（一）案例背景

ABC会计师事务所于2018年2月20日至3月20日受LX股份有限公司（以下简称LX公司）董事会委托，对LX公司进行2017年度财务报表审计。双方已签订审计业务约定书。

LX公司成立于2001年7月2日，由H投资公司、Q电器集团和D咨询公司共同发起设立，2005年5月27日经中国证监会批准向社会公众发行A股，并于次年6月在上交所上市，注册资本与实收资本为9 000万元。

LX公司按照《中华人民共和国公司法》的要求，设有董事会、监事会。在职能科室中设有审计部，ABC会计师事务所的审计工作得到了该公司内部审计的协助，尤其是中期测试较多地依赖了内部审计提供的资料。

（二）案例内容及过程

ABC会计师事务所在对该公司2017年度财务报表审计时实施了相关审计程序，审计中未发现其他方面错报事项，只发现该公司担保业务存在如下有问题事项：

（1）LX股份有限公司对外担保业务的应收保证金余额6 000万元，经函证担保贷款银行，确认其中4 500万元已用于抵偿逾期未还贷的担保本息。注册会计师要求提供担保的逾期贷款客户资料，并实施函证程序，但LX公司不愿予以配合。注册会计师也无法实施其他审计程序，以获取充分、适当的审计证据判断LX股份有限公司担保贷款的可回收额及其影响。

（2）注册会计师要求将应收保证金调整为应收担保贷款，并确定可能的坏账损失额。LX公司不愿意接受调整意见。

## 二、案例梳理

（1）在何种情况下，注册会计师应出具否定意见审计报告？

（2）出具否定意见审计报告的结构是怎样的？

（3）请根据本案例编制否定意见审计报告。

## 三、案例分析

依据《中国注册会计师审计准则》的相关规定，当存在下列情形之一时，注册会计师应当发表否定意见：

（1）在获取充分、适当的审计证据的情形下，注册会计师认为错报单独或累计起来对财务报表影响重大，且具有广泛性，被审单位又不接受改正建议；

（2）注册会计师无法获取充分、适当的审计证据作为形成审计意见的基础，并认为发现的错报（如存在）对财务报表可能产生的影响重大，且具有广泛性。

结合本案例，注册会计师对LX股份有限公司应收保证金中4 500万元应调整为应收担保贷款的事项要求实施函证程序，以确认该应收债权的真实状况及其可能的坏账损失。由于公司不愿配合，未能实施相关审计程序以获取充分、适当的审计证据作为形成审计意见的基础，在公司担保业务中，该事项已属于重大错报事项。且该公司不愿作出调整，影响到财务报表的整体，具有广泛性。对此，注册会计师应该出具否定意见类型的审计报告，其审计报告的结构与意见表达如下：

……

三、导致否定意见的事项（增加的说明段）

贵公司对外担保业务应收保证金余额6 000万元，经函证担保贷款银行，已确认其中4 500万元已用于抵偿逾期未还贷的担保本息，应将该4 500万元应收保证金调整为应收担保贷款，但公司不愿接受调整建议；另外，我们要求贵公司提供担保的逾期贷款客户资料，并实施函证程序，但贵公司不愿予以配合。对此，我们无法实施其他审计程序获取充分、适当的审计证据，无法形成判断贵公司应收担保贷款的可回收额及其影响的审计意见基础。

四、审计意见（采用专业术语表述）

我们认为，由于受到前段所述事项的重大影响，贵公司财务报表没有按照《企业会计准则》和《金融企业会计制度》的规定编制，未能在所有重大方面公允反映贵公司2017年12月31日的财务状况以及2017年度的经营成果和现金流量。

……

再如，结合本案例，若LX股份有限公司认同注册会计师对应收保证金中4 500万元应调整为应收担保贷款的事项，并配合实施了函证程序，已获取充分、适当的审计证据作为形成审计意见的基础，确认该应收债权可能的坏账损失额为900万元。若公司调整前税前利润为300万元，调整后LX公司将转为亏损600万元。此情形下，若LX公司愿意接受利润调整意见，则可以考虑出具保留意见或无保留意见的审计报告；若LX公司不愿意接受利润调整意见，因该事项已属于重大错报事项，已影响到财务报表的整体，具有广泛性，则应出具否定意见审计报告。此时，其审计报告结构与否定意见表达如下：

……

三、导致否定意见的事项（增加的说明段）

贵公司对外担保业务应收保证金中4 500万元已用于抵偿逾期未还贷的担保本息，已调整为应收担保贷款。经函证提供担保的逾期贷款客户，已获取充分、适当的审计证据确认该应收债权可能的坏账损失额为900万元。贵公司调整前税前利润为300万元，按此调整后贵公司当年税前利润减少900万元，导致贵公司由盈利300万元转为亏损600万元，贵公司未能接受我们的调整建议。

四、审计意见（采用专业术语表述）

我们认为，由于受到前段所述事项的重大影响，贵公司财务报表没有按照《企业会计准则》和《金融企业会计制度》的规定编制，未能在所有重大方面公允反映贵公司2017年12月31日的财务状况以及2017年度的经营成果和现金流量。

……

### 工作反思与小结

1. 出具否定意见审计报告的条件

如果认为报表没有按照适用的会计准则和相关会计制度的规定编制，未能在所有重大方面公允反映被审计单位的财务状况、经营成果和现金流量，注册会计师应当出具否定意见的审计报告。这是双方都不希望发表的审计报告类型。

2. 否定意见审计报告的基本内容与专业术语

否定意见审计报告的专业术语在意见段中使用“由于上述问题造成的重大影响”“由于受到前段所述事项的重大影响”“会计报表的编制不符合……未能公允反映”等专业术语。

### [案例8-6]

## 一、案例回放

（一）案例背景

ABC会计师事务所于2018年2月20日至3月20日受LX股份有限公司（以下简称LX公司）董事会委托，对LX公司进行2017年度财务报表审计。双方已签订审计业务约定书。

LX公司成立于2001年7月2日，由H投资公司、Q电器集团和D咨询公司共同发起设立，2005年5月27日经中国证监会批准向社会公众发行A股，并于次年6月在上交所上市。

LX公司按照《中华人民共和国公司法》的要求，设有董事会、监事会。在职能科室中设有审计部，ABC会计师事务所的审计工作得到了该公司内部审计的协助，尤其是中期测试较多地依赖了内部审计提供的资料。

（二）案例内容及过程

ABC会计师事务所对该公司2017年度财务报表进行审计时，发现该公司存在如下情况：

（1）2017年12月30日，公司2012~2016年度财务凭证和董事会会议记录等资料被公安机关调取，截至审计报告日，上述资料仍未退回。2016年5月，公司董事长因涉嫌民间集资欺诈罪被公安机关逮捕，目前案件正在审理中。

（2）对某基地土地使用权和某林地使用权计提了无形资产减值准备 237.50 万元；依据退回苗木统计表，确认 2017 年苗木销售退回 1 174.68 万元。其中，2017 年退回 2016 年苗木销售款 529.31 万元。依据死亡苗木现场勘验记录，确认 2016 年发生苗木损失 233.73 万元，已列入营业外支出。依据实物资产盘点记录，盘亏净损失为 269.54 万元。对此，注册会计师无法获取充分适当的审计证据判断该公司上述事项的交易性质及其影响程度。

（3）2017 年度，该公司“某工程项目”确认工程收入 542.93 万元和工程成本 408.59 万元。该公司不能提供经建设方和监理方确认的完工进度和完整的工程合同预计总成本，且工程部所提供的已完工工程实际成本与财务部的相关记录不一致，财务记录成本较工程部记录成本多 404.31 万元，注册会计师无法实施满意的审计程序，以获取充分、适当的审计证据对相关会计认定进行合理确认。

## 二、案例梳理

（1）在何种情况下，注册会计师应出具无法表示意见审计报告？

（2）出具无法表示意见审计报告的结构是怎样的？

（3）请根据本案例编制无法表示意见审计报告。

## 三、案例分析

通常出具无法表示意见类型的审计报告，是在审计程序实施受到限制，无法从整体上获取判断财务报表信息的充分适当的审计证据，且被审计单位也不予以配合等情形下发生的。发表这种类型的审计意见，在审计报告中也需要增加说明段表达注册会计师出具该种意见的理由与依据，并在审计意见段中应用专业术语表达其“无法表示意见”的审计意见。

结合本案例，注册会计师对该公司的诸多事项无法实施满意的审计程序，无法获取充分、适当的审计证据对相关会计认定进行确认，故应出具无法表示意见类型的审计报告。其结构、意见表达如下：

……

三、导致无法表示意见的事项（增加的说明段）

2016 年 5 月，贵公司董事长因涉嫌民间集资欺诈罪被公安机关逮捕，案件正在侦查中，2012～2016 年度财务凭证和董事会会议记录等资料已被公安机关调取，截至审计报告日，上述资料仍未退回。贵公司对其某基地土地使用权和某林地使用权计提了无形资产减值准备 237.50 万元；依据退回苗木统计表，确认 2017 年苗木销售退回 1 174.68 万元，其中 2017 年退回 2016 年苗木销售款 529.31 万元；依据死亡苗木现场勘验记录，确认 2016 年发生苗木损失 233.73 万元，已列入营业外支出；依据实物资产盘点记录，确认盈亏净损失 269.54 万元等事项。对此我们无法获取充分适当的审计证据以判断该公司上述事项的交易性质及其影响程度。此外，贵公司对 2017 年度“某工程项目”确认工程收入 542.93 万元和工程成本 408.59 万元，也不能提供经建设方和监理方确认的完工进度和完整的工程合同预计总成本，且工程部所提供的已完工工程实际成本与财务部的相关记录不一致，财务记录成本较工程部记录成本多404.31万元。我们也无法实施满意的审计程序，以获取充分、适当的审计证据对相关会计认定进行合理确认。

四、审计意见（采用专业术语表述）

我们认为，由于上述审计范围受到限制，且可能产生的影响非常重大和广泛，以至于我们无法获取充分适当的审计证据对贵公司财务报表发表意见。

……

无法表示意见也涉及多种情形，总体看均属于审计程序受到限制情形，只要因此而无法获取充分适当的审计证据判断被审计事项，且该类重要事项以及其影响具有广泛性，将对财务报表整体认定产生重大不确定影响时，均可以考虑出具无法表示意见类型审计报告。

**工作反思与小结**

1. 出具无法表示意见审计报告的条件

如果审计范围受到限制可能产生的影响非常重大和广泛，不能获取充分、适当的审计证据，以至于无法对财务报表发表审计意见，注册会计师应当出具无法表示意见的审计报告。

2. 无法表示意见审计报告的基本内容与专业术语

当出具无法表示意见的审计报告时，在审计意见段中使用“由于审计范围受到限制可能产生的影响非常重大和广泛”“我们无法对上述财务报表发表意见”等专业术语。

### [案例8－7]

## 一、案例回放

（一）案例背景

HD股份有限公司（国有控股）是省国资委投资与管理的控股公司，组建于2010年5月，现有注册资本和实收资本13 500万元，国有资本占50%，法定代表人吴梅，主要从事电器设备的生产与销售。审计前，截至2017年度公司资产总额2.64亿元，负债总额11 190万元，所有者权益1.61亿元。2016年主营收入14 250万元，净利润2 220万元；2017年主营收入15 750万元，净利润2 745万元；2016年前累计亏损1 530万元，已全部弥补。

（二）案例内容及过程

广西壮族自治区审计厅企业审计一处依据审计厅批准的年度审计项目安排计划，派出审计组，发出审计通知书，对HD股份有限公司（国有控股）2016～2017年度财务收支实施了为期3个月的就地审计。根据审计工作底稿整理归纳的审计检查核实情况及结果，确认存在如下主要问题：

（1）隐瞒主营收入345万元，少转主营成本153万元；漏缴增值税费等65.10万元。其中：①2016 年 7 月挂账“预收账款”销售收入 135 万元未结转；②2017 年 9 月挂账“其他应付款”关联方销售收入 120 万元未结转；③2017 年账外产品销售收入 90 万元计入“小金库”，至审计日止，“小金库”结存款 30 万元，60 万元已被经理挪用购买私人别墅；④少转主营成本 153 万元；⑤少计增值税 58.65 万元，城建教育附加等税费 6.45 万元。

（2）漏缴印花税 9 075 元。其中：①2016 年 2 月增资 1 500 万元未计缴印花税 7 500 元；②公司接受联合国环保基金会赠送的排污处理设备折合人民币 315 万元，记入“资本公积”账户，未缴印花税 1 575 元。

（3）长期投资收益低下，2017 年末按出资比例应计投资亏损 45 万元未予处理。公司 2015 年投资 FS 公司 750 万元（股权比例 40%），3 年内仅获收益 30 万元；2017 年末，FS 公司净亏损 112.50 万元，公司未按权益法计投资损失 45 万元。

（4）以上造成 2016～2017 年利润少计 139.64 万元，少交所得税 34.91 万元。

（5）除上述事项外，公司还存在其他问题：①报表编制不规范，应收账款与预收账款和应收票据、应付账款与预付账款和应付票据未按规定重分类；②现金日记账金额栏多次出现使用涂改液更正数字的现象，现金管理不严，存在坐支问题；③会计凭证制单不严谨，记账凭证和原始凭证有时不相符，对账、结账不及时。

根据上述检查结果资料，审计组的审计报告及审计机关审计决定等审计文书应怎样编制呢？

## 二、案例梳理

（1）国家审计终结阶段应做哪些主要工作？

（2）请根据本案例编制政府审计报告。

## 三、案例分析

根据国家审计准则及有关规定，依据审计机关的主要审计流程及主要审计文书编制要求，现列示主要的审计文书供参考。

1. 审计通知书

**广西壮族自治区审计厅审计通知书**

**桂审企财通（2018）30 号**

HD 股份有限公司：

根据《中华人民共和国审计法》第××条的规定，我厅决定派出审计组，自 2018 年 2 月 10 日起，对你单位 2016～2017 年度财务收支进行审计，必要时将追溯到相关年度或者延伸审计有关单位。请予以配合，并提供有关资料（包括电子数据资料）和必要的工作条件。

审计组长：李明

审计组员：吴越、林宾、武雪

2018 年 2 月 5 日（审计厅公章）

2. 审计组审计报告书

**广西壮族自治区审计厅**

**审计报告书**

**桂审企财报（2018）30号**

**被审单位：HD股份有限公司**

**审计项目：2016~2017年度财务收支**

**（报告正文）**

根据《中华人民共和国审计法》第××条的规定，广西壮族自治区审计厅派出审计组，自2018年2月10日~2018年5月10日，对HD股份有限公司（“以下简称HD公司”）2016~2017年度财务收支进行了审计。重点审计了HD公司主营收支、长期股权投资等事项，对重要事项进行了必要的延伸和追溯。HD公司及有关单位对其提供的财务会计资料以及其他相关资料的真实性和完整性负责，广西壮族自治区审计厅的责任是依法独立实施审计并出具审计报告。

一、HD股份有限公司基本情况

HD股份有限公司（国有控股）是省国资委投资与管理的控股公司，组建于2010年5月，现有注册资本和实收资本13 500万元，国有资本占50%，法定代表人吴梅，主要从事电器设备的生产与销售。审计前，截至2017年度公司资产总额2.64亿元，负债总额11 190万元，所有者权益1.61亿元。2016年主营收入14 250万元，净利润2 220万元；2017年主营收入15 750万元，净利润2 745万元；2014年前累计亏损1 530万元，已全部弥补。

二、审计评价意见

根据审计项目计划安排，审计组在对HD股份有限公司进行初步了解的基础上，按照审计通知书要求，于2018年2月11日进驻被审计单位，首先与被审计单位领导和财务负责人等进行了座谈和沟通，采取询问、审阅和核对等方法，进一步了解公司情况及内部控制，修订了审计实施方案。在审计过程中，对主要业务和重要事项进行了重点审计和延伸审计，获取了充分适当的审计证据。审计结果表明，被审计单位总体上能遵循会计法、企业会计准则和相关法规，财务报告在重大方面真实反映了实际情况，对以往审计结果及处理意见已按要求作出了恰当调整。

三、审计发现的主要问题和处理意见

根据审计，HD公司仍存在如下一些主要问题：

（1）隐瞒主营收入345万元，少转主营成本153万元；漏缴增值税费等65.10万元。其中：2016年7月挂账“预收账款”销售收入135万元未结转；2017年9月挂账“其他应付款”关联方销售收入120万元未结转；2017年账外产品销售收入90万元计入“小金库”，至审计日止，“小金库”结存款30万元，60万元已被经理挪用购买私人别墅；少转主营成本153万元；少计增值税58.65万元，城建教育附加等税费6.45万元。

（2）漏缴印花税9 075元。其中：2016年2月增资1 500万元未计缴印花税7 500元；公司接受联合国环保基金会赠送的排污处理设备折合人民币315万元，记入“资本公积”账户，未缴印花税1 575元。

（3）长期投资收益低下，2017年末按出资比例应计投资亏损45万元未予处理。公司2015年投资FS公司750万元（股权比例40%），3年内仅获收益30万元；2017年年末，FS公司净亏损112.50万元，公司未按权益法计列投资损失45万元。

（4）以上造成2016～2017年利润少计139.64万元，少交所得税34.91万元。

（5）除上述事项外，公司还存在其他一些问题：

①报表编制不规范，应收账款与预收账款和应收票据、应付账款与预付账款和应付票据未按规定重分类；

②现金日记账金额栏多次出现使用涂改液更正数字的现象，现金管理不严，存在坐支问题；

③会计凭证制单不严谨，记账凭证和原始凭证有对不相符，对账、结账不及时。

根据上述审计查明的问题，提出如下审计意见：

（1）将隐瞒的主营收入345万元，少转主营成本153万元，调整入账；补交漏缴的增值税费65.1万元，漏缴印花税9 075元。

（2）按权益法规定将应计未计的长期投资损失45万元调整入账。

（3）相应调整2016～2017年度留存利润139.64万元，补交少交的所得税34.91万元。

（4）冻结“小金库”结存款30万元；对形成的90万元“小金库”予以没收并上缴国库；追缴被经理挪用于购买私人别墅的60万元赃款，并将此案移交省检察院、省纪委处理。

四、审计建议

（1）对长期投资收益低下问题，公司董事会应对相关情况写出专题调查报告，并加强对被投资方DF公司的运营指导与管理。若DF公司持续经营存在问题，应提出恰当的解决方案。

（2）对报表编制不规范，应收账款与预收账款和应收票据、应付账款与预付账款和应付票据未按规定重分类的现象，重新分类后编报，注意今后按规定编报。

（3）对存在的现金日记账金额栏多次出现使用涂改液更正数字的现象，现金管理不严，坐支以及会计凭证制单不严谨，记账凭证和原始凭证有时不相符，对账、结账不及时等问题，公司必须加强会计基础工作规范管理，强化法规学习，杜绝类似情况再次发生。

对本次审计发现的问题，请HD公司自收到本报告之日起15日内，将整改情况书面报告广西壮族自治区审计厅。本报告及有关整改情况随后将以适当方式公告。

附件：（报表及附注、审计证据等略）

广西壮族自治区审计厅企业一处第二审计组

审计组长：李明

审计组员：吴越（主审）、林宾、武雪

报告日期：2018年5月21日（审计厅公章）

3. 审计机关审计决定书

广西壮族自治区审计厅

审计决定书

桂审企财决（2018）36号

---

## 广西壮族自治区审计厅关于HD股份有限公司2016～2017年度财务收支违纪问题的审计决定

HD股份有限公司：

自2018年2月10日～2018年5月10日，我厅对你单位2016～2017年度财务收支进行了审计。现根据《中华人民共和国审计法》第41条和其他有关法律法规，作出如下审计决定：

一、关于隐瞒的主营收入345万元、少转的主营成本153万元问题的处理

按照企业会计准则及有关税法等规定，将挂账隐瞒的主营收入345万元、少转的主营成本153万元调整入账；补交漏缴的增值税费65.10万元，漏缴印花税9 075元。

二、关于权益法规定计列长期投资损失45万元问题的处理

按企业会计准则和权益法规定，你公司应按股权比例40%将应计未计的长期投资损失45万元调整入账。

三、关于少计利润造成所得税少计问题的处理

你公司因少计收入等致使当期利润少计，应相应调整2016～2017年度留存利润139.64万元，补交少交的所得税34.91万元。

四、关于私设“小金库”和挪用公款问题的处理

你公司隐匿收入私设“小金库”，现冻结你公司“小金库”结存款30万元；对形成的90万元“小金库”予以没收上缴国库；追缴被经理挪用购买私人别墅的60万元赃款，并将此案移交省检察院、省纪委处理（见移送处理书）。

此外，你公司存在的其他问题，请按所附审计报告中的审计建议办理。

本审计决定自送达之日起生效。接此审计决定书后，请在5日内将本审计决定执行完毕，并将执行结果书面报告我厅。

如果对审计决定不服，可以在本决定送达之日起60日内，提请广西壮族自治区人民政府裁决。裁决期间本决定照常执行。

广西壮族自治区审计厅（公章）

签发日期：2018年5月21日

4. 被审单位对审计决定回复意见书

## HD股份有限公司董事会审计决定回复意见书

广西壮族自治区审计厅：

我公司董事会审阅了贵厅对我公司的审计决定书及所附审计报告书，我们衷心感谢审计组查出了公司存在的问题，为公司清除了隐患，帮助公司提出了加强运营管理的有效建议。同时，公司董事会诚恳接受审计处理决定，按规定要求执行审计决定，并在今后的公司运营管理中强化管理，杜绝类似问题再次发生。此外，公司董事会商议，提请

审计厅考虑将冻结的30万元小金库存款留归公司入账，不上缴国库，用于补交税款，被经理挪用的60万元赃款追缴后上缴国库。

此致。

HD股份有限公司（公章）

回复日期：2018年5月24日

5. 审计机关审计移送处理书

广西壮族自治区审计厅

**审计移送处理书**

桂审企财移［2018］2号

---

**广西壮族自治区审计厅关于对HD股份有限公司经理挪用公款的审计移送处理书**

广西壮族自治区纪委、省检察院：

我厅于2018年2月10日～5月10日在对HD股份有限公司2016年度及2017年度财务收支实施就地审计中发现，该公司经理存在严重违反法纪行为。具体情况如下：

（1）2017年公司经理为满足私利，擅自决定将部分产品不验收入库，转移至账外，该批产品销售后取得的收入90万元（含税价105.30万元）存入“小金库”账户（中国银行105号）。

（2）至审计日止，该账户“小金库”结存款30万元现已被冻结，付出的60万元款项经核实并经本人认定，已被经理挪用购买私人别墅（南宁市××路6号）。

鉴于上述查明的事实，依据《中华人民共和国刑法》及刑法修正案等刑事法律相关条款规定，上述行为涉嫌构成挪用贪污公款罪，应当依法追究刑事责任。

经研究决定，经理挪用公款事实清楚，金额较大，属严重违反法纪行为，应当依法追究经理的刑事责任。根据《中华人民共和国审计法》第44条规定，移送你单位处理，请将处理结果函告我单位。

附：审计证据（共20页，只送主送机关）

广西壮族自治区审计厅（公章）

签发日期：2018年5月22日

联系人：×××　联系电话：×××××

## 工作反思与小结

政府审计报告的基本要素：

（1）审计依据，即实施审计所依据的法律、法规、规章的具体规定。

（2）被审计单位的基本情况，包括被审计单位的经济性质、管理体制、财政、财务隶属关系或者国有资产监督管理关系，以及财政收支、财务收支状况等。

（3）被审计单位的会计责任，一般表述为被审计单位应对其提供的与审计相关的会计资料、其他证明材料的真实性和完整性负责。

（4）实施审计的基本情况，一般包括审计范围、审计方式和审计实施的起止时间。审计范围应说明审计所涉及的被审计单位财政收支、财务收支所属的会计期间和有关审计事项。

(5) 审计评价意见，即根据不同的审计目标，以审计结果为基础，对被审计单位财务收支、财政收支真实、合法和效益情况发表意见。

(6) 审计查出被审计单位违反国家规定的财政收支、财务收支行为的事实和定性、处理处罚决定以及法律、法规、规章依据，有关移送处理的决定。

(7) 必要时可以对被审计单位提出改进财政收支、财务收支管理的意见和建议。

[案例 8-8]

## 一、案例回放

(一) 案例背景

DH 有限公司是本集团所属的控股子公司，组建于 2009 年 4 月，现有注册资本和实收资本 10 500 万元，母公司资本占 50%，法定代表人黄溪，主要从事水工设备的生产经营与销售。审计前，截至 2017 年度，公司资产总额 14 503.50 万元，负债总额 3 694.50 万元，所有者权益 10 809 万元。2017 年主营收入 5 250 万元，净利润 1 009.50 万元。

(二) 案例内容及过程

XM 集团公司审计部依据集团公司董事会批准的年度审计项目安排审计计划，派出审计组，于 2018 年 2 月 15 日起对子公司 DH 有限公司 2017 年度财务收支实施了为期 1 个月的就地审计。根据审计工作底稿整理归纳的审计检查核实情况及结果，确认存在如下主要问题：

(1) 虚列主营收入 240 万元，多转主营成本 45 万元，多缴增值税费等 45.29 万元。其中：①2017 年 9 月因虚列“应收账款”而虚增销售收入 105 万元未结转；②2017 年 11 月将未实现销售的“预收账款”75 万元提前作销售收入处理；③将 2017 年 12 月发出、次年 2 月才开具发票收货款的发出商品在 12 月发出时作收入处理，虚增收入 60 万元。

(2) 少提折旧 27 万元，少摊专利权费用 6 万元。

(3) 将应计入当期损益的借款费用 30 万元计入在建工程。

(4) 以上造成 2017 年利润多计 226.52 万元，多计所得税 56.63 万元。

(5) 除上述事项外，公司还存在业务审核不严、预算制定不规范、执行不力等问题。

## 二、案例梳理

请根据本案例编制内部审计报告。

## 三、案例分析

**关于对 DH 有限公司 2017 年度财务收支的审计报告**

XM 集内审 (2018) 第 7 号

XM 集团公司董事会：

根据集团董事会2018年度审计项目计划安排，审计组于2018年2月15日至3月15日对子公司DH有限公司2017年度财务收支实施了为期1个月的就地审计。我们按照《审计署关于内部审计工作的规定》和有关法规规定，遵循《中国内部审计准则》要求，实施了必要的检查程序，检查了相关内部控制，恰当评价了审计风险，获取了充分适当的审计证据。被审计单位对提供的审计资料的真实性、合法性及会计政策选用的合理性承担相应责任，我们的责任是依据内部审计准则等规定实施审计过程，对形成的审计结果及表达的审计意见承担责任。

一、DH有限公司基本情况

DH有限公司是本集团所属的控股子公司，组建于2009年4月，现有注册资本和实收资本10 500万元，母公司资本占50%，法定代表人黄溪，主要从事水工设备的生产经营与销售。审计前，截至2017年度，公司资产总额14 503.50万元，负债总额3 694.50万元，所有者权益10 809万元。2017年主营收入5 250万元，净利润1 009.50万元。

二、审计过程及情况

根据审计项目计划安排，审计组按照要求于2018年2月15日进驻HD有限公司，在HD有限公司与公司管理层、治理层和财务负责人等有关人员进行了座谈、沟通，采取询问、审阅和核对等方法，进一步了解公司运营管理情况及内部控制，制定了审计实施方案。在审计过程中，对主要业务和重要事项进行了重点审计和延伸审计，获取了充分适当的审计证据。通过审计发现和核实该公司存在以下主要问题：

（1）虚列主营收入240万元，多转主营成本45万元，多缴增值税费等45.29万元。其中：①2017年9月因虚列“应收账款”而虚增销售收入105万元未结转；②2017年11月将未实现销售的“预收账款”75万元提前作销售收入处理；③将2017年12月发出、次年2月才开具发票收货款的发出商品在12月发出时作收入处理，虚增收入60万元。

（2）少提折旧27万元，少摊专利权费用6万元。

（3）将应计入当期损益的借款费用30万元计入在建工程。

（4）以上造成2017年利润多计226.52万元，多计所得税56.63万元。

（5）除上述事项外，公司还存在业务审核不严、预算制定不规范、执行不力等问题。

三、审计意见及建议

根据上述审计查明的问题，审计组提出如下审计意见及建议：

（1）对虚列的主营收入240万元、多转的主营成本45万元、多缴的增值税费45.29万元作出调账处理，调减2017年度主营收入及成本。对实际在2018年2月才实现的60万元收入调增当期收入。

（2）补提少提的折旧27万元，不摊少摊的专利权费用6万元。

（3）将计入在建工程的借款费用30万元调整计入2017年当期损益。

（4）调减2017年多计的利润226.52万元及多计的所得税56.63万元。

（5）建议：对该公司尚存在的业务审核不严、预算制定不规范、执行不力等问题，提出整改意见，促使公司加强规范化管理，强化内部控制，杜绝类似情况再次发生。

以上是审计组的审计结论与意见、建议，供集团董事会审议。

附件：（报表及附注、审计证据等略）

XM 集团审计部项目一组

审计组长：高远

审计组员：刘畅、周鑫、黄丽

报告日期：2018 年 4 月 26 日

### 工作反思与小结

内部审计报告应当包括以下基本要素和内容：①标题；②收件人；③正文；④附件；⑤签章；⑥报告日期。

内部审计报告的正文应包括以下内容：

（1）审计概况：说明审计立项依据、审计目的和范围、审计重点和审计标准等内容。

（2）审计依据：应说明内部审计是按照内部审计准则的规定实施，若存在未遵循该准则的情形，应对其作出解释和说明。

（3）审计结论：根据已查明的事实，对被审计单位经营活动和内部控制所作的评价。

（4）审计决定：针对审计发现的主要问题提出的处理、处罚意见。

（5）审计建议：针对审计发现的主要问题提出的改善经营活动和内部控制的建议。

审计报告的附件应包括对审计过程与审计发现问题的具体说明、被审计单位的反馈意见等内容。

## 四、思考与讨论

（1）结合以上的案例，请你总结一下编制审计报告的步骤？

（2）请你说说编制和使用审计报告应注意哪些方面？

### 课后提高训练

**案例一：**

注册会计师覃丽和王浩于 2018 年 3 月 10 日完成对 DX 股份有限公司（以下简称 DX 公司）2017 年度会计报表审计的外勤工作，包括完成各项规定审计程序。假定 2016 年度会计报表审计工作也由他们俩共同完成。除以下几个事项注册会计师在编制审计报告时予以考虑外，其他条件符合出具无保留意见审计报告的要求：

（1）审计过程中发现的需要调减利润 600 万元的调整事项。DX 公司已作调整。

（2）A 公司诉讼 DX 公司的某赔偿案，经长达一年半的审理，已于 2018 年 1 月 10 日宣告结束，DX 公司被判决赔偿 675 万元。DX 公司拒绝在 2016 年度会计报表中反映。

（3）DX 公司对其下属的各子公司除按股分红以外，还按公司合同规定，要求各子公司每年上交7.5万元管理费。

(4) DX公司存放在外地的存货，因受客观条件限制，未予监督盘点，但已使用其他审计程序进行了查实。

(5) DX公司已于2018年3月30日签署会计报表。

根据上述资料，注册会计师草拟的审计报告如下：

**审计报告**

DX股份有限公司全体股东：

我们审计了后附的DX股份有限公司（以下简称DX公司）2017年12月31日资产负债表以及2017年度的利润表和现金流量表。

我们按照《中国注册会计师独立审计准则》计划和实施审计工作，以合理确信会计报表不存在重大错报。审计工作包括在抽查的基础上检查支持会计报表金额和披露的证据，评价管理当局在编制会计报表时采用的会计政策和作出的重大会计估计，以及评价会计报表的整体反映。我们相信，我们的审计工作为我们发表意见提供了合理的基础。

我们认为，上述会计报表符合国家颁布的《企业会计准则》和《企业会计制度》的规定，在所有重大方面公允反映了DX公司2017年12月31日的财务状况以及2017年度经营成果和现金流量。

NN会计师事务所有限公司　　　　中国CPA：覃丽（签名并盖章）

（公章）　　　　中国CPA：王洁（签名并盖章）

中国 南宁市　　　　报告日期：2018年3月10日

要求：

指出注册会计师草拟的审计报告中存在的问题。

**案例二：**

(1) A1公司拥有自购置之日起就大幅度增值的房屋一栋。资产负债表中将该房屋以现行评估价表示，并已充分披露，该公司深信资产负债表中所列房屋估价较为合理。

(2) A2公司为非银行金融公司，该公司遵照政府有关部门的规定贬值会计报表，但某些项目和《企业会计准则》严重背离。这些项目所涉及的金额不大，而且在会计报表的附注中作了充分揭示。

(3) A3公司对各子公司都拥有股票投资，已查明各项投资均以原始成本入账，但难于审核各子公司，从而难以查明资产负债表中长期投资数额的真实性。

(4) A4公司正作为某诉讼案件的被告，一旦败诉，将用公司的部分资产赔偿，公司已在会计报表附注中作了说明。

要求：

针对上述四种情况，注册会计师应出具何种审计意见类型的审计报告，并简要说明理由。

**案例三：**

某注册会计师已完成对FT股份有限公司（以下简称FT公司）2017年度会计报表的实地审计工作，现正草拟审计报告，假定2016年度的审计工作也由该注册会计师完成，在本年度的审计工作已完成各项规定审计程序，在复核工作底稿时，除发现有以下几项情况需要在编制审计报告时加以考虑外，其他方面均符合出具无保留意见报告的要求：

（1）FT公司不愿意编制2013～2017年的比较会计报表。

（2）FT公司不愿意公开现金流量表。

（3）2017年FT公司变更了固定资产折旧方法，并已在会计报表附注中说明，但未经主管财政机关批准。

（4）FT公司2017年末产成品期末余额多计15 000元，影响了2017年的利润，注册会计师提请该公司调整，但未予接受。

（5）FT公司从2017年7月份起对产成品发出计价由加权平均法改为后进先出法，使2017年销售成本上升2.25万元，这一变化未在会计报表中说明，确定应纳税所得额时未作调整。

（6）一些应收账款账户余额无法实施函证程序，但已应用其他审计程序进行了验证。

（7）FT公司曾于2013年6月30日向某银行取得1 500万元长期贷款，用于购建固定资产，贷款合同限定，到2014年12月31日后，若获得利润，便向股东支付现金股利。但截至2017年始终未向股东支付现金股利，且FT公司不愿在会计报表附注中予以说明此事项。

要求：

说明上述各项情况对审计报告的影响及原因。

**案例四：**

FT会计师事务所于2018年12月10日接受A公司的委托，对其2017年度会计报表进行审计。公司总经理介绍说，公司已于11月30日对存货进行了全面盘点，但因历年从事A公司年度审计的YB会计师事务所的注册会计师在本年去世，因而11月30日的存货盘点未经注册会计师现场观察，注册会计师的去世也是公司变更委托FT会计师事务所的主要原因。公司总经理不同意再度停工盘点存货，理由是产品的交货期临近，但11月30日盘点时的所有资料均可提供复核。FT会计师事务所的注册会计师深入研究了存货内部控制制度，认为是比较健全有效的；详细检查了A公司的盘点资料，并于12月31日抽点了约占存货总价值15%的项目，抽点的项目经追查永续盘存记录，未发现重大差异。12月31日公司总资产1 350万元，其中存货达600万元。

要求：

假定会计报表中其他项目的审计均为满意，那么注册会计师能否签发无保留意见的审计报告？试说明理由。

**案例五：**

LP会计师事务所注册会计师于2018年1月10日接受委托审查了B股份有限公司

2017 年度的会计报表，并于 2018 年 3 月 15 日完成审计工作。

注册会计师发现，2017 年该公司的固定资产折旧方法作了变动，将原来采用的平均年限法改为年数总和法。年末，报表已经按改变后的方法编制完成，会计方法的变动及对会计报表的影响已在报表附注 2 中作了说明，由于这一变动，使 B 股份有限公司的利润总额从原来的 150 万元上升到 300 万元。

要求：

（1）若变动是合理的，审计人员应发表什么样的审计意见？并请说明理由。

（2）若变动是不合理的，并且该问题使会计报表产生严重歪曲，审计人员应发表什么样的审计意见，并请说明理由。

**案例六：**

C 会计师事务所接受 LN 建筑材料股份有限公司的委托，对该公司 2017 年度的会计报表进行审查，注册会计师进驻该公司以后，发现因几天连续的暴雨，使该公司遭受严重的水灾，办公室进水，许多手工计账的会计账簿受损，该公司账簿记录部分手工处理，部分计算机处理，但主要还是依赖手工处理。由于保护得当，计算机处理的账簿记录未受损，注册会计师试图根据计算机资料重建 2017 年度的账户系统，但由于缺少重要的数据而难以全面恢复当初的会计记录。

要求：

（1）注册会计师应编制哪一种类型的审计报告？请说明理由。

（2）请你编制一份恰当的审计报告。

**案例七：**

LP 注册会计师作为会计师事务所审计项目合伙人，在审计以下单位 2017 年度财务报表时分别遇到下列情况：

（1）A 公司拥有一项长期股权投资，账面价值 750 万元，持股比例 30%。2017 年 12 月 31 日，A 公司与 Q 公司签署投资转让协议，拟以 675 万元的价格转让该项长期股权投资，已收到价款 450 万元，但尚未办理产权过户手续，A 公司以该项长期股权投资正在转让之中为由，不再计提减值准备。LP 注册会计师确定的重要性水平为 45 万元，A 公司未审计的利润总额为 180 万元。

（2）B 公司于 2017 年 5 月为 M 公司 1 年期银行借款 1 500 万元提供担保，因 M 公司不能及时偿还，银行于 2017 年 11 月向法院提起诉讼，要求 B 公司承担连带清偿责任。2017 年 12 月 31 日，B 公司在咨询律师后，根据 M 公司的财务状况，计提了 750 万元的预计负债。对上述预计负债，B 公司已在财务报表附注中进行了适当披露。截至审计工作完成日，法院未对该项诉讼作出判决。

（3）C 公司在 2017 年度向其控股股东 F 公司以市场价格销售产品 7 500 万元，以成本加成价格（公允价格）购入原材料 4 500 万元，上述销售和采购分别占 C 公司当年销货、购货的比例为 30% 和 40%，C 公司已在财务报表附注中进行了适当披露。

（4）LP 注册会计师在审计时发现，D 公司应在 2017 年 6 月确认的一项销售费用 300 万元没有进行确认。D 公司在编制 2017 年度财务报表时，未对此项会计差错进行任何处理。D公司2017年度利润总额为270万元。

（5）E公司于2017年末更换了大股东，并成立了新的董事会，继任法定代表人以刚上任、不了解以前年度情况为由，拒绝签署2017年度已审财务报表和提供管理层声明书。原法定代表人以不再继续履行职责为由，也拒绝签署2017年度已审计财务报表和提供的管理层声明书。

要求：

假定上述情况对各被审计单位2017年度财务报表的影响都是重要的（各个事项相互独立），且对于各事项被审计单位均拒绝接受LP注册会计师提出的审计处理建议（如有）。在不考虑其他因素影响的前提下，请分别针对上述5种情况，判断LP注册会计师应对2017年度财务报表出具何种类型的审计报告，并简要说明理由。

**案例八：**

DT会计师事务所的注册会计师担任多家被审计单位的2017年度财务报表审计的项目合伙人，遇到下列事项：

（1）注册会计师认为，导致对LP公司的持续经营能力产生重大疑虑的事项和情况存在重大不确定性。管理层不同意注册会计师的结论，因此未在财务报表附注中作出与其持续经营能力有关的披露，注册会计师拟在审计报告中增加其他事项段。

（2）审计客户D公司上期财务报表已由前任注册会计师审计，注册会计师决定在审计报告中添加其他事项段提及上期财务报表已由前任注册会计师审计、前任注册会计师发表的意见的类型以及前任注册会计师出具的审计报告的日期。

（3）E公司大部分采购业务、销售交易为关联方交易，管理层在2017年度财务报表附注中披露关联方交易价格公允。由于缺乏公开的市场数据，注册会计师对该披露作出评估，鉴于关联方交易对E公司的经营活动至关重要，注册会计师拟在审计报告中增加强调事项段，提请财务报表使用者关注附注中披露的关联方交易计价的公允性。

（4）注册会计师在阅读F公司向利益相关方公布的年度报告时，注意到其他信息存在对事实的重大错报，且其他信息需改正，但管理层拒绝改正。因此注册会计师拟在审计报告增加其他事项说明这一事项。

（5）G公司2017年是基于破产清算假设条件下编制的财务报表，并公允反映了被审计单位的财务状况及现金流量，且充分披露了其特殊目的的编制基础。注册会计师在对其财务报表出具的审计报告中增加强调事项段，以提醒审计报告使用者关注财务报表按照特殊目的编制。

（6）H公司管理层在财务报表附注中披露了某项重大会计估计存在高度估计不确定性。注册会计师认为该披露不充分，拟在审计报告中增加强调事项段。

要求：

逐项指出注册会计师采取的应对措施是否恰当。如不恰当，简要说明正确的应对措施。

**案例九：**

ABC会计师事务所接受委托审计LP股份有限公司（以下简称LP公司）2017年财

务报表。LP公司注册资本为2 700万元，审计前财务报表的资产总额为6 000万元。注册会计师在计划审计工作时，确定的财务报表整体重要性水平为108万元。注册会计师于2018年2月20日完成了对LP公司的审计工作，财务报表于2018年3月10日获董事会批准，并于同日报送证券交易所。注册会计师在审计LP公司的工作过程中注意到以下事项：

（1）由于LP公司一幢建于1982年、原值200万元、预计使用年限为50年、已提折旧132万元的办公大楼出现裂缝，经过专家鉴定后决定从2017年起将预计使用年限改为40年，并改变年折旧率，LP公司同意在2017年末报表中作相应披露。

（2）LP公司在国外一家联营企业内有105万元的长期投资，投资收益为36万元，这些金额已列入2017年的净收益中，但注册会计师未能取得上述的联营企业经审计的财务报表。受公司记录性质的限制，也未能采取其他程序查明此项长期投资和投资收益的金额是否属实。

（3）LP公司全部存货占资产总额的50%以上，放置于邻近单位仓库内。由于此仓库倒塌尚未清理完毕，不仅无法估计损失，也无法实施监盘程序。

（4）由于存货仓库倒塌，正常业务受到严重影响，使即将到期的1 500万元债务的偿还存在重大不确定性，持续经营能力存在重大疑虑，被审计单位同意在财务报表中披露该情况。

（5）2017年11月，LP公司被控侵犯专利权，对方要求收取专利权使用费并收取罚款300万元，LP公司已提出辩护，此案正在审理之中，最终结果无法确定，LP公司已在财务报表附注中进行充分披露。

要求：

逐一分析上述5种情况，分别对每种情况指出应出具的审计报告类型，并简要说明理由（独立考虑各个情况，各个情况之间不存在相互影响）。

**案例十：**

LP集团公司是ABC会计师事务所的常年审计客户，主要从事家电产品的生产和销售，注册会计师负责审计LP集团公司2017年财务报表，确定集团财务报表整体的重要性为225万元，利润总额为300万元。注册会计师在审计时遇到以下情况：

（1）注册会计师通过对LP集团公司财务信息实施审计程序，给出了对相关错报的审计调整建议及管理层的观点，部分内容摘录如表8－4所示。

**表8－4**

| 编　号 | 借　　方 | 贷　　方 | 管理层的理由 |
|---|---|---|---|
| ① | 应收账款180万元 | 其他应收款180万元 | 属于分类错报，不予调整 |
| ② | 营业收入300万元 | 营业成本210万元 | 营业收入与营业成本相抵销后的错报金额未超过重要性水平，不予调整 |
| ③ | 未决诉讼很可能给企业造成1 500万元的赔偿损失，导致LP集团公司持续经营能力产生重大不确定性，注册会计师提请被审计单位对此事项作出充分披露 | | 未决诉讼有胜诉的可能性，不予披露 |

(2) 2017年LP集团公司购入全资子公司——DX公司，DX公司从事大量衍生工具交易，注册会计师将DX公司识别为可能导致集团财务报表发生特别风险的重要组成部分，提出对其实施审计。DX公司董事会予以拒绝，导致集团项目组无法获取充分适当的审计证据，DX公司对集团财务报表影响重大，但不具有广泛性。

要求：

(1) 针对第1种情况第①至③项，假设LP集团公司管理层对上述审计调整建议分别予以拒接，逐项指出注册会计师应当针对每个独立的事项出具审计报告的意见类型。

(2) 针对第2种情况，假定不考虑其他因素，注册会计师判断应当出具何种类型的审计报告，并编制审计报告。

# 课后提高训练参考答案

## 第一章

**案例一：**

诚信会计师事务所的做法是正确的。一般来说在决定接受一项审计委托前，需要对该企业的情况进行全面了解，以评价审计风险及确定可审性。所以诚信会计师事务所进行前期调查的行为是正确的。

注册会计师在授受委托前，应对被审计单位的基本情况进行了解，主要基于两个方面的目的：一方面可以初步评价审计风险，确定是否授受委托人的委托；另一方面可以为进一步的审计工作做好事前准备工作。

注册会计师应了解被审计单位的情况包括：①业务性质、经营规模和组织结构；②经营情况和经营风险；③以前年度授受审计的情况；④财务会计机构及工作组织；⑤其他与签订审计业务约定书相关的事项。

诚信会计师事务所此次调查主要是以审计约定项目为目的，并在可能的情况下为编制审计计划作准备。

**案例二：**

（1）审计业务约定书存在的问题是：遗漏了××股份有限公司的会计责任；遗漏了ABC会计师事务所的义务；遗漏了审计报告的使用责任；没有违约责任；没有签约时间。

（2）重新起草审计业务约定书如下：

审计业务约定书

甲方：××股份有限公司

乙方：ABC会计事务所

甲方委托乙方进行2017年度财务报表审计，经双方协商达成以下约定：

一、审计范围及委托目的

乙方接受甲方委托，对甲方2017年12月31日的资产负债表以及该年度的利润表和现金流量表进行审计。

乙方将根据中国注册会计师独立审计准则，对甲方内部控制制度进行研究和评价，对会计记录进行必要的抽查，并在乙方认为需要时实施其他必要的审计程序，在此基础上，对上述财务报表的合法性、公允性发表审计意见。

二、甲方的责任与义务

甲方的责任：

（1）建立、健全内部控制制度。

（2）保护资产的安全完整。

（3）保证会计资料的真实、合法、完整。

甲方的义务：

（1）为乙方审计工作及时提供所需的全部会计资料和其他有关资料。

（2）为乙方委派的审计人员提供必要的条件及合作，具体事项将在乙方所派人员于审计工作开始之前提供的清单中列明。

（3）按本约定书的规定，向乙方及时足额地支付审计费用。

三、乙方的责任与义务

乙方的责任：

按照独立审计准则的要求进行审计、出具审计报告，保证审计报告的真实性、合法性。

乙方的义务：

（1）按照约定时间完成审计业务、出具审计报告。

（2）对执业过程中知悉的甲方商业秘密保密。

（3）必要时，出具管理建议书。

四、出具审计报告的时间要求

乙方应于2018年××月××日之前向甲方提交本项目的审计报告。

五、审计报告的使用责任

乙方提交给甲方的审计报告由甲方分发并使用，使用不当造成的后果与乙方及其所委派的审计人员无关。

六、审计收费

按《××收费规定》，乙方应收本项业务的费用，按乙方实际参加本项审计业务的工作人员级别以及所花费工作时间确定，预计收取人民币××万元，甲方应在本约定书签订后预付上述费用的××%，其余部分在乙方提交审计报告时一并付清。

如在审计过程中遇到重大问题，致使乙方实际花费的审计工作时间有较大幅度的增加，甲方应在了解实际情况后，酌情增加审计费用。

七、约定书的有效时间

本审计业务约定书一式两份，甲乙各执一份。

本约定书自2018年1月10日起生效，并在全部约定事项完成之前有效。

八、约定事项的变更

由于出现不可预见的情况，影响审计工作的如期完成，或需提前出具审计报告，甲乙双方可要求变更约定事项，但应及时通知对方，由双方协商解决。

九、违约责任

十、甲乙双方对其他事项的约定

甲方：××股份有限公司（签章）　　　　乙方：ABC会计师事务所（签章）

代表：（签章）2018年××月××日　　　　代表：（签章）2018年××月××日

**案例三：**

不正确。因为：第一，未考虑审计风险；第二，该会计师事务所尚未确定是否有能力胜任此项工作；第三，应在详细了解江华公司业务性质、经营规模和组织结构，经营情况和经营风险、以前年度是否接受过审计、财务会计工作组织、其他与签约相关的事项等基本情况之后，再确定是否签约。

**案例四：**

公信会计师事务所不应接受华兴公司的审计委托。理由如下：①会计师事务所应在没有信息表明客户缺乏诚信的前提下才能考虑审计委托。案例中华兴公司的利润率和银行承兑汇票承兑期与同行业相比都存在一定的问题，有潜在的诚信风险。②变更会计师事务所的原因。华兴公司给出的理由是公司董事会不满意前任注册会计师的工作效率，这个理由不能让人信服，因此，存在相当大的业务风险。③整体风险评估。在对审计委托公司进行审计之前，要进行风险评估，对于注册会计师李实所做的一些前期客户公司资料收集工作来看，华兴公司内部所存在的风险是较大的，很容易出现舞弊欺诈的情况。综上所述，不建议接受华兴公司审计委托。

**案例五：**

结合该公司与同行业主要财务比率指标数据分析如下：

（1）流动比率和速动比率低于同行业平均水平，20×7年利息保障倍数严重低于行业平均水平，显示该公司的经营状况恶化，应关注其对持续经营能力的影响。

（2）该公司20×7年的盈利水平严重恶化，净资产收益率由20×6年的比行业平均水平高出近一倍而跌至20×7年的3.07%。而值得关注的是，主营业务毛利率下降至13.46%。由于该公司所属行业毛利率较为稳定，其大幅波动显然不合常理，审计人员有理由对其去年的业绩表示怀疑，可能有资产置换等方式形成的非正常利润作为主营业务利润反映，以虚饰报表。审计人员应就此要求被审计单位管理当局作出合理解释。

（3）20×7年应收账款和存货周转率都低于行业平均水平，显示该公司不仅经营状况恶化，并且经营资金的周转可能发生困难。

（4）以上的分析使得审计人员在计划审计工作时，必须着重考虑该公司的持续经营能力，并考虑其对会计政策运用的影响。

**案例六：**

| 资料一序号 | 是否可能表明存在重大错报风险 | 理由 | 重大错报风险属于财务报表层次还是认定层次 | 账户及相关认定 |
|---|---|---|---|---|
| ① | 是 | 20×8年10月起，受金融危机的影响，甲公司的出口订单数量和销售收入均出现较大幅度减少，但甲公司仍然完成了营业收入和毛利的经营目标，而且20×8年的毛利率为11.24%，20×7年的毛利率12.91%，20×8年毛利率与20×7年应当至少相差7%以上而不是接近 | 认定层次 | 营业收入/发生、截止、准确性；应收账款/存在、计价和分摊 |
| ② | 是 | 甲公司于20×8年9月至10月进行了大量采购，但是在20×8年10月之后，相关原材料的价格继续下跌，很可能会导致该存货的价值下降，面临减值，但是甲公司已计提的减值准备与上年接近 | 认定层次 | 存货/计价和分摊；资产减值损失/完整性 |

续表

| 资料一序号 | 是否可能表明存在重大错报风险 | 理　由 | 重大错报风险属于财务报表层次还是认定层次 | 账户及相关认定 |
|---|---|---|---|---|
| ③ | 是 | 受宏观经济的影响，X生产线拟生产的产品市场前景不佳，甲公司董事会决定暂不启动X生产线的建设，该生产线很可能会面临减值，但甲公司并未对该生产线计提减值准备；同时，在建工程因安全事故非正常原因间断超过6个月，应暂停借款费用资本化，应当增加财务费用减少借款资本化金额35（1 000×7%×50%）万元，存在多记借款资本化金额的风险 | 认定层次 | 在建工程/计价和分摊；财务费用/完整性；资产减值损失/完整性 |
| ④ | 是 | 甲公司于20×8年12月转让了一批账面价值98万元的设备，但资料显示甲公司计提减值65万元小于83万元，存在计提固定资产减值不足的错报风险；同时，没有证据表明甲公司可以冲回已经计提减值的固定资产减值，存在冲回减值少计减值70万元的错报风险 | 认定层次 | 固定资产/计价和分摊；资产减值损失/完整性、准确性 |
| ⑤ | 是 | 甲公司所持有的乙公司股票，股价大幅下跌，从每股12元跌至每股2元，但是甲公司并未计提相应的减值准备 | 认定层次 | 可供出售金融资产/计价和分摊；资产减值损失/完整性 |
| ⑥ | 是 | 大额贷款到期导致很难取得维持日常经营所需的资金 | 财务报表层次 | — |

## 第二章

**案例一：**

（1）盘点结果：

盘点账面应存数 = 1 890.20 + 130 − 520 = 1 500.20（元）

盘点时实存数为 1 997.58 元

盘盈数 = 1 997.58 − 1 500.20 = 497.381（元）

2017 年 12 月 31 日库存现金实存数 = 1 997.58 + 4 560.16 − 4 120 = 1 557.42（元）

（2）存在的问题：①白条抵库；②收付款未及时入账；③现金盘盈。对白条抵库应及时收回，对出纳员应批评教育；对收付款应及时入账；对现金盘盈应查明原因，经批准后及时作出账务处理。

**案例二：**

注册会计师根据收集的资料，编制了下列银行存款余额调节表：

**银行存款余额调节表**

编制单位：A 公司　　　　2017 年 12 月 31 日　　　　单位：元

| 项　目 | 金　额 | 项　目 | 金　额 |
|---|---|---|---|
| 企业银行存款账面余额 | 35 000 | 开户银行对账单余额 | |
| 加：银行已收款入账而公司未收款入账的款项 | 10 300<br>3 150 | 加：公司已收款入账而银行未收款入账的款项 | 42 000<br>5 800 |
| 减：银行已付款入账而公司未付款入账的款项 | 350 | 减：公司已付款入账而银行未付款入账的款项 | 5 300 |
| 调节后的存款余额 | 42 500 | 调节后的存款余额 | 42 500 |

**案例三：**

注册会计师根据收集的资料编制的银行存款余额调节表如下：

**银行存款余额调节表**

编制单位：A 公司　　　　2017 年 12 月 31 日　　　　单位：元

| 项　目 | 金　额 | 项　目 | 金　额 |
|---|---|---|---|
| 企业银行存款账面余额 | 35 000 | 开户银行对账单余额 | 42 000 |
| 加：银行已收款入账而公司未收款入账的款项 | 10 300 | 加：公司已收款入账而银行未收款入账的款项 | 5 800 |
| 减：银行已付款入账而公司未付款入账的款项 | 3 150 | 减：公司已付款入账而银行未付款入账的款项 | 5 300 |
| 调节后的存款余额 | 42 500 | 调节后的存款余额 | 42 500 |

从银行存款余额调节表可以看出，A 公司 2017 年 12 月 31 日银行存款的数额双方都为 42 500 元，从而证明该公司银行存款账面余额 35 000 元基本属实。可见资产负债表上的“货币资金”项目中的银行存款数 33 500 元的真实性较差，应加以调整。

**案例四：**

（1）根据所给资料，编制银行存款余额调节表如下：

**银行存款余额调节表**

编制单位：某企业　　　　2017 年 2 月 28 日　　　　单位：元

| 企业账项 | 金　额 | 银行账单 | 金　额 |
|---|---|---|---|
| 企业“银行存款”账户余额 | 22 000 000 | 银行对账单余额 | 223 546 |
| 加：银行已收企业未收 | 5 500 | 加：企业已收银行未收 | 4 000 |
| 改正错误 | 46 | 减：企业已付银行未付 | 2 000 |
| 调整后的余额 | 225 546 | 调整后的余额 | 225 546 |

审计主管：　　　　审计员：　　　　会计主管：　　　　会计员：

（2）存在的问题：第（1）笔和第（3）笔经济业务有出借银行账户的问题，需进一步调查；银行存款日记账有错记、漏记情况。

**案例五：**

采取的防范措施如下：

（1）建立银行存款职责分工制度，保管空白支票与保管支票印鉴的职务分开，银行存款收付款业务处理与编制调节表的职责分开。

（2）建立支票管理制度，如支票购买、领用登记、使用审批、使用后回收保管等方面的制度。

（3）建立银行存款定期对账制度，如银行存款日记账定期与总账核对、与银行对账单核对等。

通过采取以上措施，可以尽可能减少银行存款贪污舞弊情况的发生。

**案例六：**

被审计单位2017年12月31日现金的实存数为720（620 + 2 600 - 2 500）元，与“货币资金”项目中的库存现金数相符。注册会计师确认“货币资金”项目中的库存现金数基本正确。

## 第三章

**案例一：**

应当选择C和D进行函证，因为这两个客户低估应付账款的可能金额最大。

**案例二：**

应当选择A、C、D三位客户进行函证。因为，A长期挂账，真实性可能有问题；C出现了借方余额，可能有记账错误；D发生额较大，而余额较小，可能有虚假偿还、隐瞒负债的问题。

**案例三：**

核对2011年至2015年A公司与供应商之间的购货业务，确认实际价款，对于双方有争议的部分协商解决，对于已确认部分应当及时付款。

**案例四：**

（1）该业务账务处理不正确。按双倍余额递减法第1年至第5年的折旧额分别为20 000、12 000、7 200、4 400和4 400元，5年累计应提折旧48 000元，第3年末应累计计提折旧39 200元，固定资产净值为10 800元。

正确的会计分录是：

①转入报废清理时：

| | | |
|---|---|---|
| 借：固定资产清理 | 10 800 | |
| 累计折旧 | 39 200 | |
| 贷：固定资产 | | 50 000 |

②收到变价收入时：

| | | |
|---|---|---|
| 借：银行存款 | 5 000 | |
| 贷：固定资产清理 | | 5 000 |

③发生清理费用时：

| | | |
|---|---|---|
| 借：固定资产清理 | 3 000 | |
| 贷：银行存款 | | 3 000 |

④结转报废出售的净损失时：

| | | |
|---|---|---|
| 借：营业外支出 | 8 800 | |
| 贷：固定资产清理 | | 8 800 |

（2）企业对该业务的账务处理错误表现在：①未按制度规定转入固定资产清理，未冲销“固定资产”和“累计折旧”账户，使企业资产状况不真实，从而影响账务状

况的真实性；②未按制度规定正确反映变价收入和清理费用。造成营业外支出计算不正确，导致当期损益不真实、不正确。

**案例五：**

该公司的固定资产折旧方法本期出现不一致，且未作充分揭示，违反了企业会计准则和企业会计制度的规定。由此对资产负债表和利润表产生如下影响：

该机床应用年数总和法计算的年折旧额 =（100 000 - 10 000）×5 ÷15

=30 000（元）

当年应计提折旧额 =30 000 ×11/12 =27 500（元）

该机床用直线法计算的年折旧额 =（100 000 - 10 000）÷5 =18 000（元）

当年应计提折旧额 =18 000 ×11/12 =16 500（元）

因此，由于折旧方法的改变，使本年度多提折旧额 10 000（27 500 - 16 500）元，致使资产负债表中的“累计折旧”项目增加 10 000 元，利润表中的“利润总额”项目减少 10 000 元。

对此，审计人员应要求被审计单位在财务情况说明书（会计报表附注）中，对原值 10 万元，预计净残值 1 万元，预计使用年限为 5 年的机床由于从直线法改为年数总和法进行折旧，使本年度折旧额增加 10 000 元，利润总额减少 10 000 元的情况予以揭示。

还应当注意的是，该设备的预计净残值率达 10%（净残值 10 000 元/原值 100 000 元），超过了一般固定资产的预计净残值率 3% ~5% 的水平。

**案例六：**

记录（2）中的固定资产，从 12 月份起计提折旧。

记录（3）中的固定资产，在 11 月份已计提折旧，12 月份照样计提折旧。因为未使用固定资产也应当计提折旧。

记录（4）中的固定资产，在 11 月份已计提折旧，12 月份照样计提折旧。因为因大修理而停用的固定资产也应当计提折旧。

记录（5）中的固定资产，由于是在 11 月份才进行技术改造，11 月份应当计提折旧；由于 11 月份就技术改造完工，并投入使用，因而 12 月份就应当计提折旧，但折旧基数变为 230 000（200 000 +50 000 - 20 000）元，增加了 30 000 元。

因此，该企业 20 ×2 年 12 月份应计提折旧额为：

应计提折旧额 =12 000 +（20 000 +30 000）×6% ÷12 =12 250（元）

多提折旧额 =21 000 - 12 250 =8 750（元）

调整分录如下：

| | | |
|---|---|---|
| 借：累计折旧 | 8 750 | |
| 贷：制造费用 | | 8 750 |

**案例七：**

调整分录如下：

| | | |
|---|---|---|
| 借：固定资产 | 2 400 000 | |
| 贷：在建工程 | | 2 400 000 |
| 借：管理费用 | 40 500 | |
| 贷：累计折旧 | | 40 500 |

借：应交税费——应交所得税　　10 125

　　贷：所得税费用　　10 125

借：所得税费用　　10 125

　　利润分配——未分配利润　　30 375

　　贷：管理费用　　40 500

冲减提取的盈余公积（10%）、分配的股利（50%）的分录如下：

借：盈余公积　　3 037.5

　　应付股利　　15 187.5

　　贷：利润分配——未分配利润　　18 225

**案例八：**

首先，有关人员不顾企业利益，通过多付预付款来牟取个人私利，违反了国家的有关法律法规；其次，财务部门对异常的预付比例不管不问，控制不力。如供货单位所给2万元“酬谢金”已由企业收取入账。上述问题一般不作调账处理，但应建议加强采购管理。

**案例九：**

该企业利用“预付账款”账户隐瞒收入，用于应由企业福利费开支的项目，违反了国家的有关财务规定。如果上述利用“预付账款”账户隐瞒收入的事项仍挂在“预付账款”账户上，应作如下账务处理：

借：预付账款　　20 000

　　贷：其他业务收入　　20 000

如果这笔收入作为非法开支使用以后才被发现，则应作如下调账处理：

借：应付职工薪酬——职工福利　　20 000

　　贷：其他业务收入　　20 000

## 第四章

**案例一：**

（1）该厂违反《企业会计准则第14号——收入》的有关规定，将应在2016年确认的收入提前在2017年确认，虚增了2017年的主营业务收入。

该厂这样做的目的是为了虚增2017年的利润，夸大2017年的经营业绩。

（2）审计人员在审计中首先检查（审阅）该厂2017年主营业务收入明细账和应收账款明细账，发现了期末异常销售业务；进而检查当时库存产品记录，发现仓库并没有那么多钢材，这进一步证实了审计人员的初步怀疑；然后向购货单位金属材料公司函证，证明该笔销售业务的截止期错误；最后分析了该厂这样做的目的是虚增收入，夸大经营业绩。

**案例二：**

该企业违反了会计制度中关于采用预收货款方式销售产品时入账时间的规定，使当期销售收入虚列，影响了有关资料的真实性。

应当要求该企业编制调账分录如下：

借：营业收入　　200 000

贷：预收账款 200 000

当销售实现时，再转销预收账款。

**案例三：**

根据会计制度规定，加工费收入应作为产品销售收入，而企业将加工费收入记入“其他应付款”贷方，而不通过“主营业务收入”账户核算，必然虚减当年销售收入，偷漏销售税金，也必然虚减产品销售利润，偷漏所得税。该公司这样做的目的除了偷漏税金外，也可能是为隐瞒收入或将当年的收入转移至下年。加工剩余材料也应视作加工费收入入账，该公司将剩余材料出售，作为加工人员奖金，不仅虚减收入，漏交税金，而且直接构成了私分收入。因此，该公司存在的主要问题是违反国家规定，私分、转移或隐瞒收入，偷漏税金。

审计人员应提请该公司调整销售收入，补交销售税金、所得税金及应交的滞纳金和罚款。

**案例四：**

乙公司为了达到少交税，少计当期利润的目的，将应反映在“其他业务收入”账户的无形资产转让收入反映在“应付账款”账户，造成当月利润虚减并达到了少交增值税、城建税、教育费附加及所得税的目的。乙公司应编制调账分录如下：

借：应付账款 80 000

贷：营业收入 80 000

**案例五：**

（1）函证甲客户和丁客户。因为甲客户的应收账款期末数额为 0，而全年销货达到 110 万元，应予以重点检查。丁客户全年销货额巨大，而应收账款余额较少，需要重点检查。

（2）实施替代程序，最有效的替代程序是审查甲客户、丁客户与 YM 公司的销货款凭证，核对往来业务的数额是否正确有效。

**案例六：**

应当选择甲客户、丙客户和丁客户进行函证。因为甲和丁这两个客户的应收账款余额最大。丙客户虽然应收账款没有余额，但赊销总额很大，对 YL 公司而言是一个重要的客户，审计人员应该出于谨慎的态度对其也进行函证。

**案例七：**

应收账款明细账的贷方余额反映企业预收的账款，属于负债。注册会计师应提请该公司进行重分类调整。调整分录为：

借：应收账款——RE 公司 180 000

贷：预收账款——RE 公司 180 000

借：资产减值损失 1 800

贷：坏账准备 1 800

**案例八：**

根据企业会计准则规定，采用预收款销售方式，应于商品已经发出时确认收入的实现。对于该笔交易，货物已于 2017 年 10 月发出，相关的风险和报酬已经转移，符合收入确认的条件，应当确认为销售收入。注册会计师应提请该公司调整报表。调整分录为：

借：预收账款　351 000

　贷：营业收入——甲产品　300 000

　　应交税费——应交增值税（销项税额）　51 000

**案例九：**

**生产成本及销售成本倒轧表**

单位：元

| 项　目 | 未审数 | 调整数 | 审定数 |
|---|---|---|---|
| 原材料期初余额 | 80 000 | | 80 000 |
| 加：本期购进 | 15 000 | 借 5 000 | 155 000 |
| 减：本期余额 | 60 000 | 借 1 000 | 61 000 |
| 其他发出额 | 10 000 | | 10 000 |
| 直接材料成本 | 160 000 | 借 4 000 | 164 000 |
| 加：直接人工 | 15 000 | 贷 2 000 | 13 000 |
| 制造费用 | 42 000 | 贷 4 000 | 38 000 |
| 生产成本 | 217 000 | 贷 2 000 | 215 000 |
| 加：在产品期初成本 | 23 000 | | 23 000 |
| 减：在产品期末成本 | 30 000 | 借 8 000 | 38 000 |
| 库存商品生产成本 | 210 000 | 贷 10 000 | 200 000 |
| 加：库存商品期初余额 | 40 000 | | 40 000 |
| 减：库存商品期末余额 | 50 000 | | 50 000 |
| 主营业务成本 | 200 000 | 贷 10 000 | 190 000 |

审计结论：由于上述错误使本期销售成本多计 10 000 元，应予以调整。

调整分录如下：

借：存货——生产成本　10 000

　贷：营业成本　10 000

**案例十：**

（1）审计方法：审阅销售费用明细账，抽查有关记账凭证和原始凭证。

（2）存在问题：预付下年度产品广告费应列入“预付账款”账户，招待客户的费用应列入“管理费用”账户。

（3）处理意见：上述已计入“销售费用”账户的各项支出，应按规定列支。其调整分录为：

借：预付账款　30 000

　管理费用　3 000

　贷：销售费用　33 000

## 第五章

**案例一：**

LK 公司工资费用分配中存在如下问题：

（1）膳食科炊事人员工资应计入“管理费用”；

（2）固定资产清理人员工资应计入“固定资产清理”；

（3）基建人员工资应计入“在建工程”；

（4）退休人员工资应计入“管理费用”。

**案例二：**

（1）审计方法：审阅制造费用总账和明细账，抽查有关记账凭证和原始凭证。

（2）存在的问题：车间设备的安装费 18 000 元，本应列入“在建工程”账户，待工程完工后转入“固定资产”账户，但该企业为了少交所得税，故意将安装费充当修理费列入“制造费用”账户中。

（3）处理意见：调整上年度损益，建议作如下调整分录：

借：在建工程——设备　　18 000

　　贷：利润分配——未分配利润　　18 000

补交所得税 = 18 000 × 25% = 4 500（元）

借：利润分配——未分配利润　　4 500

　　贷：应交税费——应交所得税　　4 500

**案例三：**

（1）审计方法：审阅基本生产成本明细账，抽查有关会计凭证，核对账证数额，盘点在产品实物数量，验证在产品投料率和完工率。根据成本计算单，验证在产品成本如下：

直接材料 = [（144 000 + 662 400）÷（480 + 240 × 80%）] × 240 × 80%

　　= 230 400（元）

直接工资 = [（36 000 + 90 000）÷（480 + 240 × 50%）] × 240 × 50% = 25 200（元）

直接支出 = [（5 040 + 12 600）÷（480 + 240 × 50%）] × 240 × 50% = 3 528（元）

制造费用 = [（54 000 + 23 400）÷（480 + 240 × 50%）] × 240 × 50% = 15 480（元）

在产品成本合计 = 230 400 + 25 200 + 3 528 + 15 480 = 274 608（元）

在产品多留材料费 = 350 400 − 230 400 = 120 000（元）

在产品多留工资费 = 42 000 − 25 200 = 16 800（元）

在产品多留其他支出 = 5 880 − 3 528 = 2 352（元）

在产品多留制造费用 = 81 600 − 15 480 = 66 120（元）

在产品多留成本合计 = 120 000 + 16 800 + 2 352 + 66 120 = 205 272（元）

（2）存在问题：验算结果表明，该企业成本计算失误，多留在产品成本，少转完工产品成本 205 272 元。

（3）建议将少转的完工产品成本予以补转，调整会计分录如下：

借：存货　　205 272

　　贷：生产成本——基本生产成本　　205 272

**案例四：**

审计人员应责成出纳人员将“小金库”的资金全部入账。会计分录如下：

借：库存现金　　62 000

　　贷：利润分配——未分配利润　　62 000

增加的利润按25%上交所得税，调整会计分录如下：

借：利润分配——未分配利润　　20 460

　　贷：应交税费——应交所得税　　20 460

**案例五：**

（1）对甲公司存货盘点计划中不妥之处的分析：

计划①中无明显不妥。

计划②中，“在各商场寄销的电视机以办事处的账面记录为准，不进行盘点”不妥，无法保证整个盘点计划的正确性，应由各地办事处的人员会同所在地商场的相关人员对寄销的存货进行盘点，或向寄销商场发函询证。

计划③中，在盘点日，生产线不停产，34英寸背投彩电发货不停止，将影响存货盘点结果的正确性，应停产或将34英寸彩电单独盘点。

计划④中无明显不妥。

计划⑤中，为XYZ公司所代管的E材料未单独摆放不妥，应单独摆放，并向XYZ公司函证，将函证结果与单独摆放的XYZ公司E材料核对；以倒挤的方法推定甲公司E材料的方法不妥，甲公司E材料的数量与价值应以实际盘点结果为准；由XYZ公司代管的E材料不安排盘点不妥，应委托XYZ公司代为盘点。

计划⑥中，“不盘点废品与毁损品，以财务部门和仓库部门的账面记录为准”不妥，应进行单独盘点，并记录数量和品质状况。

（2）对A和B注册会计师编制的监盘计划中不妥之处的分析和更正情况如下：

计划①中，随机选择1/3的办事处进行存货监盘不妥，应全部监盘，并可委托所在地的会计师事务所代为实施。

计划②中，对在各商场寄销的电视机不进行监盘，而以经审阅的办事处的账面记录为准不妥，应向各商场发函询证，证实商场与办事处人员共同盘点的结果。

计划③中，对境外销售分公司的存货不进行监盘，而是代之以审阅其盘点记录及账面记录不妥，应委托当地会计师事务所代为监盘。

计划④中没有不妥之处。

计划⑤中，“视情况考虑是否”索取盘点前的最后一张验收报告（或入库单）和最后一张货运单（或出库单）不妥，注册会计师必须索取盘点前的最后一张验收报告（或入库单）和最后一张货运单（或出库单），以便作截止测试使用。

**案例六：**

年初结存数+年内入库数=500+400+1 600+700=3 200（件），发出数=800+400+800=2 000（件），从而年末结存1 200件。按先进先出法，在期末结存的1 200件产成品中，单价为4.5万元的应有700件，单价为4.6万元的应有500件，期末存货成本应为5 450万元，少计240（5 450－5 210）万元，期末产成品成本低估240万元，说明主营业务成本多结转了240万元，建议调减主营业务成本240万元。调整分录为：

借：存货　　2 400 000

　　贷：主营业务成本　　2 400 000

**案例七：**

（1）由于2018年已按购货发票记账，但存货未包括在2017年的盘点范围内，会虚增销售成本，虚减本年利润，应进行调整。

（2）2017 年原材料已经验收入库，包括在年底盘点的范围内，2018 年收到发票才记账，会使 2017 年少计存货和负债，应进行调整。

（3）如果年终在途货物没有列入当年存货盘点范围内，相应的负债也同时记入次年账内，对财务报表的影响并不重要。

（4）当年已实现销售的存货，即使还放在企业，也不应该包括在存货的范围内，因此企业的做法正确。

## 第六章

**案例一：**

应当实施的审计程序包括：

（1）审查相关的贷款合同，查明合同规定的贷款条件。

（2）审查管理当局的会议纪要，查明该贷款是否经过了最高管理当局的批准，有无批准文件。

（3）复核相关利息费用的计算及其账务处理是否合规、正确。

（4）审查贷款担保物是否安全、完整；债务与所有者权益之比是否合规，即是否遵循了贷款合同规定的条件。

（5）若当年度发放股利，则还应查明是否已获得贷款银行的同意。

（6）是否已在会计报表附注进行了充分披露。

**案例二：**

（1）该公司的做法是错误的。该公司没有按照借款用途使用借款，而是挪动流动资金用作基建工程，并将有关费用计入管理费用，影响了该公司的财务状况和经营成果。

（2）审计人员应要求该公司调整有关账目，冲减管理费用，补交偷漏税款，建议对有关责任人员作出处罚决定；按规定期限缴纳税款及罚款。

**案例三：**

（1）该企业长期借款项目的披露不恰当。根据企业会计准则要求，一年内到期的长期借款 1 900 000 元应当在流动负债表下“一年内到期的长期负债”项目单独列示。长期借款项目的金额应为 1 700 000 元。

（2）审计人员应提请该企业重新披露长期借款项目。

**案例四：**

应该作以下规划：

（1）取得借款的授权批准文件及合同，检查借款的金额、期限、利率、条件等内容。

（2）检查借款利息资本化是否符合规定。

（3）检查抵押资产的产权及价值。

（4）检查借款的使用范围。

（5）检查借款的分类及披露。

因为尽管向工商银行的借款是以前年度形成的，但在本次审计中仍要对该借款的利息、借款的使用、借款合同等内容进行审计。

**案例五：**

（1）根据会计制度规定，接受非现金资产捐赠应在扣除未来应交所得税后计入资本公积。因此该公司相关的会计处理不正确，应冲减多记的资本公积，补记递延税款。

（2）审计人员应建议该公司作如下调整分录：

借：资本公积——接受非现金资产捐赠准备　　375 000

　贷：递延税款　　375 000

## 第七章

**案例一：**

DX 公司有关人员串通一气虚减成本，致使利润严重不实。审计人员应责成 DX 公司调整利润数额，把发出的奖金追回，调账会计分录如下：

借：其他应收款　　6 000

　以前年度损益调整　　72 000

　贷：递延资产　　78 000

**案例二：**

按照我国现行制度的有关规定，对于股东大会最终批准的利润分配方案与董事会原先提请批准的利润分配方案的差异，应采取调整当期利润分配项目年初数的方法进行处理。

**案例三：**

（1）第一种情况是 HG 公司当年多结转了主营业务成本 661（61 683 − 61 022）万元，对此在利润表中应调减主营业务成本 661 万元。

第二种情况是商品的产权尚未转移，该外销商品应作为该公司的存货，而不应计入主营业务收入。在利润表中应调减主营业务收入 35 万元和主营业务成本 30 万元。

第三种情况属于 HG 公司提前计入费用的问题。当年支付的 2018 年度广告费，按会计制度规定应计入 2018 年度的销售费用。在利润表中应调减 2017 年度的销售费用 11 万元。

（2）编制新的试算平衡表工作底稿——利润表如下：

**试算平衡表工作底稿——利润表**

单位：万元

| 项　目 | 未审金额 | 调整金额 | 审定金额 |
|---|---|---|---|
| 一、营业收入 | 77 648 | −35 | 77 613 |
| 减：营业成本 | 64 483 | −661、−30 | 63 792 |
| 税金及附加 | 999 | | 999 |
| 销售费用 | 2 600 | −11 | 2 589 |
| 管理费用 | 3 176 | | 3 176 |
| 财务费用 | 2 132 | | 2 132 |
| 资产减值损失 | 250 | | 250 |
| 加：公允价值变动收益（损失以“−”号填列） | 0 | | 0 |
| 投资收益（损失以“−”号填列） | 323 | | 323 |
| 二、营业利润（亏损以“−”号填列） | 4 331 | | 4 998 |

**案例四：**

（1）根据 WQ 公司董事会股利分配方案，对派发的现金股利 1 500 万元，审计人员应建议 WQ 公司作如下账务调整：

借：利润分配——应付普通股股利　　15 000 000

　　贷：应付股利　　15 000 000

（2）根据 WQ 公司董事会股利分配方案，资本公积每 10 股转 2 股。则共转股本 6 000 万元，审计人员建议 WQ 公司作如下调整分录：

借：资本公积　　60 000 000

　　贷：股本　　60 000 000

**案例五：**

按会计制度规定，企业当年无利润时，不得向投资者分配利润。但股份有限公司在经股东大会特别决议，可按不超过股票面值 6% 的比率用盈余公积分配股利，但动用后的法定盈余公积不能低于注册资本的 25%。该公司的处理违反了上述规定。

**案例六：**

该事项属于资产负债表日后事项中的调整事项，注册会计师应建议 HT 公司进行调整。调整分录如下：

补提坏账准备 = 8 700 × 60% − 435 = 4 785（万元）

借：资产减值损失　　4 785

　　贷：应收账款——坏账准备　　4 785

调整应交所得税：

借：应交税费——应交所得税　　1 196.25（4 785 × 25%）

　　贷：所得税费用　　1 196.25

调整盈余公积：

借：盈余公积——法定盈余公积　　358.875（4 785 × 75% × 10%）

　　　　　　——任意盈余公积　　179.4375（4 785 × 75% × 5%）

　　贷：利润分配——提取法定盈余公积　　358.875

　　　　　　　　——提取任意盈余公积　　179.4375

若公司同意调整，注册会计师的审计报告中不再反映此事项。若 HT 公司不调整时，注册会计师应按该事项的重要程度出具保留意见或否定意见的审计报告，并在审计报告的意见段之前增加说明段，对该事项进行叙述，以说明注册会计师所持意见的理由以及对财务报表的影响。

**案例七：**

（1）该公司收入与成本确认不恰当，不应按实际收到的款项和实际支付的费用来确认收入与成本，对于取得的劳务收入和发生的费用应按完工百分比法来确定收入与成本。因该项收入在公司收入总额中占的比重较大，建议其作出调整。

（2）2017 年应确认的收入 = 劳务总收入 × 劳务完工程度 − 以前年度已确认的收入

= 750 × 60% − 0 = 450（万元）

2017 年应确认的费用 = 劳务总成本 × 劳务完工程度 − 以前年度已确认的费用

= （360 + 150） × 60% − 0 = 306（万元）

2015 年度少计收入 75（450 - 375）万元，多计成本 54 万元，从而使当期利润少计 129 万元，建议调整分录为：

①少计的收入：

借：应收账款　　750 000

　贷：主营业务收入　　750 000

②多计的成本：

借：劳务成本　　540 000

　贷：主营业务成本　　540 000

③计提所得税：

借：所得税费用　　322 500

　贷：应交税费——应交所得税　　322 500（1 290 000 × 25%）

④提取盈余公积：

借：利润分配——提取法定盈余公积　　96 750

　　　　　——提取任意盈余公积　　48 375

　贷：盈余公积——法定盈余公积　　96 750（1 290 000 × 75% × 10%）

　　　　　　——任意盈余公积　　48 375（1 290 000 × 75% × 5%）

## 第八章

**案例一：**

审计报告中存在的问题：

（1）审计报告引言段不规范，没有指明审计责任和会计责任。

（2）发表的审计意见不恰当。属于资产负债表日后事项中的调整事项，应当调整 2015 年度会计报表。由于该公司拒绝调整，且金额重大，因此，注册会计师应当根据其重要性水平发表保留意见或否定意见。

（3）审计报告日期应是 3 月 30 日。

**案例二：**

（1）应出具保留意见审计报告。房屋应以原价表示，该公司以现行评估价表示，违背了《企业会计准则》的有关规定，审计报告中应予说明。

（2）应出具无保留意见审计报告。虽然某些项目违背了会计准则，但符合国家有关部门的规定，且金额不大，又在报表附注中予以充分揭示。

（3）应出具保留意见或否定意见审计报告。对子公司的投资应当采用权益法核算，该公司采用成本法核算，不符合《企业会计准则》和《企业会计制度》的规定。此外，又无法实施对各子公司的审查，从而无法验证公司长期投资数额的正确性。因而应当根据对子公司投资在该公司会计报表中的重要程度，发表保留意见或否定意见审计报告。

（4）应出具带强调事项段的无保留意见审计报告。因注册会计师对这一诉讼案件的结果无法作出合理估计，而又认为所审计的会计报表总体上是合法且公允的，因此有必要在审计报告中提醒读者，使报告使用人在阅读会计报表不应忽视这一不确定事项。

**案例三：**

（1）因为是年度会计报表审计，不要求企业每年提供比较会计报表。因此，这项内容不影响审计报告的表述。

（2）按《企业会计准则》和《企业会计制度》的规定，现金流量表应对外报送并公布，该公司不愿公布该表，我们认为将影响会计报表的全面反映，对此应在审计报告中持保留意见。

（3）按会计制度规定，企业变更会计政策，不需财政部门的批准，只要符合变更条件并经企业最高管理当局批准即可，并应在会计报表附注中进行充分说明。因此，可签发标准无保留意见审计报告。

（4）产成品余额多计 15 000 元，影响了 2017 年的利润，对于这一未调整事项，如判断属重大事项应持保留意见；属非重大事项，可签发无保留意见报告。

（5）改变产成品计价方法，既不合理也不合规（不能在年度中间变更会计处理方法），也未在会计报表中说明，应持保留意见。

（6）因为执行其他审计程序对应收账款余额进行了验证，因此，不影响是审计意见。

（7）该公司较长时期不支付现金股利，对公司股东和债权人利益均有影响，该公司不愿披露，属于披露不充分，对此应签发保留意见报告。

**案例四：**

不能签发无保留意见的审计报告。

（1）观察被审计单位存货盘点是存货审计中最重要的步骤，A 公司不同意注册会计师实施盘点，在存货占总资产比重相当大的情况（达 44%）下，可认为是对审计范围的重大限制。

（2）11 月 30 日被审计单位已自行盘点，被审计单位交货期临近不能再作为注册会计师无法实施观察被审计单位存货盘点审计程序的借口。A 公司应当在 11 月 30 日前变更委托，使得 FT 能够观察 11 月 30 日的存货盘点。

（3）FT 会计师事务所对 A 公司变更委托应引起注意，以免其中有诈，因为注册会计师的去世并不足以导致 A 公司变更会计师事务所。

（4）FT 会计师事务所应坚持再度盘点，可安排在 12 月 31 日或之后进行，否则不可签发无保留意见的审计报告。

**案例五：**

（1）应出具无保留意见审计报告，因为该公司折旧方法的变更是合理的，并且已经作了恰当的披露。该公司的处理符合会计准则和会计制度的规定，符合发表无保留意见审计报告的条件。

（2）应出具否定意见的审计报告，因为该公司折旧方法的变更不合理，该项错报漏报使会计报表产生严重歪曲，符合发表否定意见审计报告的条件。

**案例六：**

（1）应发表无法表示意见审计报告。因为审计人员难以获得 2017 年度的手工账簿资料，而且这些资料又非常重要，审计工作受到严重限制，无法收集到必要的审计证据。

（2）拟编制审计报告如下：

**审计报告**

LN 建筑材料股份有限公司全体股东：

我们接受委托，对后附的 LN 建筑材料股份有限公司（以下简称 LN 公司）2017 年 12 月 31 日资产负债表以及 2017 年度的利润表和现金流量表进行审计。这些会计报表的编制是 LN 公司管理当局的责任。

由于 LN 公司部分会计因资料遭受水灾而损毁，使会计记录缺乏系统性和完整性，导致我们无法实施适当的审计程序，获取充分适当的审计证据。

由于前段所述原因，我们无法获取必要的审计证据，因此，我们无法对上述会计报表发表意见。

C 会计师事务所有限公司　　　　中国注册会计师：××（签名并盖章）

（公章）　　　　中国注册会计师：××（签名并盖章）

中国××市　　　　报告日期：2018 年××月××日

**案例七：**

（1）出具保留意见的审计报告。由于对该项长期股权投资转让尚未办理产权过户手续，交易尚未完成，Q 公司即使已经支付了价款，但也有随时中止交易的可能，因此 A 公司应计提 75 万元的减值准备。该金额大于财务报表层次的重要性水平，但影响不是很严重，所以注册会计师应出具保留意见的审计报告。

（2）出具标准无保留意见或带强调事项段的无保留意见的审计报告。①出具标准无保留意见审计报告的理由是，该未决诉讼已经进行适当的会计处理，且已适当披露，基本上确定该事项带来的损失，无须增加强调事项段另外说明。②出具带强调事项段的无保留意见的审计报告的理由是，该诉讼可能给 B 公司带来巨大损失，属于重大不确定事项，应当考虑在意见段之后增加强调事项段。

（3）出具标准无保留意见的审计报告。C 公司与关联方 F 公司的交易价格公允，且关联方关系及其交易已经恰当披露，符合《企业会计准则》的规定。

（4）出具否定意见的审计报告。因为该销售费用会使得 D 公司由盈利变为亏损，所以如果 D 公司拒绝调整，则影响非常重大，不符合《企业会计准则》的规定，所以应该发表否定意见。

（5）出具无法表示意见的审计报告。由于 E 公司管理层对已审计财务报表拒绝签字确认，也未能提供管理层声明书，注册会计师应将其视为审计范围受到严重限制，出具无法表示意见的审计报告。

**案例八：**

（1）不恰当。管理层拒绝披露，应发表保留意见或否定意见。

（2）恰当。

（3）不恰当。注册会计师无法获取充分适当的审计证据，应提请被审计单位撤销该披露，如果被审计单位不同意撤销，则考虑对审计报告影响。

（4）不恰当。注册会计师应将对其他信息的疑虑告知治理层，并采取适当的进一步措施。

（5）恰当。

（6）不恰当。披露不充分，应提请被审计单位充分披露，如果管理层拒绝，则考虑对审计意见的影响，而不是只增加强调事项段。

**案例九：**

（1）应出具标准无保留意见。被审计单位改变会计估计是合理的。

（2）应出具标准无保留意见。虽然审计范围受到限制，但没有超过重要性水平。

（3）应出具无法表示意见。重大资产无法审计，审计范围受到重大限制。

（4）应出具带强调事项段的无保留意见。持续经营能力存在重大疑虑，被审计单位同意披露，则发表无保留意见，并增加强调事项段提醒财务报表使用者予以关注。

（5）应出具带强调事项段的无保留意见。存在重大不确定事项，同时已经充分披露。

**案例十：**

（1）注册会计师针对每个独立事项应出具审计报告的意见类型如下：

| 编　号 | 意见类型 |
|---|---|
| ① | 保留意见 |
| ② | 保留意见 |
| ③ | 否定意见 |

（2）注册会计师应出具保留意见的审计报告。

**审计报告**

LP 集团公司全体股东：

引言段（略）

一、管理层对财务报表的责任（略）

二、注册会计师的责任（略）

三、导致保留意见的事项

如财务报表附注所述，LP 集团公司于 2017 年取得 DX 公司百分之百的股权，因其从事大量衍生工具交易，可能导致集团财务报表出现特别风险。由于我们未被允许接触 DX 公司的财务信息、管理层和执行 DX 公司审计的注册会计师，我们无法就该项股权投资的账面价值以及 DX 公司确认的 2017 年度对 DX 公司的投资收益获取充分、适当的审计证据，也无法确定是否有必要对这些金额进行调整。

四、保留意见

我们认为，除“三、导致保留意见的事项”段所述事项可能产生的影响外，LP 集团公司财务报表在所有重大方面按照《企业会计准则》的规定编制，公允反映了 LP 集团公司 2017 年 12 月 31 日的财务状况以及 2017 年度的经营成果和现金流量。

（结尾及落款部分略）

# 参考文献

[1] 中国注册会计师协会．中国注册会计师执业准则指南2010．北京：中国财政经济出版社，2010.

[2] 刘雪清，封桂芹．审计．北京：清华大学出版社，2011.

[3] 张景山．审计案例分析．北京：中国市场出版社，2011.

[4] 张贵平．审计案例分析．北京：北京理工大学出版社，2011.

[5] 葛长银．审计经典案例评析．北京：中国人民大学出版社，2004.

[6] 杨争媛．企业审计案例与分析．北京：中国市场出版社，2008.

[7] 刘明辉，史德刚．审计．沈阳：东北财经大学出版社，2013.

[8] 王英姿．审计原理与实务．上海：上海财经大学出版社，2014.

[9] 秦荣生，卢春泉．审计学．北京：中国人民大学出版社，2012.

[10] 汤孟飞，王群宇．审计．长沙：湖南师范大学出版社，2013.

[11] 史德刚．审计学．北京：北方交通大学出版社，2013.

[12] 中国注册会计师协会．2017 年度注册会计师全国统一考试辅导教材——审计．北京：中国财政经济出版社，2017.

[13] 杨闻萍．2017 年度注册会计师全国统一考试——审计经典题解．北京：高等教育出版社，2017.

[14] 刘圣妮．2016 年度注册会计师全国统一考试——审计应试指导及全真模拟测试．北京：北京大学出版社，2016.